明日のIT経営のための
　　　　情報システム発展史

総合編

経営情報学会
情報システム発展史特設研究部会編

専修大学出版局

「明日のIT経営のための情報システム発展史」発刊にあたって

　歴史は、現在を理解し、明日を洞察するためのものである。本書はわが国における情報システムの発展過程を理解し、明日のIT経営に役立ててもらうために編集したものである。

　わが国における企業の情報システム化は1950年代に始まり、すでに50年あまり経過している。その間、情報システムは業務の合理化、省力化、経営の迅速化、高度化、さらには経営戦略の形成や新たなビジネスの創出を図りながら、わが国の経済成長を支えてきた。現在では経営の深部にまでITが組み込まれ、ITが実装されたIT経営を実践している。

　振り返ってみると、わが国の情報システム化には日本的な知恵を埋め込んだ銀行のオンラインシステム、製鉄所の一貫生産オンラインシステム、新聞自動製作システムなど世界に冠たるすばらしい情報システムを実現してきた。それにもかかわらず、経営との関わりの中で情報システムの発展を総合的に調査研究したものはなく、過去の経験、知識、知恵が残されていない。

　いま、過去の貴重な情報システム発展の記録、経験、記憶が失われようとしている。この時期に情報システム発展の歴史を研究し、先達が築いてきた経験と知恵、それらを通しての教訓と文化を資産として継承し共有化して、今後のIT経営および情報システム化の推進に役立てることは喫緊の課題である。

　本書はこうした社会的な課題に応えるために編纂されたものである。

　本書の主要な内容は経営情報学会情報システム発展史特設研究部会による2年間の研究活動から得られた成果である。経営情報学会では学会活動の1つとして上記のような社会的要請に応えるため、学会内に情報システム発展史特設研究部会を設置した。特設研究部会では、ITや経済・社会環境の変化を踏まえながら、時代とともに発展してきたわが国における情報システムの総合的な発展、業界別情報システムの発展、IT先進企業における情報システムの発展過程を調査し、それらが経営やそこで活動する人や組織にどのように貢献して

きたかを把握、分析した。さらに、情報システム発展過程の中で情報システム部門がどのような変遷をして、どのような役割を果たしてきたかも併せて分析し、それらの総括として情報システム発展史からの知見、教訓を導出した。本書はこうした成果に基づく内容を拡充したものである。

なお、個別企業における情報システムの発展事例については、業界ごとに代表企業を選定し、協力いただけた企業の情報システムの発展に関与してこられた関係者に執筆あるいは資料提供をお願いし、それを基に学会メンバーが編集する方式としている。お蔭様で全体が充実した内容となっている。

情報システム発展史特設研究部会のメンバーは以下のとおりである。

	氏　名	所　属　（2009年3月現在）
主査	小沢行正	浜松大学経営情報学部
幹事	内野　明	専修大学商学部
事務局	村田　潔	明治大学商学部（ビジネス情報倫理研究所）
メンバー	伊藤誠彦	（株）金融・情報技術研究所
	歌代　豊	明治大学経営学部
	小沢　浩	名古屋大学大学院経済学研究科
	折戸洋子	愛媛大学法文学部
	穂井田直美	富士通（株）マーケティング本部
	向井和男	浜松大学ビジネスデザイン学部
	渡辺亨靖	日経BP社日経コンピュータ編集部

「明日のIT経営のための情報システム発展史」シリーズについて

本シリーズは全4巻からなっている。1つは総合編、他の3つは業界編であり、製造業編、流通業編、金融業編がある。

　総合編：明日のIT経営のための情報システム発展史―総合編―
　　　　　総合編では、わが国における情報技術および情報システムの発達過程、業界別情報システムの発展、情報システムの経営と人・組織への貢献、情報システム部門の組織と役割の変遷を研究し、今後の

　　　　IT経営のための知見と教訓を導出している。
　業界編：明日のIT経営のための情報システム発展史—製造業編—
　　　　　明日のIT経営のための情報システム発展史—流通業編—
　　　　　明日のIT経営のための情報システム発展史—金融業編—
　　　　業界編では、業界ごとの情報システムの発展過程と業界のIT先進企業における情報システムの発展事例を中心に述べ、そこから得られた情報システムの経営への貢献や知見と教訓をまとめている。

本書の読者層

　本書の対象読者層は、経営者・管理者、企業内情報システム関係者、ソフトウェア産業関係者、高等教育機関教員、大学生などを想定している。
　読者には本書を通じて経験的価値を共通体験してもらい、今後のIT経営や情報システム機能の再編、人材の育成などに役立ててもらうことを期待したい。

謝辞

　本書は多くの方々の協力のもとに実現した。学会活動については経済産業省、日本情報処理開発協会、日本情報システム・ユーザー協会、日経BP社から協力いただいた。また、学会の調査研究活動は、財団法人日本情報処理開発協会が実施した平成19年度、20年度の「情報化の推進のための基盤整備に関する調査」事業の一環として財団法人JKAからの補助金を受けて実施した。協力、支援いただいた関係組織に深く感謝の意を表します。
　企業情報システムの発展事例については、およそ80名に及ぶ企業関係者から執筆あるいは資料提供をしていただいた。ここに深く謝意を表します。

2010年1月

　　　　　　　　　　　　　　　　　編著者　小沢行正、内野　明
　　　　　　　　　　　　　　　　　　　　　村田　潔、伊藤誠彦
　　　　　　　　　　　　　　　　　　　　　歌代　豊、向井和男

まえがき

　本書、「明日のIT経営のための情報システム発展史：総合編」は、わが国における情報技術と情報システムの発展過程を総合的に編纂したものである。
　本書は10章からなっている。第1章は本書のサマリーであり、わが国における情報システムの発展過程を総括的に要約している。第2章は、情報システム発展の前提となっている情報技術の発展過程を記述している。ここではコンピュータと通信の発達、ソフトウェアとシステム開発技術などの発展過程を取りまとめている。第3章が情報システムの発展であり、情報システムを基幹業務系システムとマネジメント系の情報系システムという2つの視点から捉えて、その発展過程を詳述している。第4章は、基幹業務系システムが業界別に独自な発展をしてきたことから、製造業、流通業、金融業別に情報システムの発展過程を述べている。
　第5章は、情報システムが企業のみならず社会の要請にどのように応えてきたかを考察している。第6章は、時代を越えて経営を支えてきた情報システム部門の組織的変遷とその役割の変容を概観している。
　第7章では、情報システムがもたらしてきた経営への貢献と、人や組織への貢献という2つの側面からその貢献度を分析している。第8章は、情報システム発展史から導出した知見と教訓を述べ、第9章では、これからの情報システムの発展の方向について触れている。最後の10章には、情報システム発展史上大きな意味を持つ東京オリンピックオンラインシステムの経験を記載した。
　読者には、本書を通して先達が切り開いてきた、ITと経営との関わり、人間や組織との関わり、社会との関わりを経験し、今後の環境対応を洞察しながら、これからのIT経営、情報システム化の推進に役立てていただきたい。

　　2010年1月

　　　　　　　　　　　　　　　　　　　　　　　　　　　　小沢行正

編 集 者　小沢行正、向井和男
執筆者一覧

小沢行正	1961年東京教育大学理学部数学科卒業	1章、3章1節、9章
	日本アイ・ビー・エム、情報システムコンサルタント	
	1993年浜松大学経営情報学部教授、2006年同客員教授	
向井和男	1973年東京工業大学大学院理工学研究科機械工学専攻	2章
	修了、北辰電機、DEC、HPを経て2006年浜松大学経営情報学部教授、2007年同ビジネスデザイン学部教授	
村田　潔	1987年筑波大学大学院社会科学研究科	3章2節、5章
	博士課程退学、北海道女子短期大学専任講師、駿河台大学助教授を経て、1997年明治大学商学部教授	
小原正昭	1965年埼玉大学文理学部理学科卒業	4章1節
	日本アイ・ビー・エム、製造業情報システムを担当	
	2006年（株）YKS代表取締役	
内野　明	1981年横浜国立大学大学院経営学研究科修了	4章2節
	横浜商科大学専任講師、助教授を経て	
	1995年専修大学商学部教授	
伊藤誠彦	1965年甲南大学理学部経営管理学科卒業	4章3節
	日本アイ・ビー・エム、金融機関情報システムを担当	
	2007年（株）金融・情報技術研究所代表取締役	
折戸洋子	2007年明治大学大学院商学研究科博士後期課程修了	6章
	日本学術振興会特別研究員	
	2007年愛媛大学法文学部専任講師	
歌代　豊	1992年筑波大学大学院経営・政策科学研究所修了	7章、8章
	三菱総合研究所を経て、2004年明治大学経営学部助教授、2009年明治大学経営学部教授	
竹下　亨	1957年京都大学理学部数学科卒業	10章
	日本アイ・ビー・エム、東京オリンピック情報システム開発に従事、同社理事、1991年中部大学経営情報学部教授、同大学院教授を歴任	

目　次

発刊にあたって
まえがき
執筆者一覧

第1章　わが国における情報システム発展過程の要約 ……………1

1.1　情報技術の発展過程　2
1.2　情報システムの発展過程　7

第2章　情報技術及び情報システム技術の発展 ……………13

2.1　情報技術の発展　13
　　2.1.1　ハードウェアの発展　13
　　2.1.2　ソフトウェアの発展　27
　　2.1.3　情報通信の発展　33
　　2.1.4　業界専用端末の発展　39
2.2　情報システム技術の発展　42
　　2.2.1　プログラミング言語の発展　42
　　2.2.2　ソフトウェア開発方法の発展　47
　　2.2.3　システム調達方法の発展　53

第3章　情報システムの発展 ……………61

3.1　基幹系システムの発展　61
　　3.1.1　基幹系システム発展のメインライン　61

3.1.2 PCSによるデータ処理（PCDP時代）　63
　　　3.1.3 戦時中と占領下におけるPCS　66
　　　3.1.4 コンピュータによるデータ処理システム(EDPS時代)　68
　　　3.1.5 オンラインリアルタイムシステム　70
　　　3.1.6 データベース統合情報システム　80
　　　3.1.7 ネットワークシステム／グローバルシステム　81
　　　3.1.8 戦略的情報システム（SIS）　83
　　　3.1.9 ビジネスプロセスリエンジニアリング（BPR）　85
　　　3.1.10 インターネットと基幹業務システム　87
　　　3.1.11 共同体企業間連携システム（SCM）　90
　　　3.1.12 ユビキタスコンピューティングとクラウドコンピューティング　92
　3.2 情報系システムの発展　92
　　　3.2.1 情報系システム　92
　　　3.2.2 経営情報システム（MIS）　94
　　　3.2.3 意思決定支援システム（DSS）　96
　　　3.2.4 OAとEUC　99
　　　3.2.5 グループウェア　103
　　　3.2.6 戦略的意思決定支援システムとしてのSIS　103
　　　3.2.7 BPRと新たな経営情報システム　104
　　　3.2.8 ナレッジマネジメントとビジネスインテリジェンス　106
　　　3.2.9 これからの情報系システム　108
　3.3 企業における情報システムの発展事例について　109

第4章　業界別情報システムの発展　117

　4.1 製造業における情報システムの発展　117
　　　4.1.1 はじめに　117
　　　4.1.2 製造業の機能と特質　117

vii

    4.1.3　製造業における情報システムの変遷　118
    4.1.4　おわりに　131
  4.2　流通業における情報システムの発展　132
    4.2.1　はじめに　132
    4.2.2　流通業の特質と流通情報システムの特徴　133
    4.2.3　流通業における情報システムの変遷　135
    4.2.4　流通情報システムの課題と今後の展開　146
    4.2.5　おわりに　147
  4.3　金融業における情報システムの発展　149
    4.3.1　はじめに　149
    4.3.2　銀行中心型システムから市場型間接金融システムへのシフト　149
    4.3.3　金融情報システムの特徴と変遷　151
    4.3.4　高度経済成長期の金融情報システム(1950年代後半〜73年)　153
    4.3.5　安定成長期の金融情報システム（1974年〜1990年）　156
    4.3.6　平成不況・金融ビッグバン以降期の金融情報システム(1991年〜)　159
    4.3.7　おわりに　164

第5章　産業と社会の要請に応える情報システムのあり方 …………167
  5.1　産業と社会の要請に応える情報システム　167
    5.1.1　ITとIT経営の共進化　167
    5.1.2　ITに対する産業と社会の要請　169
    5.1.3　産業の要請に応える情報システム　174
    5.1.4　社会の要請に応える情報システム　175
  5.2　情報システム発展のステージ化論とIT経営の発展段階説　178
    5.2.1　IT化ステージモデル　178
    5.2.2　IT経営の発展段階モデル　182
  5.3　情報システムのあり方に関する新たな知見　184

        5.3.1　より良い IT 経営に貢献する情報システムのあり方　184
        5.3.2　IT 経営力の継続的向上　189

第 6 章　情報システム部門の組織と役割の変遷　193

6.1　情報システム部門の組織とその役割の変遷：1950年代〜90年代前半　193
        6.1.1　情報システム部門組織の変遷　193
        6.1.2　事例：三菱銀行における情報システム部門組織の変遷　197
6.2　情報システム部門機能の外部化　199
        6.2.1　外部化の発展経緯　199
        6.2.2　外部化形態の多様化と現在　201
6.3　現在の情報システム部門組織とその役割：1990 年代後半〜現在　202
        6.3.1　情報システム部門組織の基本的機能と課題　202
        6.3.2　CIO の役割変化と情報システム本部への移行　204
6.4　有効な IT ガバナンスのための情報システム部門のあり方　206
        6.4.1　情報システムと経営戦略との整合性の確保　207
        6.4.2　システムアーキテクチャの設計とプロジェクトマネジメント　208
        6.4.3　情報システムの利用に関わるリスク管理　211
        6.4.4　柔軟性のある組織的対応と人材育成　213
6.5　おわりに　215

第 7 章　情報システムの経営と人・組織への貢献　219

7.1　情報システムの経営への貢献　219
        7.1.1　経営における情報システムの役割の変化と拡大　219
        7.1.2　情報システムの経営における貢献　223
7.2　情報システムの人と組織への貢献　227
7.3　情報化投資と事業成果　231

ix

第8章　情報システム発展史からの知見と教訓 ……………………233

8.1　IT経営の領域とチェックポイント　233
8.2　明日のIT経営に向けての知見と教訓　235
　8.2.1　IT戦略の策定と管理　235
　8.2.2　IT基盤と情報システムの開発　239
　8.2.3　ITの運用と活用　242
　8.2.4　総括　243

第9章　これからの情報システム ……………………………………245

9.1　情報技術とITインフラの発展　246
9.2　情報システム発展の方向　250
9.3　情報システム部門の方向　254

第10章　事例：オンラインシステムの先駆け
　　　　　―東京オリンピック情報システム　……………………257

10.1　はじめに　257
10.2　システム開発上の配慮と工夫　257
10.3　東京オリンピックシステムからの教訓　266

コラム1　PCS、EDPSの名付け親は安藤馨、情報社会は増田米二　67
コラム2　MIS（Management Information Systems：経営情報システム）　80
コラム3　日本語情報処理システム　82
コラム4　ORの石原　98

索引 ………………………………………………………………………269

第1章

わが国における情報システム発展過程の要約

　わが国における情報システムは経済・社会環境、企業経営環境、IT環境、情報政策に連動しながら発展してきた。図表1-1はわが国における情報システムの発展過程を示している。わが国は戦後、1950年代中ごろからおよそ20年間という長期にわたり高度成長時代を迎えた。この間、コンピュータをはじめとするITも急速に発達し、情報システムは経済成長を支える貴重なツールとしての役割を担い継続的な投資が行われてきた。その結果、世界に例を見ない日本的経営に則したきめ細かい高度な情報システムを実現してきた。

　90年代はバブルが崩壊し、失われた10年と称される時代であった。こうした中にあって情報システムは、90年代前半は平成不況下に対応した業務改革を推進することに貢献し、後半はインターネットのビジネスへの活用と相俟ってIT産業が時代をリードした。

　2000年代前半は、国の情報政策によって世界一のブロードバンド大国となり、後半には情報利活用面でのトップランナーになることが推進された。さらに、今後の政策として国民の利用者視点に立った、デジタル技術によって新しい価値を生み出すことのできる経済社会を実現することが計画されている。

　本章では、情報技術と情報システムの発展過程を、60年代からコンピュータ業界に関わりSE、コンサルタントとして活躍してきたA氏の言葉を交えて概観する。《　》内はA氏の言葉である。

1.1 情報技術の発展過程

1) PCSによるデータ処理

　世界最初のコンピュータは1946年にエッカートとモークリーによって完成されたENIACである。コンピュータの出現以前はパンチカードシステム（PCS：Punch Card System）の時代であった。PCSは1887年にホレリスによって開発され、経営活動から発生する生産実績、販売実績、会計データなどをカードにパンチし、そのカードを単能機である分類機，照合機，集計機，作表機などにかけて、順次分類、集計、作表作業を行っていた。集計機、作表機で集計、作表を行うためには、配線盤の上に加減乗除を行う操作や印刷条件などを指定するためにジャンパー線を配線することによって行っていた。これは後のプログラム内蔵方式（Stored Program）と対比して配線によって操作を指示していたことからプログラム外部方式といわれている。

　わが国にPCSが初めて導入されたのは1920年であり、PCS出現後33年経ってからのことである。その後PCSは戦時中を含めて1960年代の半ばまでの45年間も使われていた。アメリカでは1887年から実に70年間も使われていた。PCSの歴史はコンピュータ活用の歴史と比べてみても長い歴史がある。

　《PCS時代には、PCSを操作する人をオペレータといったが、彼らがカードを片手に持ち、もう一方の手でカードをシャフリングする（捌く）操作は実に見事なもので、まるでトランプを扱う手品師のようであった。しかし、カードフィードの高速化につれ、1分間に2000枚もフィードするようになると、いったんフィードミスを起こすと10枚近くが損傷することになり、そのカードの復活に手間を要したものである。》

2) コンピュータの発達

　第1世代のコンピュータは真空管を使っていた。ENIACは18000本の真空管を使っていたといわれ、プログラムは外部配線方式であった。プログラム内

図表1-1　わが国における情報システムの発展過程

	～1950年代	1960年代	1970年代	1980年代	1990年代	2000年代
経済環境	……高度成長時代 (55-73) ……	東京オリンピック(64)	オイルショック(73, 78)	バブル景気(86-91)	バブル崩壊、平成不況(91-)	景気拡大と後退(01-)
社会環境	テレビ放送開始(53) 3種の神器(58)	新3種の神器-3C(66)	大阪万国博(70) 列島改造論(72)	日米自動車摩擦(80) テレトピア構想(83)	インターネットバブル(96-00) 金融ビッグバン(97-01)	NY同時多発テロ(01) 金融・経済危機(08)
世界の コンピュータ環境	第1世代コンピュータ(46) 第2世代コンピュータ(58)	第3世代コンピュータ(64) 第2世代コンピュータ導入(61)	第3.5世代コンピュータ(70) Mシリーズ, ACOS発表(74)	第4世代コンピュータ(80) 第5世代コンピュータ開発(82-)	クライアント・サーバ・システム マルチメディア(93)	ブレードコンピュータ ブロードバンド化
日本のIT環境	第1世代コンピュータ導入(57) 国産機ETL Mark Ⅲ完成(57)	IBMシステム/360発表(64) 国産第3世代コンピュータ(65)	日本語処理システム(78) 業界専用端末の発達	パソコンの台頭(83) 通信の規制緩和(85)	インターネットの商用化(93) Windows普及(95)	ユビキタスネットワーク 携帯電話の普及
IT活用 システム	PCSによるデータ処理(EDPS)(20-65) 科学技術計算 計算センタ誕生	データ処理システム(EDPS) オンラインシステム 経営情報システム	データベースシステム 意思決定支援システム(MIS) 日本語ワープロ	オフィスオートメーション EUC ネットワークシステム(SIS) 戦略的情報システム(DSS)	グループウェア BPR インターネットシステム 携帯電話システム	ユビキタスコンピューティング メディアの連携・融合 ICタグシステム 安全・安心システム
製造業システム	PCSによるデータ処理	EDPS、生産管理	オンライン生産管理	MRP、CIM(生販技統合)	ERP(基幹業務統合)、SCM	グローバル生産システム
流通業システム	PCSによるデータ処理	EDPS、バーコードリーダ	スタンドアロンPOS	POS・EOS普及、VAN(85)	EDI促進(92)、ECR/QR	顧客指向SCM、EC
金融業システム	PCSによるデータ処理	EDPS、第1次オン(65-)	第2次オン(74-)、ATM(77)	第3次オン(85-)	ポスト3次オン(94-)	国際競争力の強化
経営への貢献と人への貢献	コスト削減、省人化・省力化 事務作業の合理化 ソロバン作業からの解放 計算作業からの解放	省力化、増人化(増人化抑制) 業務のリアルタイム化 データ入力からの解放 OSIによる関連資源の有効管理	情報経営の経営者意識向上 意思決定の質的向上 DBによる効率的経営活動 IT価格性能比向上の享受	企業間の業務連携 グローバルビジネス支援 競争戦略へのIT活用 ユーザネットワーク上の確立	グループ・組織活動の効率化 組織のフラット化、働き方の変化 コミュニケーション方法の変化 ITの大衆化と生活面での活用	企業共同体最適化 IT経営による競争力強化 エージェントシステム ITとしての携帯電話文化

注：この年表は日本における年表である。（ ）内の数字は西暦年の下2桁を表している。

蔵方式による最初のコンピュータは1949年に開発されたEDSACである。ENIACもEDSACも真空管を使ったコンピュータで、その利用目的は科学技術計算であった。事務計算用のコンピュータは1950年に開発されたUNIVAC Ｉである。この年に事務計算への第一歩が開かれた。

わが国に最初に第1世代のコンピュータが導入されたのは、1955年に野村證券と東京証券取引所に導入されたUNIVAC120/60（穿孔計算機）である。このコンピュータは外部配線方式のコンピュータであり、プログラム内蔵方式のコンピュータが輸入されたのは1957年であった。

《第1世代のコンピュータIBM650を使ったことがあるが、最初、プログラムは機械語で書いた。メモリーのどの番地にどの命令を入れ、ブランチする場合などは、次の命令をどの番地に入れるかまで考えなければならなかったので大変であった。コンピュータそのものは真空管を使っていたため、とにかく発熱量がものすごく、少し長い時間動かすと猛烈な熱を出す。冷やすためにコンピュータの内部を開いてウチワで煽ぐことは日常茶飯事であった。》

トランジスタを使った第2世代のコンピュータはアメリカでは1956年以降続々と発表された。IBMの例をとるとIBM7090、7070、1401などがあり、国産コンピュータとしては1958年にNEAC2201、1959年にTOSBAC2100、HITAC301などが発表されている。これらが導入されたのは1961年以降である。

《第2世代コンピュータは磁気テープ装置が主流になった。磁気テープによって大量データの記録、ソート（分類）が可能になった。その効果は大きかったが、くるくる回りながらソートしているテープを見ると"よく働いているよ"という感慨が強かった。プログラム言語はアセンブリ、COBOL、FORTRANが主流になり、機械語で書くことはなくなった。しかし、コンパイラーのミスが多く、メーカはその修正に苦労していた。》

ICを使った第3世代のコンピュータ、IBMシステム／360は1964年に発表され、国産ではFACOM230シリーズ、NEAC2200シリーズ、HITAC8100シリーズが1965年に発表されている。第3世代のコンピュータは科学技術用と事務計算用のコンピュータを統合した汎用コンピュータである。このコン

ピュータは本格的なOSを装備した最初のコンピュータであり、ジョブ管理、データ管理、タスク管理を効率的に行い、高価なハードウェア資源、ソフトウェア資源、人的資源を効率的に運用することを可能にした。

《第3世代のコンピュータは取り外し可能な磁気ディスクが中心となった。ディスクが出だした頃は、時折ディスクのクラッシュが起こった。そのため、リカバリ用に時間のかかるディスクデータのバックアップをよく取っていたが、防衛上やむを得ない操作であった。また、OSの出現は一大変革であった。ジョブコントロールカードを作ることによって、操作を連続して実行できるようになったため大幅に効率が上がった。しかし一方では、それまで行なっていたコンピュータ上での直接的なデバッグが出来なくなったことなどから、コンピュータとの距離が離れたような気がしたのも事実である。》

第3世代のコンピュータ以降、ICの集積度が向上し1970年にはLSIを使った第3.5世代コンピュータが開発された。3.5世代のコンピュータはVS（Virtual Storage：仮想記憶）を可能にし、メモリーの呪縛から人間を解放した。1974年には外国製のコンピュータに対抗するため、通産省の指導の下に国産コンピュータのMシリーズ、ACOSシリーズが発表された。これらは外国機の価格性能比を凌駕するコンピュータとして登場している。この時点から国産コンピュータが優位性を維持するようになった。

《この間のイベントとしては、1969年に発表されたアンバンドリング（ハードウェア、ソフトウェア、SEサービス、教育などの価格分離）がある。これは、移行期間を経て72年に実施されたが、それまで無料だったソフトウェア、SEサービスから料金を取るというので、多くのユーザには抵抗感があった。しかし、これはその後のソフトウェア産業興隆の起点となったといえる。》

80年代にはVLSIを使った第4世代コンピュータが開発され、さらなる価格性能比の向上をもたらしている。第5世代コンピュータと称されるコンピュータは人工知能を備えた非ノイマン型コンピュータで、国産6社が協力して1982年から10年間開発に取り組んだが実用化には至らなかった。

90年代にはネオダマという言葉が話題になった。ネットワーク、オープン指向、ダウンサイジング、マルチメディアである。ダウンサイジングによるクライアント／サーバシステムは平成不況下でITコスト削減にも貢献した。2000年代ではブレードコンピュータ、グリッドコンピュータなどを使ったユビキタスコンピューティング、クラウドコンピューティングの時代を迎えている。

《ネオダマはそれまでのホスト中心、文字中心のシステムから分散型、画像中心のシステムへの移行をもたらし、ユーザの現場に近いところでデータ処理が行われるようになるとともに、ITをより身近なものに変えていった。》

3）情報通信の発達

データ通信はコンピュータの発達を凌ぐスピードで発達してきた。わが国におけるデータ通信は規制緩和とともに進展し、1964年にオンラインシステムが開始され、その後1971年の第1次通信回線自由化によって公衆回線を使ったデータ通信が可能になった。1981年の第2次通信回線自由化では企業間での共同利用が可能になり、この段階からVAN（Value Added Network：付加価値通信網）サービスが提供されるようになった。

1985年の通信の規制緩和は企業間ネットワーク、国際間ネットワークシステムを実現させ新たなビジネスモデルを可能にした。インターネットは、実質的には1995年ごろから実用化段階に入り、ビジネスへの活用、個人生活への活用の両面からIT革命と呼ばれる現象を引き起こした。しかし、ITバブルの崩壊とともに2000年代には新しい世界を現出している。

《初期のオンラインシステムについては、電電公社の通信回線開通テストがあり、端末導入などではそのテスト立会いに全国を回った。家庭でいとも簡単にインターネットと接続できるようになった現在とはまったくの別世界である。》

データ通信の発達がビジネスや人間に与えた影響は計り知れないものがある。コンピュータはその計算スピードを速めたが、データ通信はコンピュータと連動して時間と空間を一気に縮めた。その結果、ビジネスと生活のスピード

は速くなり、地球も組織もフラット化された社会が出現している。》

1.2 情報システムの発展過程

情報システムの発展過程に関しては、第2章で基幹系システムと情報系システムの発展、第3章で業界別の情報システムの発展を詳述しているので、ここでは年代別、時系列別に、ITの発展とリンクした形でわが国における情報システムの発展過程を概観する。

1) 1950年代：技術計算から事務計算処理へ

わが国にプログラム内蔵方式のコンピュータが最初に輸入されたのは1957年に国鉄技術研究所に導入されたベンディックス社（後のCDC社）のG15Dである。このコンピュータは第1世代の技術計算用のコンピュータであり、国鉄が後の座席予約システムの研究のために導入したものである。

実務用としては、1958年に日本原子力研究所と小野田セメントにIBM650が導入されている。利用目的はいずれも技術計算中心であり、徐々に事務計算にも応用されていった。事務用コンピュータとしては小野田セメントが1959年4月にユニバック・ファイル・コンピュータ（UFC）を導入している。同社ではこのコンピュータと電信紙テープを使って会計の全国集中処理をしている。

本格的な大型の技術計算用コンピュータが導入されたのは1959年4月に気象庁に導入されたIBM704であり、このコンピュータは気象予測に利用された。事務計算用としては1961年3月に総理府統計局にIBM705が導入され、諸統計処理や国勢調査に利用された。

2) 1960年代：データ処理システムとオンライン化の開始

1961年には第2世代のコンピュータであるIBM7070、7090、1401がわが国企業に導入され始めた。1961年は、この年を境にコンピュータの発注数が

PCS の発注数を上回った年であり、実質的なコンピュータ時代幕開けの年である。

　60 年代前半の情報システムは、第 2 世代コンピュータを使った大量データの事務処理をするデータ処理システム（EDPS：Electronic Data Processing System）の時代であった。磁気テープ、磁気ディスクが装備されるにつれて個別業務のシステム化が促進された。その代表的なシステムは販売システム、在庫管理システム、生産管理システム、会計処理システムであった。

　オンライン技術は、それまでデータをまとめて一括処理するバッチ方式からデータの発生の都度即時処理するリアルタイム方式に転換させた。わが国最初のオンラインシステムは 1964 年の国鉄（現 JR）の座席予約システムである。同じ年の 10 月には東京オリンピックオンライン情報システムが運用された。民間での最初のオンラインシステムは 1965 年の三井銀行のオンラインリアルタイムシステムである。オンラインシステムはその後 70 年代、80 年代を通じて、銀行の第 2 次、第 3 次オンラインシステムに代表されるように範囲を拡大するとともに高度化していった。

　第 3 世代コンピュータは 1965 年から導入され始めた。第 3 世代のコンピュータはオンライン化を促進するとともに、60 年代後半から 70 年代にかけてはデータベースを実装できるようにした。データベースはデータを一元管理する技術であり、データベース化によって複数のアプリケーションで共用するデータベースシステムが出現した。

　《60 年代の情報システム化は経済成長と歩調を合わせ、ものすごい勢いで拡大した。事業拡大にともなう労働力の確保がむずかしい状況にあって、コンピュータは省力化、あるいは増人化効果ともいうべき役割を果たしていた。》

　情報システムの歴史上重要な意義をもつ MIS（Management Information Systems：経営情報システム）は、わが国においては 60 年代の後半から始まり、そのブームは 70 年代前半まで続いた。MIS の目標は、経営管理者が必要とする情報を、必要な時にいつでも提供することであったが、その夢は実現されなかった。

《MISはコンピュータによる単なるデータ処理という次元から経営者に経営情報を提供するという新しい次元へのステップアップであり、気合を込めて追い求めたが、データのリアルタイム性、整合性、また必要とするデータが蓄積されてなかったことなどからMISを実現することはできなかった。しかし、MISはコンピュータ活用についての新たな方向性を与えるとともに、コンピュータと経営、SEと経営者の距離を縮めた。MISによって経営に目覚め、MISがコンサルタントへの第一歩を踏み出させたということができる。》

3）1970年代：意思決定支援システムと基幹業務系システムの発展

70年代には意思決定支援システム（DSS：Decision Support Systems）が発展した。DSSはMISが失敗したこともあって、経営管理者の意思決定活動を効果的に支援するものとして新たな関心を集めた。

70年代は業界別の基幹業務系のシステムが著しい発展を遂げた。その根底には業界別専用端末の発達がある。金融業界においてはオンラインCD、オンラインATMが開発され、窓口業務を生活者に開放し、多くの利便性をもたらしている。製造業用のグラフィック端末は70年代に導入・活用されるようになり、エンジニアリング部門におけるCAD、CAMを推進した。POSは早くから開発されていたが、実用化は70年代後半から80年代前半にかけてであり急激に発展していった。POSは単に商品コードを読み取る機械ではなく、流通業、特に小売業の総合経営管理システムとして発展していった。グラフィック端末、ATM、POSは基幹業務面における情報システム活用の一大革命をもたらしたといえる。

《70年代から80年代前半にかけてのもう1つのイベントは日本語情報処理システムが利用可能になったことである。日本語情報処理システムは、それまでの英数字、カタカナの世界から日本的な漢字の世界に転換させた。そのことの意義は大きい。》

4) 1980年代：OAそしてネットワーク化と戦略的情報システム

　80年代の特筆すべきことはパソコンの台頭と通信の規制緩和である。パソコンは80年代前半に普及し、パソコンを使ったオフィスオートメーション（OA：Office Automation）が推進された。OAはオフィスにおけるユーザが自分の仕事を効率化するため、また自分で情報を有効活用するためにパソコンを利用したものであり、これがエンドユーザコンピューティング（EUC）を促進した。

　1985年の通信の規制緩和は、企業間、国際間のネットワーク化を開花させ、企業間の電子データ取引を促進し、グローバルネットワークシステムによって国際間のビジネスを地球規模に拡大した。

　システム面では80年代の後半には戦略的情報システム（SIS：Strategic Information Systems）がブームを呼んだ。SISは、情報技術を使って競争優位を獲得するシステムであり、ここに至ってITは事務処理、経営管理のレベルから経営戦略形成ツールの段階に達した。

　《日本ではSISの解釈に大きく2つの捉え方があった。1つはITを使って顧客を囲い込むことであり、もう1つは情報を戦略的に活用することである。アメリカでは前者の解釈であったが、日本では2つの意味を包含して使っていた。いずれにしても情報システムと戦略が結び付けられた戦略的な活用であることには間違いがないが、極めて日本的な感じがしていた。なお、日本でも多くの業界、企業で端末の設置競争、サービスの差別化競争による顧客の囲い込み競争が起こったことは記憶に新しい。》

5) 1990年代：BPRとグローバルシステムの進展とインターネット

　90年代の前半には電子メールやワークフローを中心とするグループウェアが浸透していった。グループウェアはグループあるいは組織全体の協働作業を支援するシステムであり、新しいコミュニケーション形態の提供、情報の共有化、グループ作業の生産性向上、スピードアップ、経営組織のフラット化を促進した。

第1章　わが国における情報システム発展過程の要約

　1993年に登場したビジネスプロセスリエンジニアリング（BPR：Business Process Reengineering）は少々の業務改善ではなく、抜本的な業務改革をすることを目的にしている。それは、産業革命以降続けられてきたホワイトカラーの生産性の低さに対する経営革命であった。
　ビジネスのグローバル化は80年代後半から活発化し、90年代には平成不況とあいまってますます広範、かつ高度に展開されるようになった。そのビジネスを支えたのがグローバルネットワークであり、グローバル情報システムである。
　インターネットは1993年にブラウザが出現したことから一気に商用に活用されるようになり、1995年以降驚くべき速さで普及していった。インターネット元年である。その理由はインターネットの使いやすさ、通信費用の安さ、マルチメディアによる画像・音声の取り扱いやすさにあった。
　インターネットの利用方法も急激に進化していった。当初は世界から情報収集をする手段として用いられていたが、次第にビジネスに用いられるようになり、その必然としてビジネスそのものの手段として用いられるようになっていった。ネットベンチャービジネスが興隆し、その分野での寵児を生んだ。また、インターネットはその後ネットビジネスが展開されるようになり、こうした動きはやがてインターネットを使った電子商取引に発展していった。
　《90年代は平成不況下にあって改革が推進された時代である。1つはグループウェアによるソフトな組織改革であり、もう1つはBPRによるハードな業務改革である。この2つの手法は時代的背景と日本風土に合っていたせいか多くの企業で実施された。情報システムはその実現のための役割を果たした。
　インターネットに関して言えば、コンピュータが20世紀最大の発明であるとすれば、インターネットはその利用技術の最大のものである。インターネット革命という言葉が使われたほどあらゆる場面、あらゆる人々が利用できるようになった。インターネットはコンピュータ利用を大衆化し、利用者にコンピュータを意識することなく使えるようにしたところに大きな意味がある。》

6) 2000年代：インフラ整備と新たな利活用の展開へ

わが国の情報インフラは情報政策によって世界一のブロードバンド大国になっている。しかし、ITの利活用面では世界的な視点からみて高度なレベルに達しているとは言い難いのが現状である。こうした背景から、今後の情報政策としては、ITの利活用面での強化策が企画され、国民的視点に立った利活用の向上が推進されようとしている。

2000年代に入ってからの主な課題としては、メディアの連携・融合、ユビキタスコンピューティング、クラウドコンピューティング、ICタグの広範な活用、安心・安全を保証する社会システムの開発などがあげられる。

《わが国における情報システムの歴史は高々50年である。この間、情報システムは企業の経営や人・組織に多くの貢献をしてきた。さらには、企業外の顧客、取引先、一般消費者にまで便益を与えている。情報システムがビジネスに与えた影響としては、ビジネスチェンジ研究グループが、「仕事量とそのスピードは10年間で7倍に、意思決定のスピードは2～3倍になっている、また、IT活用の進展が個人や家庭での生活を変容させている」[1]ことを指摘している。

情報システムは、当初人間が行っていた小さな作業を代行するだけのものであったが、今ビジネスの仕方を変え、社会を変え、人間の生活そのものをも変容させてきた。これからの変化がわずか50年余りで起こったことを考えると、これから先についても限りない発展が期待できる。》

注
1 内野明・小沢行正・村田潔編、ビジネスチェンジ、同文舘、1999、p.214

第2章
情報技術及び情報システム技術の発展

　本章では、情報システム発展のベースとなっている情報技術および情報システム技術の発展について述べる。第1節では情報技術の発展としてコンピュータをはじめとするハードウェア、OSなどの基本ソフトウェア、情報通信、POSやATMなどの業務専用端末の発展について述べ、第2節では情報システム技術の発展として情報システムの開発方法、調達方法の発展過程について述べる。図表2-1に情報技術の抱括的な発展過程を示している。

2.1　情報技術の発展

2.1.1　ハードウェアの発展
1）コンピュータの発展
　コンピュータはその中核であるCPU（Central Processing Unit：中央演算装置）の演算素子によって、処理速度およびコンピュータの大きさ、発熱量などが決まるので、演算素子によって世代を区分することが多い。また、ハードウェアおよびソフトウェアの処理方法、さらにアーキテクチャそれ自体も演算素子の発達とともに進化してきた。
　コンピュータの世代は具体的には、第1世代は1940年代の真空管、第2世代は1950年代のトランジスタ、第3世代は1960年代のIC（集積回路）、第3.5世代は1970年代のLSI（大規模集積回路）、第4世代は1980年代のVLSI（超大規模集積回路）に区分される。1990年代以降はCPUの速度は向上して

図表2−1 情報技術の発展過程

	～1940年代	1950年代	1960年代	1970年代	1980年代	1990年代	2000年代
コンピュータの世代	第1世代 (46) (真空管)	第2世代 (58) (トランジスター)	第3世代 (64) (IC)	第3.5世代 (70) (LSI)	第4世代 (80) (VLSI)	クライアントサーバ (93)	thin client (04)
ハードウェアの発展	コンピュータ誕生 −ENIAC (46) −EDSAC (49)	IBM650輸入 (58) FACOM100 (54) ETL MarkⅢ (56) NEAC2201 (58) HITAC301 (59)	IBMS/360発表 (64) 海外メーカとの提携(前半) FACOM230シリーズ (65) NEAC2200シリーズ (65) HITAC8000シリーズ (65)	IBMS/370発表 (70) Mシリーズ (74) ACOSシリーズ (74) COSMOシリーズ (74)	パソコンの台頭 (83) IBM3081 (80) IBM3090 (85)	インターネット商用化(93) 携帯電話の普及 (99)	クラウドコンピューティング
主記憶装置	水銀遅延線	磁気コアメモリ		半導体メモリ			
補助記憶装置		磁気ドラム、磁気テープ	磁気ディスク				
コンピュータ言語		アセンブリ言語 FORTRAN(57), COBOL(59)	COBOL60制定(米国防省) PL/I (65)	C (73)		Java (前半)	
OS		モニタ (55)	OS/360 (66)	C言語版−UNIX (73)	UNIX商用化 (前半)	Linux (91), Windows3.1(92)	
データベース技術			CODASYL (規格化：69)	Rdb (69)		ODBMS (書籍出版 90)	
[通信の発展]				第一次通信回線自由化(71)	第二次通信回線自由化(82) 第三次通信回線自由化(85)		
コンピュータ利用形態とネットワーク			TSS オンラインリアルタイム処理	コンピュータ間通信 オンラインリアルタイム処理	コンピュータネットワーク LAN普及, VAN普及 (85)	Internet Intranet	Internet Technology
インターネット			ARPANET誕生 (69)	ARPANET実験成功 (72) TCP/IP誕生 (75)	TCP/IP仕様決定 (82) ARPANETがTCP/IP採用 (85)	LAN, WAN未TCP/IP利用(90) インターネット普及 (95年)	
イーサネット				DIX仕様 (79)	10Base5 (85) 同軸ケーブル	100Base-T(95), 1000Base-X(98) 光ファイバ	光ファイバ
NTTサービス				ISDN CCITT規約 (72)	ISDNサービス開始 (88)		Bフレッツ (01)
衛星通信			商用衛星通信 (65)	SATNETがARPANETに接続(77)	商用衛星通信・CS-2(83)		
業界端末の発展			プロコンの発展 オフラインCD (69)	POS・JANコード実験(79) オンラインCD(71)＆ATM(77)	POS普及 (82)、EWS 店舗ATM普及 (84)	マルチメディア端末 コンビニATM共同利用	統合ATM (04)

注：( )内の数字は西暦年の下2桁を表している。

いるものの、演算素子としてのハードウェアアーキテクチャには著しい変化がないので、このような時代区分は用いられなくなっている。日本では 1982 年から脱ノイマン型コンピュータを志向した第 5 世代コンピュータの開発を試みたが、実効ある成果は得られなかった。

コンピュータの発達はムーアの法則「シリコンチップに搭載できるトランジスタ数は 18 カ月ごとに 2 倍になる」に沿った形で高速化されてきた。コンピュータを性能表記法の 1 つである FLOPS（FLoating point number Operations Per Second：1FLOPS は 1 秒間に 1 個の浮動小数点演算数を実行できることを表す）でみると、最初のコンピュータ ENIAC が 300〜500FLOPS であったとされており、2009 年時点で稼動している米国 Cray 社の Jaguar は 1.76 ペタ（Peta＝10^{15}）FLOPS なので、この 60 年間でコンピュータは 3 兆 5 千倍〜5 兆 8 千倍速くなっている。また、別の性能表記法である動作周波数でみても、現在のパソコンの動作周波数は 2GHz であるのに対し、ENIAC は 100kHz であったので、パソコンでさえ 2 万倍になっている。コンピュータは高速化と同時にサイズも小さくなり、消費電力も少なくなって、故障率も飛躍的に減少していった。

経営サイドから見て、なによりも大きな要素は価格性能比の向上である。コンピュータの世代交代による高速化、高性能化、ソフトウェアの高度化によってコストパフォーマンスは年々良くなり、大企業だけでなく中小企業も情報化投資がしやすくなった。その結果、コンピュータの活用領域は拡大し、それまで不可能であったことを可能にし、通常業務のみではなく、戦略的分野でも大きな経営効果をもたらしている。

(1) 第 1 世代コンピュータ

真空管を演算素子とする第 1 世代のコンピュータは 1946 年に米国ペンシルベニア大学のエッカートとモークリーが開発した ENIAC（Electronic Numerical Integrator and Computer：電子式数値積分計算機）である。ENIAC は実用に供した最初のコンピュータであり、17,468 本の真空管、70,000 個の抵抗

器、10,000個のキャパシタ等で構成され、幅24m、高さ2.5m、奥行き0.9m、総重量30トンの装置であった。ENIACのプログラミングは演算手順を結線で指示する方式であり、プログラム外部方式と呼ばれている。

プログラムを記憶装置の中に保存するプログラム内蔵方式の最初のコンピュータは1949年に英国ケンブリッジ大学のウィルクス等によって開発されたEDSAC (Electronic Delay Storage Automatic Calculator：電子遅延記憶式自動計算機) である。プログラム内蔵方式はもともとENIACの後継機種として開発されたEDVAC (Electronic Discrete Variable Automatic Computer：電子式離散変数自動計算機) で考案され、フォン・ノイマンが数学的に検証して論文に発表したことから、プログラム内蔵方式のコンピュータはノイマン型と呼ばれ、現在でも広く採用されている。ちなみに、EDVACはEDSACより先に開発が開始されたが、稼動はEDSACの方が先であった。

プログラムを内蔵方式とすることで、結線によるプログラムの作成はなくなった。結線がなくなることでコンピュータは物理的にもすっきりしたものとなった。プログラムサイズが大きくなると、結線は山のように多くなることを想定すればどれ程有用なことかが分かる。

世界初の商用コンピュータは米国のレミントンランドが1950年に開発したUNIVAC Iである。レミントンランドはENIACを開発したエッカートとモークリーが創設した会社を買収し、UNIVAC Iを開発した。なお、UNIVAC Iは入出力装置として磁気テープを最初に使用したコンピュータでもある。IBMは1952年にIBMとしては最初のコンピュータであるIBM701を開発した。

わが国にプログラム内蔵方式のコンピュータが導入されたのは1957年のことで、国鉄技術研究所が導入したベンディックス社のG15Dである。第1世代のコンピュータで比較的数多く導入されたIBM650の最初の国内ユーザは日本原子力研究所であり、民間としては小野田セメントであった[1]。

富士フイルムでは、岡崎文治が1949年から研究開発を開始し、1956年に真空管を使った日本ではじめてのコンピュータFUJIC[2]を完成させた。FUJICは社内で2年半使用された。

第2章　情報技術及び情報システム技術の発展

1951年に東芝がハードウェア、東大がソフトウェアを担当する形でTAC (Tokyo Automatic Computer) の開発に着手した。TACは1954年に東大に試作機が納入されたが実際に稼動したのは1959年であった。

なお、日本では真空管を使用したコンピュータは製品としては販売されなかった。

(2) 第2世代コンピュータ

トランジスタ化された第2世代のコンピュータは、アメリカでは1956年から続々開発された。第2世代のコンピュータがわが国に輸入されたのは、事務計算用（10進数演算）コンピュータとしては、たとえば、IBM7070が1961年1月に日立製作所に、4月に東海銀行に納入されている。また、技術計算用（2進数演算）コンピュータとしてはIBM7090が1962年1月に三菱原子力に納入されている。さらに、事務用の中型コンピュータとしてのIBM1401が1961年5月に八幡製作所に納入され、以後広範に普及した。

日本においては、高橋茂が1956年7月に電気試験所でトランジスタ式計算機として最初のETL MarkⅢを、次いで1957年11月にETL MarkⅣを完成している。この開発はアメリカとほぼ同時期である。日本電気はETL MarkⅣの技術を用いて1958年9月にNEAC2201（技術計算用）を試作完成した。日立は電気試験所の技術指導を受け、1959年5月にHITAC301を開発している。

富士通信機製造（現富士通）はコンピュータ国産化のパイオニアと言われた池田敏雄によって1956年に商用リレー式計算機FACOM128、1957年にはパラメトロン式計算機FACOM201などを製作してきた。そして1961年にトランジスタ式計算機FACOM222を開発した。主記憶装置はコアメモリ1,000語で、1,000語の容量の磁気ドラムを10台まで接続できた。なお、池田敏雄はその後もFACOM230シリーズ、Mシリーズの開発も推進している。

(3) 第3世代コンピュータ

1964年に第3世代コンピュータとして発表されたIBM System/360は画期

的なコンピュータである。それまで科学計算用と事務処理用のコンピュータは別のアーキテクチャが使用されていたが、System/360 はどのような処理対象であろうが全方位 360 度対応できるコンピュータである。System/360 の特徴は汎用性と、ファミリー化である。すなわち、科学計算用と事務処理用、大型と小型のすべての製品系列間で互換性のあるコンピュータ群になった。これによって利用者は各自の用途に応じて必要な性能の機種を選び、コンピュータ能力の増強が必要になった時にシリーズの中の上位機種を選んでマイグレーションできるようになった。コンピュータは各種用途に汎用的に使用できるようになったことから、以降汎用コンピュータと呼ばれるようになった。

　System/360 のもう 1 つの特徴は、演算機構に初めて半導体集積回路である SLT（Solid Logic Technology）技術を使ったことである。これにより演算速度の高速化と、安定性、信頼性の向上を図ることができた。なお、主記憶装置はコアメモリであった。日本での System/360 の最初のユーザは 1965 年 10 月に納入された東海銀行である。

　1960 年代初めに国産メーカと海外のメーカとの技術提携が盛んに行われた。1961 年に日立と RCA が、1962 年には三菱電機と TRW、日本電気とハネウェルが、1963 年には沖電気とスペリーランドが、1964 年には東芝と GE が、それぞれ業務提携ないしは技術提携を行った。

　System/360 に対抗する国産各社は 1965 年に富士通が FACOM230 シリーズ、NEC が NEAC2200 シリーズ、日立が HITAC8000 シリーズを発表している。

(4) 第 3.5 世代コンピュータ

　1970 年 7 月 IBM は System/360 の後継機種として記憶素子の革新と仮想記憶形式を採用した System/370 を発表した。主記憶装置はそれまでの磁気コアメモリではなく半導体メモリが使用されるようになった。System/370 では論理回路に MST（Monolithic Systems Technology）が採用され CPU のサイクルタイムが向上した。また、System/360 では一部の機種に限られていたバッファメモリ（高速緩衝記憶装置）が全面的に採用された。こうしたことから

System/370の価格性能比はSystem/360に比べ大幅に向上した。そのためSystem/370は第3.5世代コンピュータと呼ばれている。

(5) 国産大型コンピュータ

1975年のコンピュータの資本および輸入自由化に向けて、外国のコンピュータに対抗すべく、通産省の指導により国産コンピュータメーカを3つにグループ化し、コンピュータの開発が促進された[3]。1974年5月に沖電気—三菱電機グループがCOSMOシリーズ、1974年11月に富士通—日立グループがMシリーズ、また日本電気—東芝グループがACOSシリーズという国産コンピュータを発表している。いずれのコンピュータも1974年〜1975年に出荷されている。これらのコンピュータはハードウェアの面では価格性能比で外国機を凌駕するものであった。

富士通—日立グループはIBMアーキテクチャを採用したので、IBMのコンピュータで動作する各種ソフトウェアを使用できた。MシリーズはIBM互換機であることから海外でも評価されたが、他の2つのグループはIBM互換機でなかったためIBMのコンピュータで使用されているソフトウェアをそのまま作動させることができず、メーカおよびユーザはソフトウェアを独自開発しなければならなかった。その後この2つのグループは汎用コンピュータメーカとしては衰退していった。

(6) ミニコン、ワークステーション

コンピュータは高速で各種情報を処理するが大型で高価、さらに発熱量が大きいこともあり、ほこりが少なく、また空調の効いた専用の部屋に設置された。そのような状況から、コンピュータを身近でいつでも使えるようにという要望からグループないしは個人が使用するミニコンが開発された。

1960年に米国のデジタル・イクイップメント・コーポレーション（DEC）が18ビットのPDP-1を開発した。その後、1965年に12ビットのPDP-8を、さらに1970年には16ビットのPDP-11が発表された。1977年には32ビット

のVAX11/780が発表された。DECのコンピュータは当初研究所や大学で使用されていたが、次第に民間でも使用されるようになっていった。

1980年に設立されたアポロ社（1989年にヒューレット・パッカード社に買収された）は技術者が個人で電気回路などの設計に使用するコンピュータであるエンジニアリングワークステーション（EWS）DN100を開発した。OSは当初独自のOSであったが、その後汎用的なOSであるUNIXが使用されるようになった。また、1982年にはサンマイクロシステムズが設立され、ワークステーションが発表された。

日本では1986年にソニーがNWS-800を、日本電気はEWS4800、三菱電機がME1000の32ビットのEWSを開発した。1980年代後半に設計部門を中心に小型コンピュータであるワークステーションが使用されるようになった。

(7) オフコン

1961年にNECは演算素子としてパラメトロンを使ったNEAC1201を中小企業向け事務用計算機（オフィス用小型コンピュータ）として開発した。その後、1964年にはNEAC1210を開発している。富士通は1965年に日本語COBOLが使える第3世代コンピュータFACOM230-10を開発した。これに対しNECは1967年にICを使ったNEAC1240を発表した。ICの使用により、コンピュータは小型化し、演算性能は向上した。東芝は1968年にTOSBAC-1500、三菱電機はMELCOM-86を開発し事務処理分野に参入した。こうして1960年代後半に事務用計算機が多くの企業で使用されるようになった。

1970年代になると事務処理機能を強化したものが出現した。1973年には東芝はTOSBAC-1150/1350を、三菱電機はMELCOM-86を発表した。これに対しNECはNEACシステム100を発表した。その後、1975年から76年にかけて一連のシステム100シリーズを発表し、NEACシステム100がオフコンという名前を定着させたと言われている。

オフコンは年号の2桁処理が問題となった西暦2000年問題対応を迫られてもミニコンやパソコンに変更されずその後も使用される程長期間使用された。

(8) 第4世代コンピュータ

　第4世代コンピュータとしてIBMは1980年11月に3081プロセッサを、1985年2月に3090プロセッサを発表した。これらのプロセッサではTCM（Thermal Conductive Module）を採用することにより冷却能力を向上し、サイクルタイムを短くしている。また、System/370拡張アーキテクチャ（370-XA）を採用し、従来の24ビット・アドレッシングから31ビット・アドレッシングに拡張し、仮想記憶域および実記憶域を16MBから2GBに、チャネルも16チャネル、4,096入出力機器から256チャネル、65,536入出力機器までサポートできるように拡張された。

(9) 第5世代コンピュータ

　1982年に通産省の主導の下に財団法人新世代コンピュータ開発機構（ICOT）が設立され、第5世代コンピュータプロジェクトが発足した。従来のコンピュータはノイマン型の手続き型言語系のコンピュータ・アーキテクチャであったが、第5世代コンピュータプロジェクトでは述語論理による推論を高速実行する並列推論マシン（PIM：Parallel Inference Machine）およびそのオペレーティングシステム（SIMPOS：SIM Programming and Operating System）を構築することによって脱ノイマン型を目標にしていた。1991年に実際に動作する　PIMが完成し、プロジェクトは1992年に終結した。しかし、第5世代コンピュータがそのまま商用機として販売されることはなかった。

(10) パソコン

　1970年代後半になるとミニコンよりさらに小型のコンピュータで、個人が自由に使えるパソコン（PC：Personal Computer）が開発された。実用的なPCはアップル社のAppleⅡで1977年に開発・販売された。当初PCは8ビットであったが、1980年代前半には16ビット版のものが開発された。米国では1984年にMacintoshが開発され、研究所や印刷、グラフィック関連のユーザに多く使用されていた。

日本では1982年にNECが独自アーキテクチャの16ビットPCの9800シリーズを発表した。その後このPCシリーズは長い間市場の中心的存在だったが、2003年9月に受注を停止した。9800シリーズは日本を中心とした独自アーキテクチャであったため、世界的規模で販売、使用されたWindowsシリーズには太刀打ちできなかったからである。

　東芝は、1985年にコンパクトなPC/AT互換機であるT-1000をラップトップPCとして発売した。これは輸出専用モデルであった。そして、1989年にはノート型パソコンDynaBookを開発した。DynaBookはノート型パソコン分野では長らくトップシェアを維持していた。

　PC用にいろいろなOSが開発されたが、操作性や安定性、機能面で満足できるものではなかった。1993年にマイクロソフトがWindows3.1を発売し、機能および安定性の面で満足のいくものになった。その後Windows95を経てWindowsがPC用OSのデファクトスタンダードの座を占めるに至った。PCはその後、価格も下がり、特殊な個人ユーザのみでなく、企業内の個人使用のコンピュータとしても使用されるようになっていった。

(11) サーバ

　1990年代に入ると、コンピュータシステムが巨大化し、複数のコンピュータがネットワークを介して接続されるようになり、特定のコンピュータが情報やその処理作業を集中的に管理し、複数の他のコンピュータがそれらの情報を活用するアーキテクチャが一般化してきた。前者は情報提供者（サーバ）、後者は情報利用者（クライアント）であるとして、クライアント／サーバ・システムと呼ばれている。当初はミニコンクラスのコンピュータをサーバと呼んでいたが、最近では、従来汎用機あるいはメインフレームと呼ばれていたコンピュータもその機能からサーバという呼び名に集約されるようになった。

　2004年頃から、セキュリティの面からクライアントに必要最小限のアプリケーションソフトしか置かないシンクライアント（Thinとは薄いという意味）方式が注目を集めるようになった。シンクライアントを専用端末の観点で見る

と、1996年にすでにOracle社が「NC（Network Computer）」コンセプトを提唱している。このコンセプトはサーバで各種処理をし、クライアントでは表示のみ、あるいは簡単な処理しかしないという意味で、インターネット上のコンピュータが全てを処理するシンクライアントの原型とみなすことができる。

　なお、数多くあるクライアント側の機能が少ないことはそれだけ保守・運用の手間が少なくなることであり、保守コストを削減できる利点がある。

2）主記憶装置の発展

　主記憶装置はCPUが直接アクセスする記憶装置であり、記憶装置上のデータは高速にアクセスできることが求められる。コンピュータが開発された初期にはコンピュータの電源が入っていない時にもデータがそのまま残っている不揮発性の主記憶装置が使用されていた。しかし、現在では主記憶装置は不揮発性よりも動作時間の高速化が重視され、コンピュータが動作していない時にはデータはなくなっても仕方ないとする考え方が主流になっている。こうしたことから、主記憶装置は揮発性の主記憶装置が使用されている。

　主記憶装置は使用している媒体により命名されている。コンピュータが開発された1950年代には、水銀遅延線やブラウン管（CRT）記憶装置が使用されていた。その後、1950年代後半には磁気ドラムが、1960年代初期からコアメモリが普及した。1970年代以降は半導体メモリが使用されている。

　世界で最初にコアメモリが使用されたのは1953年に米国マサチューセッツ工科大学で開発されたWhirlwindである。商用コンピュータに最初に使用されたのは1954年に発表された科学計算用コンピュータIBM704である。

　キャッシュメモリが最初に使用されたのは1968年に発表されたIBM System/360-85であり、半導体メモリが使用された。このキャッシュメモリは64ビットのバイポーラ・チップを用い、16KBでアクセス時間は40nsであった。

　主記憶装置にICを使用したコンピュータは1970年に発表されたIBM System/370-145である。この時の集積度は約1/8インチ平方上に128ビットであった。1973年に発表されたSystem/360-158では1チップ当たり1Kビットにな

り、1970年代後期では64Kビット、1985年では1Mビットと急速に記憶密度は向上し、アクセス速度、記憶容量も増大している。

日本ではワイヤメモリ[4]と呼ぶりん青銅の芯線上にパーマロイの薄膜をメッキして作った磁性線を使った記憶装置が1960年代中頃に開発された。ワイヤメモリのメモリプレーンは、ビット記憶の磁性線と語選択の絶縁皮膜銅線を縦糸と横糸として布状に織られたもので、コアメモリと同様の原理で動作する。ワイヤメモリはコアメモリより小型・軽量で、1970年初めにミニコンの主記憶として実用化されたが、ICメモリの出現で本格的な使用には至らなかった。

3）補助記憶装置の発展

主記憶装置と同様に補助記憶装置も媒体により命名されている。1950年代に磁気テープ、磁気ドラム、磁気ディスクが開発されている。コンピュータの進化と同様、主記憶装置の高速・大容量化・小型化・省電力化・低価格化が進み、膨大な情報のデータベース化を可能にし、データベースを活用したシステムによって意思決定と経営品質、経営効果の向上に貢献してきた。

(1) 磁気テープ

商用コンピュータに磁気テープ装置を採用したのは1950年に発表されたUNIVAC Iである。わが国では、日本電気が1958年5月に1/2インチ幅8トラックの磁気テープ装置542を開発しNEAC-2203で使用した。富士通は1960年8月に磁気テープ装置FACOM601を開発しFACOM222、231で使用した。

磁気テープの記憶方式はISOなどの規格で標準化され、他社製品を含めコンピュータ間のテープの互換性が保証されたので、コンピュータから取り外しできる外部記憶装置として広く使用されていた。その後磁気ディスクの普及とともに磁気テープの主な用途は、使用頻度が低く大容量で長期間保存するデータの保存、磁気ディスクのバックアップに使用されるようになった。

また、磁気テープはテープのセットアップや交換、保存に人手が掛かること

と、スペースも必要となる欠点があった。これを解消しようとして開発されたのが1975年にIBMによって開発されたカートリッジ磁気テープである。カートリッジ磁気テープは砲弾型のカートリッジに磁気テープを収容し、ロボットでカートリッジを記録再生装置に着脱し、完全に自動化した記憶装置を実現したものである。

(2) 磁気ドラム

　磁気ドラムは、オーストリアのウィーンの技術者グスタフ・タウシェクが1932年に発明した。記憶装置としてコンピュータに実装されたのは、1952年に開発されたIBM701である。その後、1960年代に主記憶装置としてコアメモリが使用されるようになると大容量のオンライン補助記憶装置として使用されるようになった。

　日本の最初の主記憶装置用の磁気ドラムは、電気試験所が1956年にETL Mark IV用に開発したものである。主記憶装置より大容量の補助記憶装置としては1959年に北辰電機（現横河電機）が1008Kビットの磁気ドラムMD101Aを開発した。富士通は1958年に磁気ドラム装置D101開発した。その後継機種のFACOM621は1960年に開発され、FACOM222で使用された。磁気ドラムは磁気ディスクの発展とともに姿を消していった。

(3) 磁気ディスク

　IBMは1956年に商用装置IBM305RAMACを発表した。1963年には取り外しできる磁気ディスクパック装置を開発している。1965年頃には磁気ディスクは磁気テープと同じ位のコストとなり、ディスクパックは外部記憶装置としてデファクトスタンダードとなった。ディスクパックの記憶容量は、1965年の2314装置が29MB、1971年の3330-I装置が100MB、1976年の3350装置が318MB、1980年に発表された3380装置の記憶容量は1,260MBであった。1956年発表の305装置が5MBであったので、1980年までの25年間に記憶容量は約250倍に増大し、アクセス時間は約150分の1になっている。

国産では、富士通が1963年に同社初の磁気ディスク装置FACOM856を開発している。ディスクの容量は1台当たり192MBであった。

　2009年現在の磁気ディスクは1024TBまで可能になっており、1956年当時の約20万倍である。磁気ディスク容量の増大とスピードの増加、低価格化は著しく、コンピュータ上でのランダム処理も可能にし、処理時間を大幅に短縮した。こうしたことはリアルタイム性を発展させ、新たなコンピュータの利用領域を拡大した。

(4) ポータブル記録メディア

　1990年代後半以降のインターネット、パソコン、デジタルカメラ、家電、ゲーム機、携帯電話の普及は情報、画像、映像、音声を統合したデジタルコンテンツの作成、保存、移動、再生をするための各種のメディアを発展させた。その代表的なものとしてはUSBメモリ、CD（コンパクトディスク）、DVD（Digital Versatile Disc）、BD（ブルーレイディスク）があげられる。

　現時点での規格容量は、USBメモリに使われているフラッシュメモリは32GB、CDは700MB、DVDは9.4GB、BDは現状2層式ディスクで50GBであるが将来的には数百GBまで可能とされている。

　ポータブル記録メディアとしては古くは1970年に開発された8インチFD（フロッピーディスク、128KB）、1982年にソニーが開発した3.5インチFD（2HDで1.44MB）、MO（Magnet Optical Disk、640MB）などがあった。しかし、画像、映像の取扱量の増大とともに容量が小さいこと、また使い易さの点からUSBメモリなどに移行し次第に使われなくなっていった。

　ポータブル記録メディアは年々開発が進み、記憶容量の増大（フラッシュメモリと8インチFDでは25万倍）とスピードの向上が図られ、価格性能比が上がってきている。こうしたメディアに対してはパソコン、家電などで共通して使える仕様が求められているが、未だ発展段階にあり標準化も十分とは言い難い。今後のメディアの統合環境に備えた対応が必要とされている。

2.1.2 ソフトウェアの発展

本項ではソフトウェアのうち、データ／情報を扱う基本的なソフトウェアであるオペレーティングシステム（OS）とデータベースシステム（DB）の発展を取り上げる。図表 2-1 の情報技術の発展過程にソフトウェアの発展も示してある。アプリケーションソフトウェアの発展は第 3 章で述べている。

1）OS（Operating System）の発展

OS は高価なコンピュータのハードウェア資源、ソフトウェア資源、人的資源などコンピュータ関連の各種資源を効率的に運用することを可能にしたソフトウェアである[5]。OS が対象とするハードウェア資源としてプロセッサ、記憶装置、入出力装置、通信機器があり、ソフトウェア資源としてはプログラムやデータ、人的資源としてはプログラマ、オペレータ、エンドユーザがある。

(1) メインフレーム OS の発展

1955 年にノースアメリカン航空とジェネラルモータースが FORTRAN のコンパイル作業を自動化するモニタを開発した。これが OS の原型と言われている。モニタは、定型化された一連の作業を効率的に行うことを目標にして開発されたものである。

IBM は 1963 年に発表した IBM7090 用に原始的な OS として IBSYS システムを開発した。IBSYS はモニタの概念を引き継いで入出力サポートや処理の自動実行とそのコントロールを行った。さらに 1964 年には System/360 用に IBSYS システムを進化させた本格的な OS である OS/360 を発表した。OS/360 では、スループット（コンピュータの仕事量）の向上のためにジョブ管理、タスク管理、データ管理の 3 つの基本的な管理が行われた。ジョブ管理では仕事の連続処理を可能にし、タスク管理では多重プログラミングを可能にし、データ管理では入出力データの効率的な管理とデータへのアクセス管理をコントロールしている。

OS/360 は、当初は単一タスク処理の PCM（Primary Control Program）で

あったが、1966年には固定数タスクの多重プログラミング機能を持つMFT（Multiprogramming with a Fixed Number of Tasks）を提供した。さらに、1967年には可変数のタスクを制御できるMVT（Multiprogramming with a Variable Number of Tasks）を提供した。

OS/360は記憶容量が64KB以上のコンピュータを対象としていたのに対し、記憶容量がそれ以下のシステム向けにはDOS（Disk Operating System）が提供された。ちなみに現在DOSは、その名のとおりディスク装置を前提としたコンピュータのOSのことを示すようになっている。

日本電気は1964年にNEAC-シリーズ2200用にハネウェル社からの技術導入で最初のOSであるMOD Iを開発した。NEAC-シリーズ2200モデル400、500用のMOD IVからは自社開発した。富士通は1968年8月にFACOM 230-25、230-35用OSとしてBOS（Batch Operating System）、ROS（Real-time Operating System）を開発している。

(2) UNIX

ベル研究所のケン・トンプソンは1970年代初めにDECのミニコンPDP11/20用に独自のOSであるUNIXを開発した。UNIXは当初大学や研究所に無償で公開されていたので、多くの大学や研究所でUNIXが稼動するコンピュータが使用されていた。また、UNIXのソースコードも当初無償で公開されていた。UNIXはその後各種コンピュータシステム用に開発され、1980年代にはライセンス販売されるようになった。ミニコンやワークステーション用OSの多くのものはUNIX系列のものである。

(3) Windows

現在、PC用OSとして主流のWindowsは、当初はMS-DOS上で動くアプリケーションの一種で、拡張シェルに過ぎなかった。1985年にWindows1.01が開発され、1990年にWindows3.0が、1992年に3.1が開発され、タスク管理、メモリ管理などの機能を充実させ、さらに動作の安定性が従来以上に増し

たことにより多くの人に使われるようになった。1995 年に発表された Windows95 は 32 ビット CPU に対応し、また作業の多くが紙ベースの文字ではなく、CRT スクリーン上のグラフィックで行えるようになるなど機能・操作が充実したことにより、Windows は PC の OS としての位置づけが不動のものとなった。

(4) Linux

　Linux は UNIX に似た OS である。Linux は、1991 年にフィンランドのヘルシンキ大学在学中であったリーナス・トーバルズが個人で開発した。その後、2000 年頃から米国のコンピュータベンダのエンジニアを含む有志が開発に参加するようになり、機能も拡充された。Linux はソースコードが公開されており、現在多くのコンピュータに移植され稼動している。また、商用機にも採用されるようになっている。

2) データベースシステムの発展

　米国国防省は 1950 年代に物理的に点在する資料保管場所を 1 カ所に集約することにより、そこに行けばすべてのデータが揃うように効率化した。この時にデータベースという言葉が誕生した。1 カ所に集約された情報基地、情報（Data）の基地（Base）がデータベースの語源である。商用の DBMS（Data Base Management System：データベース管理システム）は 1964 年に GE からリリースされた Integrated Data Store（IDS）[6] が最初とされている。IDS は CODASYL のデータベースの言語仕様に影響を与えた。

　DBMS は、データベースの構築、運用を専門的に管理し、データに対するアクセス要求を処理するソフトウェアである。DBMS を使えばデータを、特定のアプリケーションソフトから独立させることができる。また、データの管理を専門のソフトウェアに任せることによって、アプリケーションソフト開発の生産性向上や実行時の性能の向上を図ることができるようになった。

(1) 階層型データベース

　階層型データベースはデータをツリー構造で整理／格納するデータベースシステムで、1つのデータは他の複数のデータに対して親子関係を指定できる形になっている。そのため、データをアクセスするルートは親子関係を通して一通りしかないという特徴をもっている。

　メインフレーム用の階層型データベースとして IBM の IMS（Information Management System）がある。IMS は 1966 年から IBM がロックウェル・インターナショナルおよびキャタピラ社と共同で開発し、1968 年に完成し、多くの企業の業務系システムでも使われるようになった。その後 IMS は Web サービス、Java、XML などでアクセスできるように適応範囲を広げ、現在でも使用されている。

(2) ネットワーク型データベース（CODASYL データベース）

　CODASYL は 1969 年 10 月にネットワーク型データベースの言語仕様を発表した。この仕様ではデータベースは網の目の形でデータを表現する。これが一般に CODASYL データモデルと呼ばれるものである。この仕様に準拠したデータベース製品としては、1968 年にシンコムシステムが開発した TOTAL、1970 年代にハネウェルの Integrated Data Store（IDS/2）、Cullinet（後にコンピュータアソシエイツに買収された）の Integrated Database Management System（IDMS）、UNIVAC の DMS-1100、DEC の DBMS32 がある。IBM のメインフレーム System/360、System/370 等には IDMS が使用されていた。

　ネットワーク型データベースはデータ構造の定義が複雑で、さらにデータのアクセス手順も面倒であった。また、データとプログラムの独立性も課題であった。そのためネットワーク型データベースはリレーショナルデータベース製品が開発された 1980 年代から次第に使用されなくなっていった。

(3) リレーショナルデータベース（Rdb）

　Rdb は、データのまとまりとしてのレコードを表わす行とレコード内の

第 2 章　情報技術及び情報システム技術の発展

フィールド（項目）を表わす列の 2 次元の表形式のデータベース構造で表すものである。データ同士は複数の表と関係によって関連付けられる。Rdb はデータとプログラムの独立性が高い。そのためデータ構造を変更してもプログラムにはほとんど影響しない。リレーショナルデータベースを管理するソフトウェアがリレーショナルデータベース管理システム（RDBMS : Relational Database Management System）である。

　Rdb のコンセプトは IBM のエドガー・F・コッドによって 1969 年に「IBM Research Report」に発表された。最初のリレーショナルデータベースは、IBM が 1970 年代に研究目的に開発した System R だと言われている。IBM は Rdb 製品として 1982 年 3 月に SQL/DS（Structured Query Language/Data System）、1984 年に DB2 を販売している。なお、1979 年にリレーショナルソフトウェア（現オラクル）が商用の Oracle2 を販売している。1980 年代には、リレーショナルデータベースシステムズ（後に Informix に社名変更、2001 年に IBM に買収）の Informix、サイベースの Sybase SQL Server などの製品が次々開発された。1980 年代後半に Microsoft は Sybase と共に IBM の OS/2 上で動作する SQL Server を開発した。

　メインフレーム用 RDBMS として、日立は 1994 年に HiRDB を、富士通は 1995 年に Symfoware Server を発表している。

　Rdb は当時パフォーマンスが悪かったことから、業務系システムのデータベースとして使われるようになったのは相当後のことである。

(4) オブジェクト指向データベース

　オブジェクト指向データベースは、オブジェクト指向プログラミングで使うオブジェクトの形式で表現されるデータを格納するデータベースである。オブジェクト指向データベースのデータベース管理システムがオブジェクト指向データベース管理システム（OODBMS）である。1980 年代後半に開発された OODBMS の製品としては、GemStone（Servio Logic 社）、Gbase（Graphael 社）などがある。1990 年代前半には OODBMS の製品としては、富士通の Jasmine、Progress Software 社の ObjectStore、Objectivity Inc. の Objectivity/DB などが開発された。

現状は Java などのオブジェクト指向言語で開発されたシステムでもデータベースシステムとしてはリレーショナルデータベースが使用されている。

(5) データウェアハウス、データマート

データウェアハウス（DWH）はその名のとおりデータの倉庫である。DWH は、1990年にビル・インモンによって提唱され、基幹業務系のデータから「目的別に編成され、統合化された時系列で、削除や更新をしない、意思決定のためのデータの集合」[7] とされている。データウェアハウスの特性として、サブジェクト指向（テーマ別、活用目的・用途別）[subject oriented]、統合 [integrated]、恒常性 [nonvolatile]、時系列 [time variance] の4つがあげられている。

データウェアハウスの製品としては1992年に Red Brick Warehouse が開発されている。データウェアハウス製品はリレーショナルデータベース製品に比べ、Update（更新）のパフォーマンスを犠牲にして、Read（読出し）では I/O が少なくなる構造になっている。

データマートはデータウェアハウスからユーザが使いやすいように適宜データを集計したものをデータベース化したものである。そういう意味でデータマートはデータの小売店である。データマートはデータウェアハウスへのアクセス数を減らす効果もある。

データウェアハウス、データマートの活用方法は、目的に応じて多様であり、データ検索ツール、データ分析ツール、オフィスツールなどを活用して、経営上の問題発見・問題解決、戦略創造などのための意思決定に用いられている。

なお、データウェアハウスは BI（ビジネスインテリジェンス）の要素技術の1つとして捉えられている。これらについては、第3章情報系システムの3.2.7の BI で扱っているのでその項を参照してほしい。

2.1.3 情報通信の発展

　情報通信は、通信回線網の高速化、低価格化の進展、ネットワーク化および端末機能の高度化、多様化とともに発達してきた（図表2-1参照）。

　通信の発達は、1998年に発表されたギルダーの法則「ネットワークの帯域幅（コミュニケーションパワー）は半年で2倍になる」に従ってきたといわれ、年々およそ4倍のスピードで発達してきた。通信の高速化により距離の遠近がなくなり、コンピュータはディスク等の周辺機器をふくめて設置場所を気にする必要がなくなった。また、このことが現在のインターネット、携帯電話文化、ユビキタス社会をもたらし、ビジネスや家庭生活に多大な変化をもたらしている。

1）通信インフラ

（1）コンピュータと端末間の通信

　コンピュータ本体は当初発熱を抑えるため空調設備のあるコンピュータルームで管理されていた。一方、コンピュータを管理する端末であるシステムコンソールは当初は同じ部屋に置かれていた。その後コンピュータはコンピュータルームに置いて、コンソールは事務室に置きたいという要望がでてきた。そのためコンピュータとコンソール間での通信が必要になった。1950年代にこうして生まれた標準手順がRS-232Cである。RS-232Cは回線の品質不良を補償するため、伝送エラーへの対応はデータ以外にエラーコレクトビットを送って行っていた。RS-232Cはシリアル（直列）伝送であり、高速なデータ伝送はできなかった。

（2）同一エリア内のコンピュータ間通信：LAN

　コンピュータを複数台保有すると、コンピュータ間のデータのやりとりが必要になってきた。同一エリア内のコンピュータ間通信はLAN（Local Area Network）と呼ばれている。

　当初コンピュータ間の通信も端末間との通信と同様のRS-232Cが使われ、1

対1で行われていた。その後、複数台のコンピュータ間での通信が必要となったので、スター型、リング型、バス型といった形態のLANが提唱された。

その中で、1973年にXerox社 Palo Alto Research Center（PARC）のロバート・メトカーフが提唱したEthernetの仕様は、その後Xerox、DEC、インテルの3社で共同開発され、1980年にThe Ethernet Version 1.0として発表された。この規格は3社の頭文字をとってDIX規格と呼ばれている。Ethernetのライセンスは無償使用としたので広く使用されるようになった。Ethernetは当初同軸ケーブルを使用し、伝送速度は10Mbpsであった。Ethernetの規格は1985年にIEEE802.3として成立し、その後互換性を保ちながら1995年に802.3u 100Mbps（Fast Ethernet）、1998年に802.3z 1000Mbps（Gigaビット Ethernet）、そして2002年に10Gbps（10Gb/s Ethernet）と拡張されている。100Mbps以上のEthernetは回線として光ファイバを使用している。

(3) 広域ネットワーク：WAN（Wide Area Network）

本社と支店といったような離れた事業所間でコンピュータを複数台保有すると、コンピュータ間のデータのやりとりが必要になってきた。こうした通信を行なうのがWAN（Wide Area Network：広域通信網）である。事業所間のデータのやりとりは、当初磁気テープなどの記憶媒体を経由して行っていたが、迅速な情報伝達のためにコンピュータ間での直接通信が必要となった。1960年代には遠距離間のコンピュータ通信には、既に網が張り巡らされていた電話回線を使って行なわれた。そのため、電話回線を使用するためのコンピュータと回線間に信号変換するためのモデム装置を使用した。

コンピュータ間通信は1対1から1対多、さらに中継コンピュータを介した通信へと発展していった。それらの機能を実現するために通信間の伝送の約束事であるプロトコルが必須になってきた。IBMは1974年に端末の制御、管理用にSNA（System Network Architecture）を発表した。翌年の1976年にSNAはコンピュータを端末の1つとして扱えるようになった。同じ頃、DECはDNA（Digital Network Architecture）、ユニバックはDCA、XeroxはXNA、バ

ローズは BNA、ハネウェルは DSE とコンピュータ各社は他社との差別化のためネットワーク用アーキテクチャを開発・発表した。その結果、この頃は複数のアーキテクチャが存在することとなり、他社のコンピュータとの接続がしにくい状況になっていた。

　日本のコンピュータメーカも各社が独自のアーキテクチャを開発していたが、1977 年 4 月に電電公社と日本電気、日立製作所、富士通、沖電気の 4 社は異種コンピュータ間の資源の相互利用を可能とするデータ通信網アーキテクチャ（DCNA：Data Communication Network Architecture）の共同開発に着手し、1978 年 3 月に論理構造・メッセージ転送を含む第 1 版を提案した。

　先に述べたように、1970 年代中頃に多数のネットワークアーキテクチャが乱立したので、1977 年 3 月に ISO の情報処理システム技術委員会に SC16 が設置され、標準化作業が開始された。OSI 参照モデルは 1984 年に完成したが、TCP/IP が 1980 年代後半から急速に普及したことや OSI 参照モデルの規約が重層で使いにくいことなどから、OSI 準拠製品は普及しなかった。なお、この参照モデルはネットワークの考察や説明には頻繁に引用されている。参照モデルは LAN も WAN もカバーしている。

(4) 次世代ネットワーク

　携帯電話が普及するまでは、固定電話はライフラインの 1 つとしての役割があった。次世代ネットワーク（NGN：Next Generation Network）はそのような中で、電話並みの品質と信頼性を保ちつつ IP（Internet Protocol）機能によって、インターネットおよび携帯電話の良さを取り込もうとしている。NGN は、IP 統合技術により、マルチメディア通信を安心・安全・便利に顧客に提供するための技術である。この結果、NGN は、サービスの品質確保（QoS：Quality of Service）、セキュリティ、信頼性を特徴としている。

　NTT 東西は 2008 年 3 月に NGN を東京、大阪等の一部エリアでサービスを開始し、東京 23 区、大阪の 06 エリア、政令指定都市、県庁所在地へとサービス・エリアを拡大し、2010 年度末までに現行の光ブロードバンドサービス提

供エリア全域に拡大する予定である。

　NTT東西では商用のNGNネットワークサービスとして、光ブロードバンドサービス（IPv6を標準装備）、IP電話／テレビ電話（ひかり電話、テレビ電話）、VNP VPN（Virtual Private Network）、コンテンツ配信向けサービスの提供を計画している。

2）企業間通信およびVAN

　明治以来日本では電電公社（NTT）が電気通信事業を独占していて、電話回線をデータ通信に使うことは長い間禁じられていた。1971年および1982年の公衆電気通信法の改正により通信の規制緩和が順次進められていった。

(1) 第1次通信回線自由化

　日本でデータ通信が始まったのは1964年であるが、1971年までは電気通信事業は電電公社の独占とされ、専用回線は別として、一般の電話回線をデータ通信のために利用することは禁じられていた。多くの企業は公衆回線を使ってデータ通信をしていた。1971年に「公衆電気通信法」が改正され、コンピュータを電電公社の電話回線に接続し、オンラインによって情報処理を行うことが可能となった。

　この改正は、企業内での通信回線を使ったオンラインシステムを構築することを可能にし、銀行の預金業務や、一般企業での製造・販売・在庫管理や、救急医療などの面でデータ通信が発展した。さらに、上述のようなデータ通信サービスを民間企業が提供することも可能となった。しかし、一企業内での通信回線を利用してのオンライン化は自由化されたが、複数企業間での回線利用によるオンライン化や、コンピュータとコンピュータとの接続、メッセージ交換（回線の他人使用の際に、コンピュータを通じて、端末間で交信を行うこと）などは、依然、禁止されたままであるという点で、高度情報化社会には不十分な対応でしかなかった。

(2) 第2次通信回線自由化

第1次自由化から約10年後の1982年にはより一層の自由化が行われ、回線利用に際して、共同使用や他人使用の面で大きく開放された。具体的には、情報処理を目的とする限りは、回線利用は自由とするもので、企業間での通信、コンピュータ相互の通信が可能とされた。さらに、業務上必要な者同士であれば自由に回線の利用ができるようになった。これにより、他人の通信の媒介を行う目的での民間企業のVANサービス提供も可能となった。ただし、業務上密接な関係のある中小企業間での通信サービス、いわゆる"中小企業VAN"のみが届出制のもとで認められたもので、本格的なVAN自由化にはいたらなかった。

(3) 第3次通信回線自由化（NTT民営化）

1985年には電気通信事業の完全自由化が行われ、営利事業として情報通信ビジネスへの新規参入ができるようになった。国鉄（現JR各社）は1984年に「日本テレコム（現在、ソフトバンクテレコム）」を設立し、1985年に国鉄の通信網を利用して長距離通信事業に参入した。また、同時期に第二電電（DDI）や日本高速通信（テレウェイ）（いずれも現在はKDDI）も設立された。また、1986年のNTTの民営化に伴い、接続機器の規制緩和が行われ、電話線に接続可能なモデム販売ができるようになった。

3) インターネットの発展

1960年代遠距離間コンピュータ間通信が発展していく中、1969年に米国国防省によるARPAネットの開発が始まり、1972年に接続実験が成功している。TCT/IPの規約は1975年に誕生し、1982年に仕様が決定され、その年ARPA-NETのプロトコルとしてTCP/IPを使用することが決定された。TCP/IPを使用したARPANETの特徴は分散型であり、電文をパケットで送信することである。1つのノードが故障してもそれ以外のネットワークが動作している限り、伝送ルートを問わず全てのパケットが受信できれば電文を再生できる。す

なわち、各々の独立した主体がネットワーク規約を守れば自由にネットワークへのノードの接続、取り外しができる。このような性格もあったので、このネットワークが民間に開放された後、爆発的に拡大していった。

1983 年、ARPANET が成長して十分に監視ができなくなったことから、軍関係は MILNET として分離した。また、この年ヨーロッパの移動体情報ネット MINET（Movement Information Net）が ARPANET に接続されインターネットになった。1986 年には ARPANET は分割される形で、軍事用ネットワークから全国科学財団による学術研究用のネットワーク基盤 NSFNet が作られた。NSFNet は徐々に大学などの大型コンピュータとも結びつき世界中に広がっていった。1990 年頃から TCP/IP プロトコルは、LAN および WAN の両方で使用されるようになった。

インターネットが爆発的に普及する契機となったのは、1993 年にモザイクと呼ばれる閲覧ソフト（ブラウザ）が開発されたことである。モザイクは翌年ネットスケープナビゲータとして提供され、その翌年の 95 年にはインターネットエクスプローラが出現している。閲覧ソフトはテキストだけでなく画像、映像、音声を同時に表示・再生でき、しかも簡単に使えることからインターネットの利用者が急激に増えていった。

それと同期するように、1995 年には NSFNet が民間へ移管された。インターネットの商用化にともない企業および一般個人のインターネットの利用に加速がついた。

この頃から、インターネットのアドレスの不足が懸念され、1996 年に次世代 IP として IPv6 の仕様が決定された。従来の IPv4 は 32 ビットであったのに対し、IPv6 は 128 ビットとなった。このことにより、約 4.3×10^9 個しか無かった IP アドレスがほぼ無限の約 3.4×10^{38} 個までサポートされることになった。

現在インターネットは企業内では LAN を利用したイントラネットとして、企業間では WAN を利用したエクストラネットとして、さらに WWW のように企業外の一般の人とのコミュニケーション用として使用されている。

一方、インターネットは従来の掲示版、ファイル転送などの通信以外に電話

（音声)、テレビ電話（画像)、IP 放送（動画）に拡大使用されるようになった。一般の人へのインターネットの拡大に伴い、その使用方法は簡単になり、さらにそのことによって多くの人がインターネットで情報発信するようになった。2000 年代になると、インターネットの質が変わってきたことから、情報の送り手と受け手が固定化され、送り手から受け手へ情報が一方的に流れる従来のインターネットを Web1.0、送り手と受け手が流動化し、誰もがウェブ上に情報を発信できる状態になった現状のものは Web2.0 と呼ばれている。

2.1.4 業界専用端末の発展

本項では一般的な汎用端末を除き、業界別の代表的な業務専用端末について述べる。

1) ATM（金融業）

銀行用端末として、1969 年に住友銀行（現、三井住友銀行）は現金の支払を機械で行うオフライン型の現金自動支払機（CD : Cash Dispenser）を設置した。1971 年には同じく住友銀行は機械で預金できるオフライン型の現金自動預入機（AD : Automatic Depository）を設置した。

1971 年に三菱銀行（現、三菱東京 UFJ 銀行）はコンピュータと連動できるオンライン型の CD を、1973 年に住友銀行は同じくオンライン型の AD を設置した。1977 年に富士銀行（現、みずほ銀行）は預金と支払の両方がコンピュータと連動して行えるオンライン型の現金自動預入支払機（ATM : Automated Teller Machine）を設置した。その間、企業内へのオフライン CD の設置、さらに無人機コーナへの設置など設置場所が広範になり利便性を増していった。その後 ATM は 24 時間、土日祭日までにも拡張され、支払い・自行／他行への振込み、現金の貸し出しなど機能の拡張もされ一層の利便性を増していった。銀行にとってのメリットは省力化に加え、預金機会の増加、個人への貸出しの増加などリテール分野での取扱量の増加がある。

預金取扱金融機関に設置の ATM 等の台数は、金融情報システムセンタ等に

よる調査によると、2000年以降ほぼ15万台で推移し、必要十分なATMが設置済みであることを示唆している。2008年3月末で、全国銀行（セブン銀行含む）が約8万8千台、共同組織金融機関が3万7千台、ゆうちょ銀行が2万6千台である。今後はローコスト化が課題であり、コンビニへのATM設置の展開などはそのことを示している。

　証券会社のATMに関しては、1999年にBANCS（Banks Cash Service：都銀キャッシュサービス）が証券会社ATMネットワーク加盟店にATMを開放したことに伴い、証券会社のユーザは都市銀行のATMを利用できるようになっている。

2）POS（流通業）

　POS（Point of Sales）は、販売時点情報管理と称されている。通産省では1988年に「POSシステムとは、光学式自動読み取り方式のレジスターにより単品別に収集した販売情報や、仕入・配送などの段階で発生する各種情報をコンピュータに送り、各部門がそれぞれの目的に応じて有効利用できるような情報に処理、加工、伝達するシステム」であると定義している。POSシステムの特徴は発生時点での情報収集、バーコードによる情報の自動収集とその情報のオンライン伝送、さらに利用者レベルに合わせたそれらの情報の加工がある。POSシステムの効果[8]は、自動化による省力化、処理時間の短縮、ミスの減少、レジ教育の短縮などの直接的な効果に加え、売れ筋・死に筋の把握、在庫の削減、迅速な経営情報処理など小売業経営全般に渡っての経営改革がある。

　POSシステムは1970年にアメリカから日本へ紹介された。POSが紹介されいち早く導入したのは販売事務処理の効率化を図っていた百貨店である。わが国の流通業でのPOS化の始まりは、1968年の東急ストア青葉台店、高島屋でのPOS使用だとされている。その後、ジャスコ奈良店、丸井中野店、上新電機、鈴屋、西武などがPOSを導入したが、それほど普及しなかった。

　POSの普及はJANコードの利用拡大とJANコードを取り付けるソースマーキングの普及に依存していた。JANコードを利用した通産省の指定によるPOS

システムの店頭実験は1979年にたつみチェーン宮代台店と東急ストア上池台店で開始され、これを支援する導入実験は1981年に終了した。翌年の1982年にセブン-イレブンが1,650店舗全店にPOSを導入した。1985年にはイトーヨーカ堂が124店舗全店に8,000台のPOSシステムを導入している。セブン-イレブンやイトーヨーカ堂と取引するには納入業者がJANコードを付番する必要があり、メーカによるいわゆるソースマーキングが普及した。それを機にJANコードが普及し、POSシステムの導入が活発に行われた。

3) CAD 端末（グラフィック端末）（製造業）

2次元製図システムはアイバン・サザランド博士が1960年代に開発したSketchpadが原型だとされている。CADは米国国防省の肝いりで航空機の設計用に実用化されたCADAM (Computer Augmented Design and Manufacturing) が長くデファクトスタンダードであった。当時軍用機の主力メーカであったロッキードがCADAMの開発に協力した。航空機の設計には膨大な量の図面が必要であり、コンピュータの活用が必要であった。CADAMは当初社内でのみ使用されていたが、1972年より外販され、主にIBMのメインフレームと共に販売された。

日本では日産自動車が1965年にCAD/CAMの調査を始め、1971年に車体の外形形状を処理する車体線図システムを開発した。その後、車体内板と車体部品の設計、製図を1977年5月に完成させた。この時用いたCADシステムのCPUはSystem/370-158で端末はIBM2250およびIBM3250画像表示システムであった。

IBM2250映像表示装置は1964年に発表されている。この装置をCAD/CAMシステムの端末として使用することにより、設計者はキーボードまたはライトペンを使って画面上で直接設計したり、それを変更したりすることができるようになった。1967年9月にグラフィック端末として2250モデル4映像表示装置が発表された。この装置は、画素数が多いディスプレイで回路図設計の図面表示などに使用された。さらに1977年11月に3250映像表示システムが発表

されている。このシステムは2250映像表示システムに比べ多くの図形情報をより鮮明に表示でき、低価格であった。

　1980年代にはミニコンを本体とし、OSにUNIXを使用したワークステーションが開発され、高価な汎用機に対し、低価格な個人用として使用された。ワークステーションとグラフィック端末をセットにし、それにCAD/CAMなどのソフトをインストールしたものをエンジニアが生産性向上のために個人使用したものがエンジニアリングワークステーション（EWS）である。

2.2　情報システム技術の発展

　本節では情報システム開発方法の発展とシステム（情報システムとハードウェア）調達方法の発展過程を述べる。

　図表2-2に情報システム開発の発展過程を示している。情報システム開発の歴史は、いかにしてシステム開発の生産性をあげることができるか、いかにして人間の負担を少なくすることができるかの歴史であり、その目的は開発期間の短縮、納期の遵守、コスト削減、品質の確保である。システム調達をするユーザの立場からすると、いかにして早く、安価で、高品質、安心・安全なシステムを手に入れることができるようになるかの歴史である。

2.2.1　プログラミング言語の発展
1）配線方式によるプログラミング（1940年代後半）

　プログラミングは、プログラムを作成することであり、プログラムは業務の処理手順や人間の思考プロセスをコンピュータに記憶させ、それを実行するよう指示するものである。その指示はプログラミング言語によって行なわれる。

　最初のコンピュータENIACではプログラミングは外部のケーブル配線によって行なわれていた。そのためプログラム外部方式のプログラミングと呼ばれている。この方式では、プログラムの変更都度配線を変更する必要があり、正確に配線し、確認するのに非常に手間がかかっていた。その後プログラムを

図表 2−2 情報システム開発方法の発展

	1940年代	1950年代	1960年代	1970年代	1980年代	1990年代	2000年代
コンピュータ	第1世代(真空管)(46)	第2世代(トランジスタ)(58)	第3世代(IC)(64)	第3.5世代(LSI)(70)	第4世代(VLSI)(80)	クライアント/サーバ	ThinClient(04)
開発プロセスモデル				ウォーターフォールモデル(70)	スパイラル・モデル(88)	RUP5.0(98)	アジャイルソフトウェア開発宣言(01)
開発方法			構造化プログラミング(68)	ワーニエ法(74) ジャクソン法(75) ER図(75)	CASEツール ソフトウェア管理 IE(89)、RAD		Ajax(05)
開発フレームワーク					ザックマンモデル(87)	同左・拡張モデル(92) TOGAF(中期)	FEAF(03) EA策定ガイドライン(03)
オブジェクト指向						OMT(91) OOSE(94) Booch(94)	UML2.0(03)
ソフトウェア品質			ソフトウェア工学(68)			ISO9000-3(97)	
プログラミング言語	ケーブル配線方式(ENIAC) 内蔵方式(EDSAC)	アセンブリ言語(52) FORTRAN(57) COBOL(59)	LISP(62) PL/I(65) BASIC(65) LOGO(67)	C(72) PASCAL(70) Prolog(72)	C++(83)	Java(95)	C#(05:ISO)

コンピュータ内のメモリに記憶させるプログラム内蔵方式が開発され、配線は不要になった。

プログラム内蔵方式によるプログラミング言語は、その発展とともに世代別に第1世代から第4世代言語に区分されている。

2) 第1世代言語：機械語によるプログラミング（1950年代前半）

現在使われているプログラム内蔵方式のコンピュータはノイマン型コンピュータであり、図表2-3に示したような構成になっている。

プログラム内蔵方式のコンピュータにおける初期のプログラミングは機械語によるプログラミングであった。機械語によるプログラミングでは、機械語の命令、データの番地、次に実行する命令のある番地などすべてをプログラマが指定しなければならなかった。それだけにプログラムの負担は大変なものであった。

3) 第2世代言語：アセンブリ言語によるプログラミング（1950年代前半）

アセンブリ言語はアメリカで1950年代の前半には開発され、コンピュータに実装されている。わが国では1960年代から70年代にかけて主言語として使われた。アセンブリ言語は、機械語を人間が理解しやすい英単語に近いシンボリックな言語体系にしたものである。たとえば、機械語の"加算"命令が2桁の数字"10"であったとすると、"10"の代わりに"ADD"という単語を用いてプログラミングする方式である。

アセンブリ言語によって作られたプログラムは、図表2-4のような手順で実行される。最初に、アセンブラと呼ばれる変換ソフトで機械語に変換される。変換された機械語のプログラムは、初期の頃にはいったん紙テープか穿孔カードに穿孔され、それがローダと呼ばれるソフトで読み込まれて記憶装置に書き込まれる。その書き込まれたプログラムが実行されることになる。

第2章　情報技術及び情報システム技術の発展

図表 2-3　ノイマン型コンピュータの構成

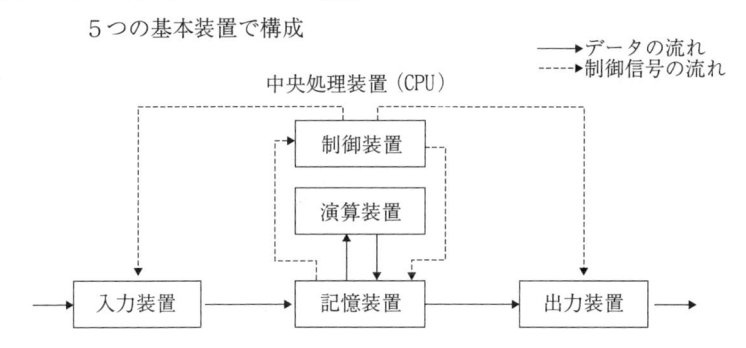

5つの基本装置で構成

中央処理装置（CPU）

──→ データの流れ
----→ 制御信号の流れ

制御装置
演算装置

入力装置 → 記憶装置 → 出力装置

4）第3世代言語：高級言語によるプログラミング（1950年代後半）

　アセンブリ言語はコンピュータの命令に慣れていない一般ユーザには使い難いものであった。こうした状況を打開するために、1950年代後半には一般ユーザがプログラムを作成できるように、科学技術プログラム作成用にFORTRAN、事務処理プログラム作成用にCOBOL言語が開発された。これらはアセンブリ言語に対して、より日常の言葉に近いものなので高級言語と位置づけられ、第3世代言語と呼ばれた。FORTRANで書かれたプログラムの例を図表2-5に示した。高級言語によって作成されたプログラムは、コンパイラによって機械語に変換され実行されるようになる。

　機械語からアセンブリ言語、そして日常使っている言語のような高級言語で処理手順を書くことができるようになり、プログラム作成の生産性は非常に高くなった。さらに、高級言語を使ってプログラミングすることのメリットは、コンピュータの機械語の相違をコンパイラが吸収するため、プログラムの移植性が増したことである。すなわち、ある特定のコンピュータ用に書いた高級言語プログラムも、他のタイプのコンピュータでコンパイルすれば、そのコンピュータでも実行することができるようになった。

　なお、FORTRANやCOBOLはコンピュータが行う処理手順（手続き）を1つずつ記述してプログラムするので手続き型言語とも呼ばれている。

図表 2-4　アセンブリ言語によるプログラミングと実行までの手順

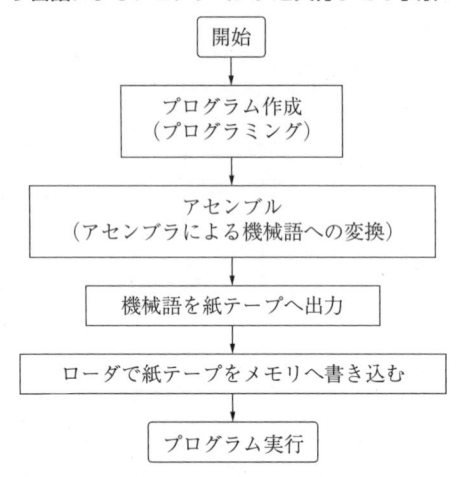

```
        ┌──────┐
        │ 開始 │
        └──┬───┘
           │
   ┌───────▼────────┐
   │  プログラム作成  │
   │ （プログラミング）│
   └───────┬────────┘
           │
   ┌───────▼─────────────────┐
   │      アセンブル          │
   │（アセンブラによる機械語への変換）│
   └───────┬─────────────────┘
           │
   ┌───────▼────────────┐
   │ 機械語を紙テープへ出力 │
   └───────┬────────────┘
           │
   ┌───────▼───────────────────┐
   │ ローダで紙テープをメモリへ書き込む │
   └───────┬───────────────────┘
           │
   ┌───────▼────────┐
   │  プログラム実行 │
   └────────────────┘
```

5) 第 4 世代言語によるプログラミング（1980 年代後半）

　第 4 世代言語は、第 3 世代までの言語のように 1 ステップ毎にプログラムする手続き型言語ではなく、データと得たい結果を指示することによりプログラムを作成する言語である。第 4 世代言語（4th Generation Language）はその頭文字を取って 4GL と略称される。4GL によりプログラムをプログラマのようなコンピュータの専門家だけでなく、従来コンピュータの利用者であったユーザがプログラムできるようになった。

　4GL には報告書作成用、画面生成用、データ操作・解析用、データベース問合せ用などがある。RPG（Report Program Generator）は 1960 年に IBM により開発され、その後 RPG Ⅲ、RPG Ⅳ と進化して報告書作成用の 4GL となった。SQL（Structured Query Language）、FOCUS なども 4GL の代表例である。

　4GL は 1980 年代に企業にコンピュータが浸透し、一般ユーザがプログラミングを行う EUC（End User Computing）／EUD（End User Development）の時代から盛んに使用されるようになった。また、1980 年代には SYBASE 社の Power Builder のような汎用の 4GL も開発されている。

図表2-5　FORTRANで書かれたプログラム例（1から100まで加算し、印字する）

FORTRANプログラム　　　　　　　　　　説　明

	FORTRANプログラム	説明
	INTEGER I, SUM	IとSUMを整数と定義する
	SUM＝0	SUMの初期値を0に設定する
	DO 100 I＝1, 100	Iの初期値を1とし、100回ループする
		Iは1回ループする毎に1加算される
		100になるまで処理を繰り返し実行する
	SUM＝SUM＋I	SUMにIを加算する（処理部分）
100	CONTINUE	DO文からここまでの処理をループする
	WRITE（6,＊）SUM	SUMを6で指定した機器で印字する
	STOP	FORTRANプログラムの実行を終了する
	END	プログラム文の終了

6) ソフトウェア開発方法論に準拠したプログラミング（1990年代後半）

　プログラム作成の効率化、プログラム品質の重要性が認識され、次節で述べるように構造化手法、オブジェクト指向などのソフトウェア開発方法論が提唱された。それらにつれてソフトウェア開発方法論に準拠したプログラム言語も開発されている。例えば、構造化プログラミングに対応して構造化COBOL、また、オブジェクト指向に対応してC言語とそれに拡張を施したC＋＋言語などがある。Sun Microsystems社のJavaやXerox社のSmalltalkもオブジェクト指向を意識して開発された。なお、Power BuilderはRAD用の4GLである。

2.2.2　ソフトウェア開発方法の発展

　ここでは、ソフトウェア開発をいかにして間違いなく効率的に開発するか、他の人に容易に理解され、メンテナンスしやすいシステムをどのようにして構築するかという視点から、ソフトウェア開発の方法論を見て行く。

1）構造化プログラミング（1960年代後半）

　コンピュータの利用範囲が広がるにつれ、システムの範囲は大規模化し、プログラムサイズも大きくなっていった。また、開発者と保守する人が別々になったため、ソフトウェアを保守する側からすると、ソフトウェアの構造が分かり難いと保守しづらい点が大きな問題になった。その結果、分かりやすいプログラムの作成が求められるようになった。

　1968年にダイクストラはプログラムの分かりにくさの原因をシーケンスがGOTO文で飛ぶことだとし、「GOTO文有害説」[9]を提唱した。ダイクストラはその前年の1967年に構造化プログラミングを提唱している。さらにその1年前の1966年には、ベームとヤコピーニは『1つの入り口と1つの出口を持つようなプログラムは、「順次・反復・分岐」の3つの基本的な論理構造によって記述できる』ことを構造化定理として証明している（図表2-6参照）。

　ソフトウェアの品質向上には、プログラミングやテスト以上に、その前工程である設計や分析が重要であることが次第に認識されるようになっていった。上流側でのミスは下流に影響する。上流側での誤りほど全体への影響は大きい。生産性向上および品質向上のためのプログラムのモジュール化もこの頃提唱された。

　構造化プログラミング、モジュラプログラミング、構造化設計はこの時期に確立された。具体的には、1974年にワーニエ法、1975年にジャクソン法の設計手法が提唱されている。

　1968年に西ドイツで開催されたNATOの科学委員会でソフトウェア危機の対策として、初めてソフトウェア工学[10]（Software Engineering）という言葉が使われた。この手法は、ソフトウェア開発に関する生産性の向上、品質の向上、プログラミングの簡易化のために、工学的なアプローチをするものである。しかし、この言葉が定着し始めるのは1970年代半ば以降である。

2）ウォーターフォール型システム開発（1970年代前半）

　ウォーターフォール型システム開発は、図表2-7に示したように、システム

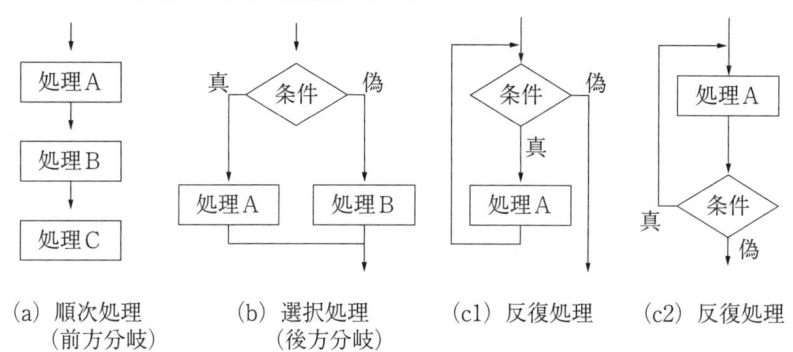

図表2-6　プログラムの3つの基本処理パターン

```
処理A        真  条件  偽        条件  偽      処理A
 ↓              ◇                ◇           ↓
処理B         ↓    ↓            真↓          ◇ 条件
 ↓         処理A  処理B         処理A       真↙  ↘偽
処理C

(a) 順次処理    (b) 選択処理    (c1) 反復処理  (c2) 反復処理
              (前方分岐)      (後方分岐)
```

開発全体の流れをフェーズに分け、局面化して、1つの局面が終わってから次の局面に移る手法である。逆に言えば、前工程の局面が終了しなければ次の局面に移らない。このことから、局面化開発技法（フェーズドアプローチ）とも言われている。この手法の原型は、1970年にウィンストン・W・ロイスが発表した論文[11]にある。この論文では文書化およびレビュの重要性が提唱されていた。

ウォーターフォール型システム開発手法は、システム開発時に各工程が一方向に進み、あたかも滝の水が流れ落ちたら元に戻らないと同じように、開発工程をあと戻りさせないことに特徴がある。名前の由来もここからきている。仕様を決め確定させたら、次の工程に進み、工程を行ったり来たりしないので進捗管理がしやすい。しかし、仕様の決定までに時間が掛かったりする欠点もある。現在でも大人数で開発する大規模なシステム開発ではこの手法を適用することが多い。

3) ソフトウェアライフサイクルモデル（1970年代後半）

ソフトウェア開発に関する関心は当初のプログラム開発中心から全工程に広がっていった。要求定義や設計といった上流工程の重要性が認識され、同時にソフトウェア保守作業の重要性も認識されていった。こうしたことから、ソフ

図表 2-7　ウォーターフォール型システム開発

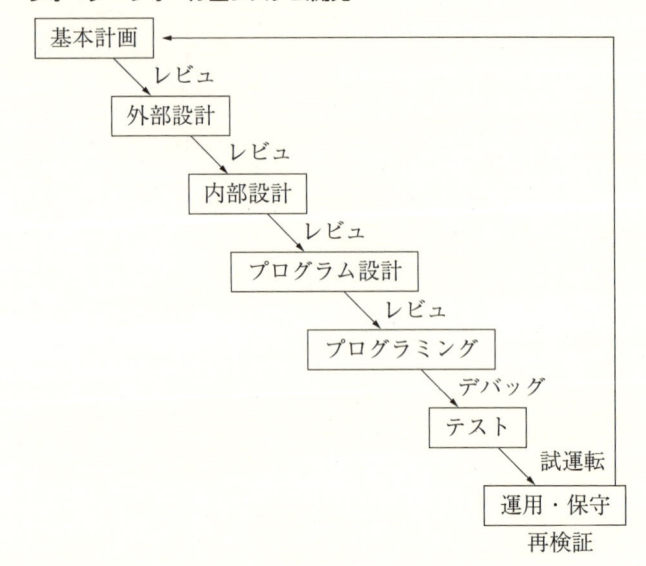

```
基本計画
  │
  レビュ
  ↓
  外部設計
    │
    レビュ
    ↓
    内部設計
      │
      レビュ
      ↓
      プログラム設計
        │
        レビュ
        ↓
        プログラミング
          │
          デバッグ
          ↓
          テスト
            │
            試運転
            ↓
            運用・保守
              再検証
```

トウェアについては、ソフトウェアの全ライフサイクル（計画、設計、プログラミング、テスト、運用、保守）全般に渡るアプローチが必要であると認識されるようになり、開発管理としてのシステム開発ライフサイクル（SDLC）モデルが重要視された。その1つのモデルとして、ウォーターフォール型モデルの後に開発されたベームのソフトウェアライフサイクルモデルがある。

4) CASE ツール（1980 年代前半）

　CASE（Computer Aided Software Engineering）[12] は、ソフトウェアの開発や保守にソフトウェアを利用する工学であり、そのようなツールが CASE ツールである。CASE ツールはプログラムに関わる生産性向上および品質向上のためのツールであり、日本でも使われるようになったが未だに大きな成果をあげるまでに至っていない。このことはプログラムの複雑性を物語っているのかも知れない。

第 2 章　情報技術及び情報システム技術の発展

　CASE ツールとしては、ミシガン州サウスフィールドのソフトウェア会社である Nastec Corporation が Graphi Text を開発した。その他、Knowledge Ware 社の IEW、ADW、テキサス・インスツルメンツ社の IEF、Nastec 社の DesignAid、Life Cycle Manager など多くのソフトウェアパッケージやツールが開発されている。

5）RAD（1980 年代後半）

　システム開発の開発完了まで開発したプログラムを使用できないウォーターフォールモデルに対して、システムを迅速（Rapid）に開発しプログラムを使いながら徐々に完成度を高めていく RAD（Rapid Application Development）[13]が 1980 年代後半にジェームス・マーチンによって提唱された。RAD はプロトタイプと呼ばれるシステムの完成イメージを 3～4 カ月程度のサイクルで制作、評価し、プロトタイプを次第に完成品に近づけていく手法である。

6）DOA（1980 年代後半）

　業務で扱うデータに着目したものがデータ中心アプローチ（DOA：Data Oriented Approach）である。DOA 以前は業務処理フローに沿った POA（Process Oriented Approach）手法であった。POA は業務処理と一体であり、処理の変更に即対応しなければならないのに対し、DOA は業務で扱っているデータを中心にシステムを設計しているので、業務処理の変更に対しシステムへの影響は少ない。なお、1970 年代中期に開発されたワーニエ法およびジャクソン法はデータ構造に着目してプログラム構造を設計するデータ中心の構造化設計手法である。

　DOA でのデータモデルの表記法は ER 図（Entity Relationship Diagram）で、IE（Information Engineering）表記法と IDEF1X の表記法が普及している。ER 図の起源は、ピーター・チェンが 1975 年に提唱した ER モデル[14]である。わが国においては佐藤正美の T 字形 ER、椿正明と穂鷹良介の TH モデルなどが開発され、1980 年代から POA に代わって DOA が主流になった。

IBM は 1970 年代後半にデータ中心アプローチを取り込んだ BSP（ビジネスシステムプランニング）手法を開発している。ジェームス・マーチンは、ER 図によるデータ・モデリングを中心にした開発方法論「IE（Information Engineering）」[15] を 1989 年に提唱した。

7) いろいろなオブジェクト指向手法（1990 年代）

　データと手続きを別々に扱う構造化手法に対し、それらを実世界における独立した「物」として考えるオブジェクト指向手法[16] が提唱された。1991 年にジェームズ・ランボーによる OMT[17] 法、1994 年にグラディ・ブーチによる Booch 法といろいろな手法が提唱された。しかしながら、同じオブジェクト手法といいながら手法間に統一性はなかった。

　1995 年にオブジェクト手法を統一する Unified Method（統一開発方法論）が OOPSLA'95 の場で提示された。その後、1997 年には OMG（Object Management Group）により UML1.1（Unified Modeling Language）が提案され、標準化されていった。2001 年にオブジェクト手法を統一した UML2.0 が発表された。

　ソフトウェア開発会社とユーザ企業の情報システム部門間では、オブジェクト指向によるシステム設計が行われるようになってきた。また、Web 系のシステムは Java などのオブジェクト指向のプログラミング言語により開発されている。

8) EA（2000 年代）

　EA（Enterprise Architecture）は組織の構造を体系的に理解し、ビジネス戦略を確認し、全体最適の観点から情報システム投資を行なうことを目的としている。そのため EA を採用すれば、業務や情報システムの標準化を行い、組織構造の最適化や重複投資を回避できる。

　初期のアーキテクチャフレームワークとしては、1987 年にザックマンが提唱したザックマンフレームワーク[18] がある。米国では政府機関向けの FEAF

(The Federal Enterprise Architecture Framework）を策定している。FEAFでは5つの参照モデルを規定しており、2003年2月その一部が公表されている。

わが国では政府機関が業務・システムの最適化、標準化などのためにEAを積極的に導入している。日本政府のEAでは、政策・業務体系（ビジネスアーキテクチャ）、データ体系（データアーキテクチャ）、処理体系（アプリケーションアーキテクチャ）、技術体系（テクノロジアーキテクチャ）の4つのアーキテクチャを規定している。2001年ごろからフレームワーク策定を開始し、2002年に中間報告が公表され、2003年2月に第1版、2004年2月に第2版、2004年11月に第3版のガイドラインが公表[19]されている。

民間企業でもEAを経営とIT戦略の統合、アプリケーションアーキテクチャの策定、ITガバナンスなどのために導入しているところもあるが、全体的に普及、拡大するまでには至っていない。

2.2.3 システム調達方法の発展
1) システム調達方法の発展過程

アプリケーションソフトウェアの調達方法には、自社開発、アウトソーシング（開発の外部委託）、アプリケーションパッケージの購入、アプリケーションサービスの利用の4つの方法がある。システムを構築する際は、そのシステムをサブシステムに分割し、各々のサブシステムに上記4つの方法のいずれかを適用してアプリケーションソフトウェアを調達する。

図表2-8は全体的なシステム調達方法の変遷を示している。システムの開発は当初は自社で行っていたが、開発に時間が掛ることと、開発量が少ない時でもある一定量の開発要員を常に保持しておかなければならないことから、企業の競争の優位に役立たない一般的な業務処理は外部調達した方が効率的であるとして、ソフトウェアパッケージを購入するケースが増えていった。ハードウェアも自社で持っているとそのための費用と保守要員を確保しておかなければならないことなどのために、コンピュータも借りることが行われるようになった。さらに、ハードウェア、ソフトウェアとも購入するのではなく、利用

図表2-8 ソフトウェア・システム調達の変遷

	1960年代	1970年代	1980年代	1990年代	2000年代
コンピュータ	第3世代(IC)(64)	第3.5世代(LSI)(70)	第4世代(VLSI)(80)	クライアントサーバシステム	クラウドコンピューティング
環境	高度成長期	オイルショック、安定成長期	バブル景気	平成不況、ITバブル	経済・金融危機
	アンバンドリング発表(69)	コンピュータ輸入規制緩和	通信の規制緩和	インターネットの普及	ユビキタス環境
ハードウェア調達方法	買取／レンタル、JECC(68)	リース方式	VANの利用(85)	IDC(後半)	ユーティリティコンピューティング
ソフトウェアの開発方法	自社開発(社内特定部署)		パソコン活用、EUC	インターネットシステム開発	
		情報システム部門分社化		開発委託、アウトソーシング	
				メーカのオフショア開発	ユーザのオフショア開発
パッケージソフト購入		基本ソフトの購入	パッケージソフト購入(後半)	ERP(後半)	
サービスとしての調達	計算センタ／データセンタ			ASP(後半)	SaaS(05)
アウトソーシング形態		請負的アウトソーシング	戦略的アウトソーシングI	戦略的アウトソーシングII	

した分だけ対価を支払う方式である、サービスとして購入する考え方もでてきた。

(1) 自社開発

1960年代に業務処理のためにコンピュータを導入するようになった当時は、プログラム開発などのシステム開発は自社で行っていた。実際には外部にはそのようなシステム開発の能力はなかった時代である。コンピュータメーカはユーザのシステム開発能力を増大させるために、ユーザに対してプログラム言語の教育などをしていた。

情報システム部門の組織名称はいろいろであったが、いずれにしてもシステム開発はコンピュータを知っている情報システム部門の専任者が行っていた。現在ではアウトソーシングなどによる多様なシステム調達方法があるが、コアアプリケーションや、戦略的なアプリケーションについては自社開発で行なっている企業が多い。

(2) アプリケーションソフトウェアの購入

　1969年にIBMがハードウェアとソフトウェアの価格を分離して別々に販売する、いわゆるアンバンドリングを発表した。その結果、ユーザは次第にFORTRAN、COBOLのようなプログラム言語をはじめ、ユーティリティや汎用検索ソフトウェアなどを購入するようになり、またデータベース、通信ソフトなど各種コンピュータに共通の基盤ソフトも購入するようになった。

　1990年代には、業務系システムのアプリケーションソフトも購入されるようになった。その代表例がERP（Enterprise Resource Planning：企業資源計画）パッケージである。ERPパッケージは、企業の経営資源である「ヒト・モノ・カネ・情報」を企業全体で最適化することを目標にしているソフトウェアパッケージであり、次のような基幹業務処理を含む統合システムである。
・財務系：財務会計業務
・営業系：販売業務、顧客管理業務（CRM）、積算・見積管理業務
・購買系：購買業務、EOS・EDI
・製造系：生産管理業務、入出庫・在庫管理業務
・人事系：人事給与業務、人材育成

　アプリケーションソフトウェアの購入は、アプリケーション開発時間の短縮と一定の品質の維持をもたらすだけでなく、ソフトウェアパッケージに込められたノウハウ、標準化などをも含めて吸収し導入できるメリットがある。

(3) アウトソーシング

　情報システム部門の機能を果たすために外部資源を活用することは、1960年代から始まっている。コンピュータのオペレーションを外部企業に委託するFM（Facility Management）や、プログラムを外注することがその走りである。その後SI（System Integration：開発委託）、アウトソーシング（外部委託）と変化し、業務委託の範囲・内容と契約方式も変化してきている。分社化もアウトソーシングの1つと考えることもできる。

　現在ではアウトソーシングが広義に用いられ、ソフトウェアを購入してその

修正を外部委託するものから、開発部分のみを外部委託する、設計と開発を外部委託する、企画・設計・開発全てを外部委託するなどいろいろなパターンがある。

アウトソーシングは、古くは労働環境への対応策の1つの手段として、またコスト削減の手段として、さらには自社の人手不足を補うための方策として活用されてきた。しかし、1980年代後半からは企業の事業戦略を実現する方策として、また相互にパートナーとして戦略的アウトソーシングをするような変化が見られる。こうしたことに加え、従業員のキャリア・パスの観点からソフトの運用や保守業務を外部委託している企業も多い。

(4) サービスとしての購入

わが国における受託計算をビジネスとする計算センタは、1956年に設立された有隣電機精機が最初であるとされている。有隣電機精機はFACOM128リレー式計算機で受託計算をしていた。その後、PCSによる計算センタやカードパンチ会社など数多くの計算センタが誕生している。1958年には日本IBMがIBM650コンピュータを使った計算センタを開設している。計算センタのサービス内容は科学技術計算と事務計算があり、給与計算や集計・分析、統計計算なども行っていた。計算センタはその後データセンタとも呼ばれ、企業のデータ処理を受託処理するデータ処理サービス業として成長していく。

インターネットがデータ送受信用のネットワークとして実用化された1990年代にはIDC（インターネットデータセンタ）サービスが開始された。IDCは企業のサーバを預かり保守・運用する。したがって、企業サイドはサーバや通信関係の運用・保守は不要となり、そのための要員は不要になった。

計算センタ、データセンタもインターネットを使ったサービスに転換し、アプリケーションソフトを貸し出すASP（Application Service Provider）サービスを提供するようになった。企業側からみると、アプリケーションを自前で準備するのではなく借用すれば済むことになったため、アプリケーションの保守作業（バグフィクス、バージョンアップ）からも解放された。ASPは中小企

図表2-9　IDC、ASP、SaaS の相違点

	IDC	ASP	SaaS
S/W 開発	ユーザ	ベンダ	ベンダ
システム共有状況	ユーザ	シングルシステム シングルユーザ	シングルシステム マルチテナント
S/W 保守	ユーザ	ベンダ	ベンダ
システム運用	ベンダ	ベンダ	ベンダ

業には有用なサービスである。契約によっては、ヘルプ・デスクの機能もはたしてもらえる。さらに、システムの稼動時間の保証もされる。

2000年代になるとASPの発展形として、アプリケーションをサービスとして販売するSaaS（Software as a Service）が出現した。SaaSはASPに比べてカストマイズの範囲が拡充されたこと、API（Application Program Interface）を使ってユーザ独自のソフトウェアを開発して付加できやすいことなどの特徴がある。図表2-9にサービスタイプの相違点を示した。

SaaSの発展形としてより簡単にアプリケーションが使えクラウドコンピューティングの概念が提唱されている。クラウドコンピューティングとは、コンピュータ機能は雲（Cloud）の形に書かれることが多く、コンピュータはその向こう側にあり、コンピュータの数や構成は全く見えないが、動作が保障されているというコンピューティングスタイルである。

2) システム調達方法の類型

システムの調達方法は今まで見てきたように多様化してきている。そのためシステムを調達する際に自社がどのようにかかわるかについても多様なオプションがある。図表2-10はシステム調達に関わる自社企業の関わり方の類型を示している。

システムのライフサイクルは、企画、システム構築（外部設計・内部設計・ソフトウェア製造）、運用のフェーズに分けられる。自社企業がこれらの作業

図表 2-10 システム構築方法の類型

	企画	システム構築				運用		H/W 所有者	
		外部設計	内部設計	ソフトウェア製造		自社	委託	自社	ベンダ
				カスタム	製品				
自社開発	○	○	○	○		○		○	
購入	○			△	○	○		○	
開発アウトソーシング	○	○					○	○	
開発委託（SI）	○					△		△	
フルアウトソーシング	△								
データセンター				○			○		○
IDC 活用				△	△		○		○
ASP 活用					○		○		○
SaaS 活用				○			○		○

に関わる方法としては、全部自社、自社＋ソフト購入、自社＋委託開発、全部外部委託といったオプションがある。さらに、また、ハードウェアを所有するかどうかのオプションもある。

　企業はこのような選択肢の中から、自社の将来的な情報システム機能のあり方を洞察した上で、現在最適なオプションを選択することが求められている。

注

1　本章内での日本アイ・ビー・エムに関係する記述は主として、日本アイ・ビー・エム (1988)、日本アイ・ビー・エム 50 年史、に基づいている。

2　岡崎文治 (1974)、我が国初めての電子計算機 FUJIC、情報処理、Vol. 15, No. 8, pp. 624-632

3　南澤宣郎 (1978)、日本コンピュータ発展史、日本経済新聞社、p. 181

4　情報処理学会歴史特別委員会 (1998)、日本のコンピュータ発展史、オーム社、p. 65

5　ピーターソン, J.L., シルバーシャッツ, A., 宇都宮幸一他訳 (1987)、オペレーティングシステムの概念（上）、培風館、pp. 39-58

6 増永良文（1991）、リレーショナルデータベース入門、サイエンス社、p.1
7 Inmon, W. H. (1992), Building the Data Warehouse, John Wiley & Sons, Inc., p.29
8 流通システム開発センター（1995）、進化するPOSシステム、日本経済新聞社、p.72
9 Dijkstra, E. (1968), Go To statement considered harmful, Commun. ACM 11 (1968), 3, pp.147-148
10 Sommerville, I., 佐野美知夫（監訳）(1993)、翻訳版ソフトウェアエンジニアリング、フジ・テクノシステム、p.2
11 Royce, W. W. (1970), Managing the Development of Large Software Systems, *Technical Papers of Western Electronic Show and Convention*, *August*, 1970
12 竹下亨（1990）、CASE概説、共立出版、p.6
13 マーチン.J., 芦澤真佐子他訳（1994）、ラピッド・アプリケーション・デベロップメント(I)、リックテレコム、p.2
14 Chen, P. (1976), The Entity-Relationship Model—Toward a Unified View of Data, *ACM Transactions on Database Systems*, Vol.1, No.1, March 1976, p.10
15 マーチン, J., 竹林則彦（監修）(1991)、インフォメーション・エンジニアリング、トッパン第1巻、p.21
16 ヤコブソン他、西岡利博他（訳）(1995)、オブジェクト指向ソフトウェア工学OOSE、トッパン、p.41
17 Rumbaugh, J., et al. (1991), Object-Orinted Modeling and Design, Prentice Hall Inc., pp.16-18
18 Zachman, J. (1987), A framework for information systems architecture, IBM Systems Journal, Vol.26. No.3, p.276
19 経済産業省、EAポータル
http://www.meti.go.jp/policy/it_policy/ea/index.html（2010.3.31）

第3章

情報システムの発展

　本章では、情報システムの発展を基幹業務系のシステムである基幹系システムとマネジメント系のシステムである情報系システムの視点から考察する。

3.1　基幹系システムの発展

3.1.1　基幹系システム発展のメインライン

　基幹業務系のシステムである基幹系システムは、基幹業務が業界によって異なっているためその発展過程を一概に示すのは無理があるが、集約、要約して、わが国における基幹系システムの発展過程を図表3-1に示した。

　基幹系システムの系譜は、1920年代のPCSによるデータ処理（PCDP）から始まり、1950年代後半からのコンピュータによるデータ処理（EDPS）に発展する。EDPSの処理方式はバッチ処理であったが、1960年代、70年代にはオンラインシステムに移行していく。1980年代には企業間、国際間のネットワーク化が推進され、それにつれて、ネットワークを使った戦略的情報システム（SIS）が発展する。1990年代には業務改革を推進するビジネスプロセスリエンジニアリング（BPR）、サプライチェーンマネジメント（SCM）が展開される。1990年代中ごろからインターネットが浸透し、基幹系システムにも新しい変化をもたらしている。

　基幹系システムの発展をその対象業務面からみると、業務内の作業レベルの機械化、業務単位の機械化、関連企業との業務連携、国際間での業務連携、

図表3-1　基幹系システムの発展過程

	PCDP	EDPS	MIS	DSS	SIS	BPR	SCM
	作業の機械化	個別業務の機械化	経営者支援 基幹業務のオンライン化	意思決定支援 国内企業間業務連携	戦略支援 国際間企業業務連携	業務改革支援 インターネットによる基幹業務支援	共同体企業業務連携
				データベース統合化	基幹業務統合化	企業全体業務統合化	共同体企業業務統合化
レベル	作業レベル	個別業務レベル	基幹業務オンライン	企業間業務連携	国際間業務連携	共同体企業業務連携	
年代	1950	1960	1970	1980	1990	2000	

SCMのような共同体企業との業務連携といったように業務の対象範囲を広げてきている。質的な面からみると、バッチ処理からリアルタイムシステムの移行にともなう業務処理、意思決定スピードの迅速化、SISやBPRのような従来の省力化や生産性向上を目的としたシステムから戦略指向、業務改革指向、全体最適化指向をしたIT活用へと変化を遂げている。

　一方、情報システム化は個々のビジネスニーズを満たすために個別業務システムを中心に進めてきたが、その裏側には望ましい姿としての企業業務を統合したシステム、関連企業の業務をも含んだ統合システムへの希求があり、その努力が続けられてきた。データベースによる統合システム、基幹業務の統合システム、ERPによる全社業務の統合システムなどがその象徴であり、現在で

はその延長線上にSCMによる共同体企業との業務連携システムが生まれている。

情報系システムも基幹系業務とともに発展した。ここではその代表であるMISとDSSを表中に表示した。

以下、年代を追いながらに基幹系システムの発展過程を考察する。

3.1.2 PCSによるデータ処理（PCDP時代）
1）PCSの発展

コンピュータの登場以前はPCS（Punch Card System）の時代であった。PCSは1887年に統計学者のホレリス博士によって完成された。これをホレリス式統計機械（以後ホレリス式PCS）という。このホレリス式PCSは、1890年のアメリカの国勢調査に使用され、1880年に行った国勢調査の3分の1の期間で集計作業を完了した。期間の短縮とともにミスの減少も評価され、PCSによる事務の機械化が注目されるようになった。ホレリスの助手であったパワーズも1906年にパワーズ式統計機械（以後パワーズ式PCS）を完成している。

わが国では、1920年にホレリス式PCSが国勢院に導入された。このPCSは同年実施された国勢調査に活用されている。民間では1925年に日本陶器に導入され、同じ年に第一生命、日本生命にも導入されている。製造業では1926年に三菱重工業の神戸造船所、長崎造船所に導入された。なお、PCSは当初代理店方式で輸入され、ホレリス式PCSは森村組が、パワーズ式PCSは三井物産が代理店となっていた。その後パワーズ式PCSはレミントンランド社、スペリーランド社を経てユニバック社に吸収され、ホレリス式PCSはIBMに吸収されていった。ユニバックとIBMの2社はコンピュータ幕開け時代の2大メーカとなったことは言うまでもない。

わが国では当初パワーズ式が多かった。1944年（昭和19年5月）におけるPCS設置状況は図表3-2のとおりであり、パワーズ式とホレリス式は2対1の比率であった。その理由の1つには、パワーズ式PCSは買い取りができた

図表 3-2　1944 年時点の PCS 設置状況 [1]

PCS 方式	設置状況	備考
パワーズ式	942 台	うち統計機 81 台
ホレリス式	518 台	うち統計機 51 台

のに対し、ホレリス式はレンタル制しかなく、わが国の慣習に合わなかったからだとされている。

　戦後この状況は逆転しホレリス式 PCS が多くなる。1957 年の PCS の普及状況は図表 3-3 のようになっている。その理由は、占領下における米軍がホレリス式の IBM 製 PCS を利用していたことから、わが国もその影響を受けたからである（戦時中と占領下におけるコンピュータの項参照）。業界別の利用状況を IBM 製 PCS の例で見ると製造業 50.4％、官公庁 27.9％、銀行・保険・証券 18.7、報道・出版 3.0％ となっている[2]。

　PCS は基本的には単能機の集まりであり、単能機を組み合わせて一連の仕事をしていた。PCS が完成したときの機器群は穿孔機、分類機、照合機、計数機、会計機・製表機、計算穿孔機である。

　PCS によるデータ処理（PCDP：Punch Card Data Processing）は、最初に伝票から穿孔機を使って 80 欄あるいは 90 欄カードにデータをパンチする。そのカードを、たとえば顧客別に売上集計をする場合には分類機を使って売上カードを顧客番号順に並び替える。次に照合機を使って、事前に顧客番号順に並べられている顧客マスターカードと売上カードを付き合わせ、最初に顧客マスターカードがくるように組み合わせる。こうしてセットにされた顧客マスターカードと売上カードを計数機あるいは会計機にかけ、顧客別の売上集計をし、印刷する。計算穿孔機は、リレー部分は真空管になり、計算結果をカードに出力できるようになっていた。UNIVAC120/60、IBM604 などがその代表である。プログラムは外部プログラム方式の配線であった。

図表3-3 1957年時点のPCS設置状況[2]

PCS方式	設置状況
IBM製PCS	199社
レミントンランド製PCS	60社

2) PCSのビジネスへの活用

　PCSは日米とも国勢調査に活用されたのが発展の大きなトリガーになっている。この例からもわかるように、PCSは大量データの分類、集計、分析、作表作業に向いていた機械である。ビジネスにおいて大量データが発生するのは基幹業務にかかわる実績データであり、PCSはその実績データの分類、集計、作表作業のために使われた。典型的な例を当時の統計から見ると、生産実績データの集計、原価計算、販売実績の集計・分析、資材管理、会計処理、株式事務、人事・給与計算などである。

　民間で最初にPCSを導入した日本陶器の使用例をみると、日本陶器の岩田壮一は入社後すぐにホレリス式統計会計機の担当となり「PCSを日本陶器の拡大する伝票処理のほか生産管理、人事・給与計算など業務全般に活用し、日本陶器の事業拡大に貢献した。岩田はユーザ側の先駆者であり、後に社長まで登りつめた人で、日本人初めてのCIOとして記録にとどめられるべきであろう」[3]とされている。

　また岩田は「入社と同時にPCSの操作に全力をあげ、当時は給与計算、海外統計などすべてソロバンに頼っていたが、新しい計算方法はないものかと頭をひねったものだ。そのおかげで、昭和2、3年には本格的にPCSを稼動させるようになった。(中略)PCSが動くようになるにつれ120-130名もいた計算係の女子社員をなんと36名に減らすことができた」[4]と述べている。これはソロバン文化からの決別である。

　三菱造船社の神戸、長崎造船所では、1921年(大正10年)以来の造船業界の不況対策のために経営合理化を進め、その一環として事務の機械化に着手した。三菱造船では当初、賃金計算、間接費、自家製の材料部品などの工場にお

ける計算事務からはじめた。そしてこれらに習熟した後、昭和4、5年から原価すべての構成要素をコード化して原価計算事務全体の機械化を図った。「三菱造船の原価計算の実施は、わが国における事務管理、経営管理の近代化、機械化の歴史の中で先駆的かつ画期的な事例をなすものである」[5]。

　金融機関でPCS導入の先駆となったのは、生命保険会社であった。前述のように第一生命と日本生命は1925年にパワーズ式PCSを導入している。これを契機に生命保険会社のPCS導入が促進された。第一生命ではその後1961年（昭和36年）にIBM1401導入までの36年間PCSを活用している。生命保険会社が事務機械化に積極的だったのは、生命保険の事務が機械処理を必要とするほど量が多く、また、その業務内容が機械に適合的だったためである。

　PCSの活用事例から明らかなように、PCSの適用業務は大量データのデータ処理であり、目的は事務作業の合理化、省人化であった。

3.1.3　戦時中と占領下におけるPCS

　1941年12月から1945年8月の間は太平洋戦争である。この間の情報システムは、もちろんPCSであったが、PCSは1941年12月に全面的に「敵産管理法」によって凍結された。資産凍結が解除されたのは1949年である。

　戦時下におけるPCSは従来からのユーザである一般企業のほか、陸海軍と軍需会社によって使われた。これを支えたのは東芝と既存のPCSユーザとが設立した「日本統計機株式会社」であり、この会社は国産統計機の販売、保守とともに外国統計機の保守サービスも行っていた。1949年の資産解除とともに、資産が返却され、外資系企業はこの年営業活動を再開している。

　戦後の占領下における情報システム化についても触れておく必要があろう。第2次大戦中、米軍は各種の事務処理や物資の補給管理に首都ワシントン地区だけでも数千台のPCSを使っていた。そのPCSはIBM製であり、IBMのワトソンはその売込みに成功していたのである。戦後わが国に進駐した米軍やGHQもPCSを使っていた。「戦後の復興期に事務機械化に大きな影響を与えたのは、占領軍がその業務の機械処理を大規模に実施したことであった。占領

第 3 章　情報システムの発展

> **コラム 1**
>
> **PCS、EDPS の名付け親は安藤馨、情報社会は増田米二**
>
> 　PCS（Punch Card System）と EDPS（Electronic Data Processing System）という言葉の名付け親は安藤馨さんである。安藤さんは日本アイ・ビー・エム入社後アメリカのセールススクールに出席し、帰国後、1938 年に当時アメリカで EAM（Electronic Accounting Machine）と呼ばれていたものを PCS と呼ぶように提言した。
>
> 　また、EDPS という名称も安藤さんの作で、アメリカでは Electronic Data Processing Machine と呼んでいたのを EDPS とした。その根幹にあるのは、機械ではなく、業務を処理するシステムであるという考え方である。当時としては革新的な見方であった。この考え方はアメリカでも受け入れられ、親しみやすい名前であることから PCS の普及に貢献した。
>
> 　　　　　　　　（北川宗助、情報産業この道六〇年（上）、日本情報開発、1990）
>
> 　情報社会（Information Society）という言葉も日本発の和製英語である。これは 1968 年に増田米二さんが付けた名前である。これも将来を見通した洞察力に富む言葉である。　　　　　　　　　（増田米二、情報社会入門、ペリカン社、1968）

軍には IBM の PCS 機械を多数備えた MRC（Machine Record Center）や MRU（Machine Record Unit：IBM の PCS を積んで軍需物資の補給管理、軍隊の人事管理業務などをする機動部隊）があり、戦前に多少とも事務機械に関係した日本人技術者がこれらの組織の作業に加わった。そこでの経験を通じて、戦後の経営事務の機械化の推進力となる人材が養成された。同時に、この経験は戦前にパワーズ式の機械が優勢であった日本市場で、IBM 製の PCS が普及し優位に立つきっかけとなったといわれている」[6]。

戦前、戦後をとおしてわが国の情報化、人材育成に大きく貢献した北川宗助は「終戦の年、昭和 20 年 10 月はじめのある日、私のもとに一通の文書が舞い込みました。GHQ からです。私は心中穏やかであろう筈がありません。戦犯としての呼び出し状ではないかと思ったのです」[7] と語っている。実際には

GHQからの協力要請であったわけで、北川はそこで、人材を集め、教育し、戦後のわが国の情報化に重要な役割を果たす多くの人材を輩出した。

3.1.4 コンピュータによるデータ処理システム（EDPS時代）
1）わが国におけるコンピュータ活用の幕開け

　わが国にプログラム内蔵方式のコンピュータが最初に導入されたのは、1957年5月に国鉄技術研究所に導入されたベンディックス社（後のCDC社）のG15Dである。G15Dは技術計算用のコンピュータであったが、国鉄が電子計算機の調査のために導入したものである。G15Dは、国鉄の座席予約システムの試作品MARS Iのハードウェア開発に役立ったものの、実際のMARS Iに使われたわけではない。ハードウェアはG15Dを参考にして作られた日立のコンピュータであった。

　実用機としてのコンピュータは、1958年10月に日本原子力研究所に導入されたIBM650である。ほぼ同時に日本アイ・ビー・エムが自社の東京計算センターにIBM650を導入している。日本原子力研究所の使用目的は国産原子炉の開発のための臨界状態や制御棒反応などの核分裂計算、安全解析、熱交換器などの熱伝導計算等々膨大な設計計算や実験データの処理をすることであった。日本アイ・ビー・エムは当初IBM650を主として科学技術計算用に用いていたが、次第に事務計算用にも用いるようになった。科学計算用のアプリケーションとしては、簡単な統計計算から次第にLP（線形計画法）、DP（ダイナミックプログラミング）、各種近似計算、差分による解法、技術設計計算、有限要素法、原子力計算などに発展していった。使用言語はいずれの場合も最初はアセンブリ言語であり、後にはFORTRANを使用していた。

　民間では1958年12月に小野田セメントがIBM650を導入し、「主に技術計算に使い、計算に30時間も要した黒部ダムの設計計算、経営計画や最有利生産のためのORシミュレーション、輸送、荷捌き等初めて本格的なORを行った」[8]。

2) データ処理システム (EDPS)

コンピュータを使ったデータ処理システム (EDPS : Electronic Data Processing System) は、日常業務のトランザクションデータ（取引データ）を処理する事務処理用のトランザクション処理システムのことである。また、トランザクション処理とともにそこからのデータをもとに実績集計や進捗情報、分析情報、例外報告などの定型的な報告をする情報報告システムも含まれている。そのため一般には業務系システム、基幹系システム、勘定系システムなどと呼ばれている。

民間で初めての事務計算用コンピュータを導入したのは小野田セメントであり、同社は1959年4月にユニバック・ファイル・コンピュータ（UFC）を導入している。このコンピュータは真空管で、磁気ドラム、磁気テープを持ち、プログラムは電信紙テープから入力した。アプリケーションとしては会計の全国集中処理であった。南沢宜郎はこのシステムをその後IDP（Integrated Data Processing：統合データ処理システム、M式総合機械化一貫処理方式）に発展させている。このIDPSは、「最初に支店、工場から会計データを専用電信網で東京本部に送らせ、電信紙テープに出力する。そのテープをコンピュータに入力し、計算結果は再び電信テープに出力して、そのテープ内容をまた工場に送り返す方式である」[9]。南沢は、オンラインのない時代に、事務の連続自動化（事務処理の一貫機械化）を完成させた先駆者であった。IDPSは1970年ごろまで引き続き利用されている

EDPSは、一般には1960年代に導入されはじめた事務計算用コンピュータによる大量データのデータ処理であり、事務作業の機械化、個別業務の自動化を行ったシステムである。1960年代初期の使い方はPCSの延長線上にあってPCSと同様な作業レベルの計算処理であったが、磁気テープ、磁気ディスクが装備されるに従って、コンピュータの使い方も高度化し、単なるデータの集計から業務における一連の作業を流れとして捉える業務単位の情報システムに進展していった。これが個別業務のシステム化と称されるシステムであり、具体的には販売管理システム、生産管理システム、在庫管理システム、会計シス

テムなどがある。この時代のコンピュータの利用形態は一括処理方式（バッチ処理方式）であり、その目的は省人化、省力化であった。

EDPSの発展形態としてトータルシステム（総合情報システム）と呼ばれるシステムがあった。このシステムは、データベース技術がない時代に生産、販売、技術などの個別データを連続的に連携させて一貫処理しようとするもので、「磁気ディスクを基調として、ランダムアクセスの特性を活かし、経営情報システムにおける記録の一元化を行い、経営機能間、系列間、部門間、場所などの情報システム統一化のための障害を除去し、この側面より経営情報システム総合化への道をたどったものである。たとえば、受注より出荷にいたる間のライン的業務の一貫処理と、総合管理のシステムであり、その間に生産計画、資材手配、工程管理、さらには事後の財務関係処理に至るまでの一貫した処理である」[10]。統合システムの実現はむずかしく、その実現はCIM、ERPの登場まで待たされることになる。

3.1.5 オンラインリアルタイムシステム
1）オンライン事始め

わが国最初のオンラインシステムは1964年の国鉄（現JR）の座席予約システムであった。国鉄では1957年にベンディックス社のG15Dコンピュータを導入し、座席予約システムの研究、開発をしてきた。G15Dを導入した理由として穂坂衛は「多様な入出力が演算と並行して取り扱えること、ブロック演算と称して一挙にデータを移動させたり、加算したりすることができること」[11]をあげている。このコンピュータの研究に基づいて1960年に座席予約システムMARS-1の試作品を完成させている。MARS-1はつばめ、はと、第1コダマ、第2コダマの4列車、3,600座席、15日間の予約を扱うシステムであった。

国鉄の実用的な予約システムは1964年1月に稼動したMARS101である。このシステムはHITAC3030と専用端末を使い、1日3万座席の予約を可能にするシステムとしてスタートした。これがわが国における最初のオンラインシステムとされている。穂坂は当時を振り返り、「OSの概念もマルチプログラ

ム、マルチプロセス、通信制御の考えも言葉もなかった時期に自分たちで考えだしたシステムである」と述べている。

　MARS はその後も開発が進められ、1965 年には新幹線の座席予約が可能となり、1日10万座席の予約を可能にした。そして同年、緑の窓口の開設とともに MARS102 を稼動させた。

　汎用のコンピュータと汎用端末を使ったオンラインシステムは 1964 年 10 月に開催された東京オリンピックのオンラインシステムである。東京オリンピックは 1964 年 10 月 24 日から 15 日間、96 カ国、5,712 人の選手が参加して開催された。20 競技、163 種目、約 4,000 試合、32 の競技場と代々木のデータセンターをネットワークで結んでリアルタイムでデータを送り、選手別の順位や記録を作成し、プレスセンタおよび全会場で同時に印刷するとともに、テレタイプで新聞社や通信社に速報を流した。東京オリンピックシステムで特筆すべきことは、10 月 24 日の最終日の閉会式が始まるまでに約 4,000 試合の全公式記録をまとめ、当時のブランデージオリンピック委員長に手渡したことである。1960 年のローマ大会のオリンピックでは全競技結果の提出は 1 カ月遅れたという。それに比べると規模もはるかに大きくなっていたことからすると大変な進歩であった。

　オリンピックシステムは IBM1410（主記憶装置 60K）が 2 台、1440（主記憶装置 16K）が 2 台のデュプレックスシステム、端末は IBM1050 データ通信システムというタイプライタ形式の端末であった。

　オリンピックオンラインシステムのプロジェクトマネジャを務めた竹下亨は、「開発期間 2 年という短い間で、しかも絶対遅延が許されないこと、しかもはじめてのオンラインシステム、さらにはほとんどがプログラミング未経験者という状態の下で、メンバーを教育し、実際の競技を見てルールを覚えた。この時採用したのは仕様書などを完全にドキュメンテーションすることであった。これが成功の鍵になった」[12] と述べている。

　オリンピックシステムは当時の日本アイ・ビー・エムが総力をあげて完成させたシステムであり、オリンピック開催時にはデータ入力者なども含めて総勢

300人近い人が携わった。そこで育成された人材、経験が以後のオンラインシステムをリードすることになる。（詳細については第10章を参照）

民間での最初のオンラインシステムは、1965年5月に三井銀行が普通預金業務をオンラインリアルタイム化したのが最初である。三井銀行のオンラインリアルタイムシステムは、営業店窓口にIBM1060型銀行用ターミナルを設置し、取引データの伝票を入力し、本店のディスクに格納されている普通預金元帳をリアルタイムに更新するものであった。

使用コンピュータはオリンピックシステムに使用したシステムと同じでIBM1410が2台、1440が2台のデュプレックス方式であった。データ伝送は専用電話回線（200BPS）であった。

当初のシステムは5カ店でスタートし、1965年中には10カ店に及んだ。その後全国全支店にオンラインシステムが展開されていった。

三井銀行のオンラインシステムのリーダーを務めた市川栄一郎は、そのシステムの導入目的として、「①普通預金業務は店頭カウンターにおいて直接顧客を相手にして正確迅速に処理しなければならないことへの対応、②事務処理の内容が複雑で正確に処理しなければならないために、オペレータは絶えざる精神的緊張による神経的疲労を伴う事務作業が多いことへの対応、③営業時間後の利息計算、残高照合事務、事後報告事務などに関わる超過勤務の排除、④大衆化の進行に伴って口座数、取引量の増大、それに対処するための人員増、営業店スペースの拡張などからくる事務処理コストの引き下げが必要であること」[13]をあげている。

オンラインシステムの効果としては、営業店における顧客の待ち時間の短縮、後方事務行員の省力化、決算業務の短縮が顕著であった。三井銀行のオンラインリアルタイムシステムの成功は他行に大きな刺激を与え、オンラインバンキングの急速な普及を促した。

このシステムに関して市川は、オンラインシステム開発の承認を得るのに苦労したこと、システム開発に当たっては自力で必要な能力を備えた開発チームを編成しなければならなかったことを述べている。（詳細は金融業編参照）

第 3 章 情報システムの発展

　以上、わが国における最初のオンラインリアルタイムシステムについて述べてきたが、共通していることは、いずれの場合においても、前例のないオンラインリアルタイムシステムを開発しなければならなかったこと、コンピュータ、端末とも十分な能力を備えていなかったこと、オンライン技術を備えていた技術者が少なかったことがあげられる。最大の成功要因はなににもましてプロジェクトリーダの優れたリーダーシップと、新しいことに挑戦することに情熱を燃やしプライドと使命感をもって取り組んでいった開発者達である。

2）オンラインリアルシステムの発展
　1964年、65年のオンラインシステムを契機として、オンラインシステムは業界、業務の範囲を広げながら成熟度を増し、また新しい端末の出現とともにオンラインシステムの内容も次のステップへと進化していった。以下に業界別に、基幹業務に焦点を当てた代表的なオンラインシステムを述べるが、業界別の情報システムの発展についての詳細は、第4章を参照してほしい。

（1）製造業のオンラインシステム
　製造業の基幹業務は生産、販売、技術（エンジニアリング）である。販売業務で顧客から製品を受注し、生産業務でその製品を作る。技術・エンジニアリング業務では、新製品の開発や既存商品の改善、コスト削減などのための活動を行い、新しい製品や製造方法に関するデータをエンジニアリングデータとして維持管理し、販売、生産部門でも活用できるようにする。
　製造業における基幹業務のオンライン化についての例をみると、やはり自動車業界が早い時期にオンライン化を進めている。トヨタ自動車では、当時のトヨタ自動車販売が1965年にサービス部品のオンラインリアルタイムシステムを稼動させている。さらに1966年には車の受注オンラインシステムを開始している。生産関係では、当時のトヨタ自工が1966年に組立工場のオンラインALC（アセンブリーラインコントロール）を稼動させ、オンラインでの生産指示を始めている。

製造業の生産管理業務には生産計画、所要量計画（Material Planning）、在庫管理、生産指示、購買管理、生産実施、生産進捗管理、生産評価・分析などがある。生産情報オンラインシステムはこうした業務すべてをサポートするシステムであるが、その中核には技術部門が作成する製造業のデータベースである製品構成表（部品表）がある。製品構成表は、製品がどのような部品、材料から出来ているかを表しているものであり、情報システムとしては部品表管理システムがこの製品構成表を維持管理している。部品表管理システムは同時に製品や、部品自体のデータベースでもある。部品表管理システムをサポートするソフトウェアとしては、たとえば 1970 年に出された BOMP（Bill Of Material Processor）がある。BOMP はネットワーク型のデータベースを使ったデータベースであり、わが国の多くの製造業は BOMP を使って実際に生産管理システムを構築してきた。

　トヨタでは、「生産管理の中軸となる部品表管理システム（SMS：Specification Management System）を 1973 年に稼動開始し、75 年に全車両をデータベース化した SMS 第 1 次システムを稼動させている」[14]。

　部品メーカの例を見てみると、日本精工では 1970 年に生産オンラインシステムを稼動させ、71 年に販売オンラインシステム、72 年に技術オンラインシステムを稼動させている。特筆すべきことは、すべてのシステムが「BOMP を中心とした統合システムとして設計されていることである」[15]。

　鉄鋼業界のオンライン化は 1960 年代後半から一斉に開始された。その中で新日本製鐵君津製鉄所の AOL（All On Line：一貫製鉄所オンラインシステム）は、「君津製鉄所の建設と同期させ 1967 年に導入準備を開始し、1968 年には厚板オンライン、冷延オンライン、製鋼分塊システム、熱延オンラインシステムを稼動させ、第 1 期の一貫オンラインシステムを完成させた。この当時の AOL のシステム構成は、システム／360 モデル 40 が 4 台、そのうちの 3 台がオンライン用で、これらのコンピュータには各工場のプロセスコンピュータが接続されていた」[16]。

　君津製鉄所システムは、従来の方式のままだと製鉄所運営に 4 万人必要とす

るところを3千人で実現したという。また、省力化に加え、プロセスコンピュータ（プロコン）を用いて操業データの指示と生産実績データの収集によってリアルタイムで物の流れと情報の流れを同期化させたこと、作業指示によって機械の自動運転制御が可能になった効果をあげている。AOLはプロコンの威力がいかんなく発揮されたシステムでもあった。

　技術業務のオンライン化は1960年代半ばから設計計算などの技術計算からスタートした。設計関係のエンジニアリングシステムは1960年代後半からロッキード社が開発したCADAMを導入していった。その後1970年代後半になると大型のグラフィカル表示装置によって、CAD/CAMが可能となり、ライトペンやタブレットを使った対話型の設計システムが導入されていった。CADAMは2次元の作図ソフトであったが、やがて3次元のダッソー社が開発したCATIAに発展している。この当時の構造解析用の設計ソフトはCAEDSが使われている。

　製造業の基幹業務を中心としたオンラインシステムは、こうした経緯を経て、以後統合化に向い、80年代後半からは生産、販売、技術、経営を統合するCIM（Computer Integrated Manufacturing System）に、さらには90年代後半からは生産、販売、購買、在庫、人事、会計など企業内主要業務を統合するERP（Enterprise Resource Planning）に、そして現在では、サプライチェーン全体の最適化を図ろうとするSCM（Supply Chain Management）にと発展している（詳細は第4章1節参照）。

(2) 流通業のオンラインシステム

　流通とは生産者から消費者にモノやサービスを届ける過程であり、その間にはメーカ、卸売業、物流業、小売業、消費者が存在する。したがって、流通業の情報システムには卸売業、物流業、小売業における個別企業の情報システムと、メーカ、卸売業、物流業、小売業間の取引を取り扱う企業間取引システムがある。ここでは企業間取引システムを中心に扱う。

　流通業に革命をもたらしたオンラインシステムはEOSシステム（Electronic

Ordering System：電子式補充発注システム）と POS システム（Point Of Sales：販売時点情報管理システム）と VAN（Value Added Network：付加価値通信網）の3つである。

　EOS は 1970 年ごろ導入され、当初はチェーンストアにおける商品の在庫状況をチェックし、補充数量を計算し、通信回線を使って店舗から本部への補充発注を行うシステムであった。通信の規制緩和がなされていない時代は小売業、卸売業、メーカともいずれも自社企業内だけで活用する企業内オンラインシステムであった。しかし現在では、小売業の店舗で発注したデータが小売業の本部に行き、そこで集計分析され、仕分けされて発注情報などが卸売業、物流業、メーカにまで直接伝送されるシステムになっている。

　POS は、比較的早く開発されていたが、実際に導入が開始されたのは 1970 年代に入ってからである。POS の導入は百貨店を中心に進み、1973 年には高島屋が中元・歳暮のギフト品に POS を導入している。その後衣料品などに展開し 1978 年には首都圏全館での POS 化を完了している。

　POS 機器での直接的な作業は商品の JAN コードの読み取り、クレジットカードのオーソライゼーション、レシートの発行、金銭処理、売上データのストアコンピュータへの転送などである。POS データを使った POS システムの活用には在庫管理をはじめ、売り筋死に筋情報の把握、マーチャンダイジングへの活用、店舗運営への活用、全体としての総合経営管理情報の把握などにある。

　POS システムの効果は伝票の記入、帳簿への転記、集計などの事務の効率化、省力化にあり、高島屋は 1973 年から 1978 年にかけて 7 店舗に POS を導入した結果、3,000 名の要員を削減できたと評価している[17]。省力化に続く効果は POS データの活用による無駄な在庫の削減、マーチャンダイジング力強化による適切な品揃え、それに基づく在庫回転率の向上などである。その他伝票記入のミス防止、チェックアウトタイムの短縮による顧客満足度の向上、店舗経営戦略への活用など総合的な経営管理ができるようになったことである。

　流通業における VAN は大きな意義を持っている。VAN は企業間の通信を可能にしたもので、1985 年の通信の規制緩和と同時に急速に発展していった。

VAN の仕組みは認可制による VAN 業者が VAN サービスを提供していたもので、VAN 利用者はそのサービスに参加すれば、電子データで取引を行うことができるようになった。サービス内容は、プロトコル変換による参加者間のメッセージ交換、特定のプロトコルに基づいた参加者間での引き合い・見積もり、受発注、請求書処理、決済などである。

　VAN には業界 VAN、地域 VAN、共同 VAN、メーカ系列 VAN がある。たとえば、家電業界 VAN（E-VAN）は家電メーカ、卸、小売、量販店が参加し、参加者間で受発注、出荷納品、請求などのデータの交換が行われた[18]。VAN がない場合を想定するといかに VAN の役割がいかに大きいかが分かる。地域 VAN は地域の卸・小売、商店街や地域工業団地のテクノポリスなどが VAN を形成して運営するものであった。

　流通業における EOS システム、POS システム、VAN の３つは企業間取引システムの基幹をなすものであり、相互補完的に発展してきた。EOS データ、POS データは VAN を経由して必要なところに送られ、そこではデータの蓄積・分析が行われる。物流を含めた企業間の受発注取引も盛んに行われるようになり、ビジネスの効率化とスピードアップ、さらには総合的な経営管理の高度化が図られるようになった。

　VAN は特定の業界、地域、メーカに限られたものであったため、次第に全ての業界、業者が全ての相手と商取引できる共通プロトコルを確立する必要性に迫られていった。そのための標準として EDI（Electronic Data Interchange：電子データ交換）が登場する。そしてインターネットの発展とともにインターネットを使った Web-EDI や XML を使った XML-EDI が一部で使われるようになった。さらに現在ではグローバル化への対応をも視野に入れた流通ビジネスメッセージ標準（流通 BMS）化活動が展開されている（詳細については第 4 章 2 節参照）。

(3) 銀行のオンラインシステム

　銀行のオンラインリアルシステムは前述したように 1965 年 5 月に三井銀行

が普通預金業務をオンライン化したことに始まる。このシステムを皮切りに住友、三菱、第一勧銀、富士、三和などの都市銀行が預金、為替を中心とするオンラインリアルタイムシステムを稼動させている。業務内容も普通預金だけでなく、定期預金、通知預金、当座預金へと業務範囲を拡大し次第に全科目を対象としたオンラインシステムへと発展していった。これが第一次オンラインシステムである。地方銀行、信用金庫は一部1960年代後半にオンライン化を推進したところもあったが、多くは1970年代に入ってからである。

　第一次オンラインシステムの中で特筆すべきことは、給与の振込と、オンライン化にともない元帳がセンター集中され、センターでの引落が可能になったことから本格的に普及しはじめた公共料金の自動引落、またオンラインCD（現金自動支払機）によるセルフサービスの導入である。これらによって事務合理化の推進とともに顧客の獲得競争が熾烈になっていった。

　第二次オンラインシステムは、第一次オンラインシステムが預金、為替中心であったことから、業務範囲をさらに拡大し、融資、外為を含めた総合オンラインシステムとして開発された。1970年代中ごろから稼動し始め、富士、住友、三菱、三井、東海銀行などがいっせいにスタートした。

　第二次オンラインシステムの特徴は、業務範囲の拡大だけでなく、顧客のデータを一元的に管理するCIF（Customer's Information File：顧客情報ファイル）に名寄せし、融資と預金業務を連動させることによって事務の合理化と経営活動の効果化を狙いとしていたことである。また、1977年以降ATM（現金自動預払機）を銀行内、顧客企業内に設置し資金移動の効率化と顧客への利便性を提供したことである。

　第三次オンラインシステムは第二次オンラインシステムの更改時期と金融の自由化、通信・ITの発達などの経営環境とがあいまって、1980年代後半から稼動され始めた。第三次オンラインの内容は、勘定系システム、情報系システム、対外接続系システム、資金・証券系システム、国際系システムの5つである。勘定系システムは預金、為替、融資業務の一層の合理化を推進した。情報系システムは勘定系システムからのデータを蓄積、加工、分析して情報を活用

するシステムであり、このシステムによって原価管理、損益管理などによる経営の意思決定支援、顧客情報管理の充実、営業支援によるより効果的な営業活動ができるようになった。対外接続系システムは端末を配置することによってファームバンキング、ホームバンキングを可能にした。資金・証券系システムは業務規制緩和に対応した有価証券管理、約定管理、採算管理、資産運用などの機能を包含している。国際システムは、金融のグローバル化に対応したシステムで海外拠点での取引、事務の合理化を果たしている。

1990年代に顕在化した不良債権問題、また90年代後半から2001年に展開された金融ビッグバン、この間北海道拓殖銀行、山一証券はじめ多くの金融機関が破綻したことはいまだに記憶に新しい。金融ビッグバンのキーワードはフリー、フェア、グローバルであった。これらの背景のもとにリテール戦略、グローバル戦略が展開され、金融機関の吸収、合併が進行した。こうした背景には必ず情報システムがキーになっていることを忘れてはならない。

銀行の数次にわたるオンライン化の効果は、事務の合理化、迅速化、金融規制緩和への対応があるが、最大の効果は省力化である。第一次オンラインでは投資額150～200億円、削減人員1,000人～2,000人、第二次オンラインでは投資額250～350億円、削減人員2,000人～3,000人、第三次オンラインでは投資額800～1,000億円、削減人員1,000人～2,500人といわれている[19]。

金融機関の情報システム化は個別金融機関の情報システム化と同時に金融制度も含めた金融システム全体を支えるインフラとが協調しながら発展してきた経緯がある。そうしたものの中で代表的なインフラを3つ記しておく。1つは、1973年4月に開始された全国銀行データ通信システム（全銀システム）である。これによってオンラインで加盟金融機関相互間の為替業務を正確、迅速に処理することが出来るようになった。

日本銀行金融ネットワークシステム（日銀ネット）は1988年にオンライン処理が開始された。このシステムによって当座預金取引事務、外国為替円決済制度関係事務、国債関係事務の効率化、迅速化、金融機関間の決済が安定的に行われるようになった。

> **コラム2**
>
> **MIS（Management Information Systems：経営情報システム）**
>
> 　MISは1960年代後半から70年代前半に一大ブームを起こした。MISについては、情報系システムのところで触れるので、詳細については次の第3章2節を参照してもらいたい。MISは、「経営管理者が必要とする情報を、必要な時に、必要な形態で提供する情報システム」として定義されている。MISのコンセプトはすばらしいものであったが、結局よく言われているように、MISはミスであったとか、幻のMISなどといわれるようになってしまった。
>
> 　しかし、MISは多くの教訓を残している。それはMISが失敗した次のような理由にある。「経営管理者に必要な情報を提供する前提としての業務システムのデータがなかったこと、データベース技術が未熟であったこと、経営管理者がコンピュータについての知識を持っていなかったこと、経営管理者が必要とする情報を定義しようと試みたが定義できなかったことである。これらの状況は現在にも通じるものがある。」もう1つある。それは、経営管理者をはじめとするすべての管理者に経営活動における情報の重要性を認知させたことである。これは大きな遺産である。　　　（小沢行正・中光政、経営情報システム、同友館、2001）

　国際間の資金決済データを交換するためのSWIFTには、わが国は1976年に加盟し、国際間での銀行間の情報伝達を迅速、正確、安全に処理できるようになった。

3.1.6　データベース統合情報システム

　データベース統合システムは、個別業務別に作られていたファイルをデータベースソフトを用いてデータを一元的に統合し、共用できるようにしたシステムである。データベースシステムは1970年代に本格化した。銀行の第二次オンラインシステムはまさにデータベースシステムを実現したものであり、従来バラバラに作られていた預金業務用の顧客ファイルと融資用の顧客ファイルを顧客データベースとして統合し、預金、融資それぞれの業務から利用できるよ

うにしている。その目的は、統合データベースを活用することによって企画活動や営業活動のような日常業務の判断の質を向上させることであった。

製造業、流通業でも同様で、日常業務のトランザクションデータ、顧客データなどはデータベース化され活用されるようになった。前述したトヨタ、日本精工などはその例である。

3.1.7 ネットワークシステム／グローバルシステム

1985年の通信の規制緩和は、企業間のネットワーク化を自由化したことから、ビジネスの範囲を急激に拡大させた。国内では企業間情報ネットワーク化が進展し、国際間ではビジネスの国際化とあいまってグローバルネットワーク化が発展していった。

1）企業間情報ネットワークシステム

企業間情報ネットワークの形態は3つある。1つは垂直型情報ネットワークである。このタイプの典型は企業系列間のネットワークシステムである。たとえば、製造業では製品メーカと部品メーカ・協力会社、流通業ではメーカと卸売業・小売業といった川上、川下の取引関係にある企業間で構築したネットワークである。

2つ目のタイプは水平型情報ネットワークである。このネットワークの典型は業界団体などに見られるネットワークで、業界VANとして発展した。このネットワークは業界内での取引や情報処理を標準化、共通化するために利用された。また、中小企業では個別にネットワーク化するには資金力、技術力、人材が不足していることから、共同VANによるネットワーク化を推進し、共同受注や共同配送などを行うために利用している。

3つ目は統合型ネットワークである。これは垂直型、水平型ネットワークの混合系である。このネットワークは系列や業界を超えた異業種ネットワークであり、製造業における異業種交流、卸・小売業における金融業、サービス業などを含めたネットワーク化がその例である。また、各地に設けられた工業団地

コラム 3

日本語情報処理システム

　漢字システムの実用化は1978年9月に発表された東芝の日本語ワープロJW-10に端を発している。これが日本語ワープロのさきがけになった。また、1978年4月には富士通が汎用コンピュータで日本語を扱えるようにできる日本語情報処理体系（JEF）を発表した。同年10月にはJISの漢字コード体系「情報交換用漢字符号系」が制定されている。しかし、漢字が実際に使われるようになるのは80年代に入ってからであり、それ以前は英数字、カタカナの世界であった。

　漢字システムの実現はビジネスにおける各種文書・資料、契約書、請求書、印刷・出版物、自治体における住民記録などの漢字化をもたらし、コンピュータがより身近なものとなり日本の文化に一歩近づいたことを感じさせた。

　これに先立つ1973年には、日本経済新聞社が日本語による自動新聞製作システムANNECSを開発し、世界で初めて全ページコンピュータで作った日経産業新聞を創刊している。このシステムは1964年の堀畑正領さん（技術部長）の「コンピュータで新聞を作る」という夢物語からスタートし、園城寺次郎さん（当時専務、後に社長）の強力なリーダーシップのもと、日本アイ・ビー・エムとアポロ11号で人類初の有人月面探査を成功させた米国IBMのFSDとが7年間かけて実現させたシステムである。朝日新聞も同時期にNELSONシステムを稼動させている。　　　　（杉山隆男、メディアの興亡、文藝春秋社、1986）

　このプロジェクトの意義は、「当時の鉛活字方式（ホットタイプ）からCTS方式（コールドタイプ）に変革させ、省力化とともに鉛害から解放したことにある。もう1つは、コンピュータによる本格的な日本語の漢字処理に新聞が最初に挑んだことである。信じがたい事実なのだ」。

　　　　　　　　　（佃均、日本IT書紀第4分冊、ナレイ出版局、2005、p.186）

における地域情報ネットワークなどもこの中に含まれる。

　企業間ネットワークで扱う内容は企業間取引事務の処理、業務処理からスタートした。その目的は自動化、省力化であった。しかし、ネットワークの発展とともに単なる企業間の事務処理にとどまらず、情報の共有化と有効活用が

図られるようになっていった。

2) グローバルネットワークシステム

　経営のグローバル化とともに海外拠点の情報システム化、また海外拠点と本社を結んだグローバルネットワークシステムが必要になってきた。海外拠点の情報システム化は、80年代前半までは海外拠点単独のシステム化に留まっていたが、1985年以降から本社と海外拠点とを結ぶ国際間オンラインシステムに発展した。

　グローバルネットワークシステムは、金融機関での発展が著しい。金融取引、金融情報のオンライン化、証券のトレーディングシステム、クレジットカード処理などがその代表である。金融情報ネットワークとしてはニューヨーク、ロンドン、日本の3極ネットワークが基本であったが、さらには東南アジアを含めた4極ネットワークへと発展していった。サービス業におけるグローバルネットワーク化も目覚しく、その代表例としては航空業の予約システム、国際貨物便の荷物追跡システムがあげられる。

　製造業においても海外における現地生産、国際分業化などのコンセプトのもとに日本を中心とした海外拠点との在庫調整、生産調整、国際間物流システムが発展し、グローバルレベルでの統合化、同期化が図られるようになった。トヨタでは1988年にアメリカとの間で専用線を開通させ、以後順次イギリス、オーストラリア、東南アジアとのネットワークを完成させている。日本精工は1982年に海外との蓄積交換を開始し、1991年にアメリカ、イギリスとのネットワーク化、1992年には日本、アメリカ、ヨーロッパ、東南アジアを拠点としてグローバルネットワークシステムを完成させている。

3.1.8　戦略的情報システム（SIS）

　戦略的情報システム（SIS：Strategic Information Systems）は、1985年にワイズマンによって提唱された。ワイズマンによると、SISとは「競争戦略と競争優位を結びつけたもので、情報技術を用いて企業の競争戦略を支援または

形成することを意図した情報システムである」[20] としている。

　SISの目的は、それまでの効率化、効果化を目的とした情報システムとはまったく異なり、最終的には競争優位を獲得し、市場シェアを獲得することである。この目的に沿って作られたシステムがSISである。また、SISはネットワーク化にも特徴があり、従来自社内あるいは関係会社までのネットワーク化であったものが、他企業、顧客までを含めてネットワーク化している。

　SISの代表事例として取りあげられたのがアメリカン航空である。アメリカン航空は、旅行代理店に対し、今までの電話予約より便利なパソコンを使った予約システムを提供して旅行代理店を囲い込み、業界ナンバーワンに躍り出るという華々しい事例として紹介された。これが一般に言われる顧客の囲い込みである。

　アメリカン航空の例をモデルとしたシステムが日本でも喧伝された。花王の販社システムによる小売店との関係強化、東洋サッシ（現TOSTEM）の販社システムによる建材店、工務店との関係強化、書籍取次店による書店との関係強化、丸井のカードシステムによる顧客の囲い込みシステムなどがその例である。

　SISからの教訓をまとめてみると、SISによって競争優位を獲得するためには、次のような視点からシステムを構築する必要がある。
・顧客との関係を強化する
　顧客にシステムを使わせることによって顧客を囲い込む。そのため、システムによる利便性の提供と、同時に他社への切り替えコストを高める。
・差別化した製品やサービスを提供する
　製品、時間、サービス、利便性の提供による差異化を図る。
・徹底した低コスト化を図る
・先手必勝を期す
　競争相手に先んじてシステムを開発し、先行者利益を享受する。
・新商品・新サービス、新規事業を創出する
　SISの今日的意味は、競争に勝つために情報技術を使うという強烈なインパ

クトを与えたことである。この時から情報技術は経営効率化のツールから競争に勝つための武器、経営の武器として位置づけられた。激しい競争環境下にあって、今日、情報技術をもたない企業は武器をもたずして戦いに臨んでいるようなものであるといえる。

3.1.9 ビジネスプロセスリエンジニアリング（BPR）

ビジネスプロセスリエンジニアリング（BPR：Business Process Reengineering）は1993年にハマーとチャンピーによって提唱された。そこでは、BPRは「コスト、品質、サービス、スピードのような、重大で現代的なパフォーマンス基準を劇的に改善するために、ビジネスプロセスを根本的に考え直し、抜本的にそれをデザインし直すこと」[21]と定義されている。すなわち、BPRは10％程度の改善ではなく、80％以上あるいは数倍のレベルでの大改革を遂げることを意味している。そのためにはビジネスプロセスを根底から変えなければならないとしているのである。

ハマーが改革のポイントとして特に注目したのは、200年前の1776年にアダム・スミスが提唱した分業方式である。分業方式は確かに生産現場においては功を奏した。しかし、この分業方式をホワイトカラーの仕事に持ち込み、過度に発展させたところに問題があるとしている。その問題とは、組織間、業務間での仕事と情報の流れの遮断、セクショナリズムの蔓延、各種専門家集団の増殖、スタッフ・中間管理職の増大、業務手順と意思決定の仕組の複雑化である。こういうことを打破するためには革命が必要であるとした。

ハマーが紹介しているBPRの例にIBMクレジット社がある。同社は、企業がIBMからコンピュータ機器を購入するために必要とする資金を融資する会社であった。同社の融資プロセスは、融資案件の受付→信用調査→契約条件調整→金利決定→信用状作成→融資案件の送付であり、それぞれのプロセスを5つのセクションが担当していた。また、各プロセスは専門家集団が担当し、1つの案件を処理するのに全体で7日間を要していた。

リエンジニアリングした後は4時間に短縮することができた。1日8時間と

して計算すると14分の1に期間短縮し71％の改革をしている。変革の根底には分業、専門家体制を廃し、スペシャリストをジェネラリスト化（多能工化）し、1つの案件を1人が処理するようにしたこと、また個別の情報システムを共有のシステムとしたことにある。

もう1つの例はある銀行の例である。そこでは1つの融資案件について融資担当者が支店長の承認を得て、最初審査第1部に審査を出し、続いて審査2部に審査を依頼し、次に融資審査スペシャリストに審査を依頼するというように、融資案件を組織階層順に順番に処理していた。このため、1つの融資案件の決裁には48日間を要していた。

リエンジニアリングした結果は10日間で決裁できるようになった。ここでの改革手法は、審査を直列順序処理方式から並列処理方式にしたこと、すなわち、審査第1部、審査2部、融資審査スペシャリストの3部門に一斉に審査を依頼したことである。それとノウハウをエキスパートシステム化したこと、決裁権限を移譲したことにある。

BPRの主旨およびBPR事例の教訓から、情報技術を使って抜本的な改革をするには次のような視点が重要である。
① 分業体制を見直し、多能工化、横通し方式とすることの検討
② 並行作業の導入
③ チェック＆管理と調整作業の極小化
④ 固定観念や既存の標準、ルールの見直し
⑤ 集中・分散と権限の見直し

わが国における例は①、②の適用が多い。その代表例はセル生産方式である。セル生産方式は、ライン生産方式と対比して言われ、「1人ないし数人の作業者がひとつの製品を作りあげる自己完結性の高い生産方式」[22]である。セル生産方式は多くの組立、加工業で採用されているが、電子ピアノの製造会社であるローランドでは1人屋台生産方式と称している。この方式の効果は、作業者の士気の向上、能力アップ、リードタイムの短縮、在庫の減少、多品種少量生産への柔軟な対応があげられる。

並行作業の典型例は自動車産業やエンジニアリング会社に見られるコンカレントエンジニアリングである。この方式は、開発段階で設計部門、生産部門、関係会社などを開発工程の早い段階から参加させ、開発、設計、生産準備などを並行して進めることである。こうした方式によって新製品の開発期間を大幅に短縮している。

3.1.10 インターネットと基幹業務システム

インターネットはビジネスおよび社会に多くの変化をもたらしたが、ここではインターネットが基幹業務に関連するところだけについて述べる。

インターネットをビジネスに活用する仕方には、企業内業務への活用、商取引への活用、新規事業創出への活用の3つがある。一般にe-ビジネスと言われているのはこの3つの使い方の総称である。

1）企業内業務への活用

企業業務への活用方法としてはイントラネットとエクストラネットがある。イントラネットは、インターネットを企業内業務に適用し、企業内の人々だけが利用できるようにしたシステムである。イントラネットの使い方としては、企業内でのコミュニケーション手段としての使い方のほかに、業務系では当初人事業務や総務業務における広報的、掲示板的な目的に使われるようになり、次第に販売や生産、物流などの基幹業務に関連した使われ方に発展した。

企業のホームページにはよく①総務、人事、庶務などの社内連絡事項や各種手続事項のメニュー、②営業関係のメニュー、③経営トップからのメッセージメニューなどがある。これらのイントラネットメニュー画面から次のような変化を読み取ることができる。

・今まで紙で行っていた総務、人事、庶務の連絡事項、諸手続きが電子化された。
・営業情報が電子化され情報共有されるようになった。

営業情報としては営業方針、販売計画、販売実績、日々の営業報告、また営

業のために必要な製品情報、在庫情報、営業ノウハウなどがある。これらによって上からの指示情報と第一線からの情報が組織内で情報共有できるようになった。
・上司や関係部門間とのコミュニケーション方法が電子化された。

　エクストラネットは、イントラネットを企業グループや関連会社を含めたグループ間で使えるように発展させたシステムである。利用例としては、製品メーカと部品メーカとの間での生産計画情報、在庫情報の共有化と相互利用、また企業間連携としてのSCMにおける店頭情報、在庫情報、メーカ情報などの共有化と相互利用がある。

　イントラネット、エクストラネットを活用した結果としては、情報流通の格段のスピード化、情報のオープン化、共有化を促進し、仕事のスピードアップ、生産性の向上、意思決定のスピードアップ、組織のフラット化、管理職の役割・仕事の内容の変化をもたらしている。

2）商取引への活用

　ここでは、インターネットを使った商取引を電子商取引（Electronic Commerce：EC）とする。電子商取引の概念は単に商品の売買手続きを電子的に処理するだけでなく、通常のビジネス機能であるマーケティング、受発注、物流、決済などのすべての業務が対象になる。電子商取引は企業間取引（Business to Business：B2B)、企業と消費者間の取引（Business to Consumer：B2C）、消費者間取引（Consumer to Consumer：C2C）に分類される。

① 企業間取引

　B2Bの形態としては、個別取引型とマーケットプレイス型取引がある。個別取引型は基本的には1：1の取引であり、通常取引企業間では相互に相手の企業、製品を知っている関係にある。この取引は継続的な取引が多く、ここでの業務は企業間で行われる情報交換、受発注業務、請求事務、納品／受入、決済の業務である。これらのシステムは従来VAN、EDIで行われてきたが、現在ではインターネットを使ったWeb-EDIが使われるようになり、今後のEC

プロトコルの標準としてはXML-EDIが検討されている。

マーケットプレイス型取引は企業関係がN:Nの関係にある。売り手は販売したい製品をマーケットプレイス（電子市場）に提示する。買い手も購入したい製品の条件を提示する。双方の条件が合えば制約に至る。これはマッチングビジネスと言われるビジネスモデルである。この中にはネット調達も含まれ、わが国においても自動車業界をはじめ多くの業界、企業でネット調達を実施している。

② 企業と消費者間の取引

B2Cには、従来の通信販売形態のものをインターネット販売に置き換えたものから、既存ビジネスを補完する目的でネット販売を開始したもの、まったく新しくネット販売をはじめたものがある。取引対象としては物品だけでなく、金融商品、デジタルコンテンツ、各種サービスなども含まれる。B2Cビジネス分野の課題は代金決済の方法、配送、セキュリティにある。

③ 消費者間取引

C2Cは電子市場を経由して消費者同士が商品やサービスの売買をするビジネスモデルであるが、商品売買をする消費者と電子市場をオープンする仲介業者が必要となる。楽天やヤフー、e-Bayなどが仲介業の代表である。

消費者間取引の典型はオークションと逆オークションである。消費者間取引にはトラブルが多いが、消費者間取引はあくまで消費者同士が取引するもので、消費者の自己責任で行うことが原則となっている。

電子商取引のビジネス上の効果と経済、社会への影響

電子商取引が注目されている理由は、1つには電子商取引によるビジネス上の効果が大きいことであり、もう1つは電子商取引がもたらす経済、社会への影響である。電子商取引によるビジネス上への影響をまとめると次のように要約できる。

・電子データ取引による事務の効率化、コストの削減、スピードアップ
・取引市場のオープン化、グローバル化、24時間化

- 低価格商品の出現と新たな価格競争の激化
- 企業連携や情報共有化によるリードタイム短縮
- ネット調達による買い手の在庫削減、調査時間の短縮、調達コストの削減
- 売手市場から消費者主導、買い手市場への転換
- 決済方法の変化

3）新規事業創出への活用

　インターネットを使って今までにない新しいビジネスを開拓することをネットベンチャービジネスという。ネットベンチャービジネスには3つのタイプがある。
- 既存企業が既存ビジネス分野でネットビジネスを開始するタイプ
　　例：紀伊国屋のブックWeb
- 既存ビジネス分野に新規参入するタイプ
　　例：セブン-イレブンの書籍販売、銀行業務への参入
- まったく新しいビジネス分野を創出するもの
　　例：書籍や音楽のデジタル配信ビジネス

　ネットベンチャービジネスは1995年以降ネットバブルをもたらし2001年にはバブルが崩壊した。インターネットビジネスには光の部分もあると同時に影の部分があることを教訓として遺している。

3.1.11　共同体企業間連携システム（SCM）

　企業間の連携システムはネットワークシステムの項で見たとおりであり、80年代の企業間連携システムは、どちらかといえばメーカ中心のネットワークシステムであった。90年代の企業連携システムは、一方的なシステムではなく、協調的なシステムに変貌している。たとえば、製造業においては、販売代理店や特約店との販売オンラインシステムが、また生産システムでは協力会社とのオンラインシステムがそれぞれパートナ的なシステムとして構築され、さらにエンジニアリング関係では設計、生産関連企業との協調的なコンカレント

エンジニアリングシステムが構築されている。

流通業においては、90年代前半から衣料品業界でQR（Quick Response：市場対応型生産・流通システム）が、日用雑貨品業界ではECR（Efficient Consumer Response：効率的な消費者対応システム）と呼ばれる製販同盟システムが導入されている。QR、ECRとも消費者にすばやく、効率的に対応することを意味しているもので、メーカと小売店とが提携して、小売店がメーカに売上情報、在庫情報を開示し、共同で消費動向にすばやい対応をして、全体の流通コストを削減しようとするものである。

金融業では、たとえば銀行が80年代前半に、企業とネットワークして、CMS（キャッシュマネジメントシステム）による企業の効果的・効率的な資金管理と運用サービスを提供し、企業との連携を強化している。

企業間の連携システムは、最初は企業間のネットワークによる取引情報の交換からスタートしたものであるが、次第に企業間でのコラボレイティブな関係を築いて共同で経営改革に当たろうとする新たなステージに入っている。

SCM（Supply Chain Management）はこうした延長線上のシステムとして90年代の後半には現れている。SCMは、原材料調達から最終顧客に製品を届けるまでの企業内、企業間にわたるすべてのビジネスプロセスの連鎖、すなわちサプライチェーンを、全体最適の観点から再構築し、キャッシュフローの向上とコストの最小化を図る経営手法である。

SCMを実現するための情報システムとしては、サプライチェーン間での情報共有システム、電子商取引システム、需要予測システム、全体最適化のための需給調整と最適計画化システム、在庫補充計画システム、ロジスティックシステムなどが必要とされている。

SCMは流通業のみならず製造業、金融業でも積極的に取り組んでいる。しかし、SCMを成功させるためには企業間連携を円滑化するための企業文化の違い、商習慣の違い、情報システムレベルの違い、享受メリットの配分ルールの決定などの課題を乗り越える必要があり、こうした情報システム以前の環境整備をすることが求められている。

3.1.12 ユビキタスコンピューティングとクラウドコンピューティング

21世紀に入り新たな時代を予兆するコンセプトとしてユビキタスコンピューティングとクラウドコンピューティングが登場した。

ユビキタスはコンピュータがどこにでも遍在していることを意味している。したがって、ユビキタスコンピューティングは、いつでも、どこでも、だれとでも、どんなモノとも、コンピュータを使ってコミュニケーションできるようになることを意味する。広義のインフラ環境であり、その利用環境としてはロケーションフリー、ハードウェアフリー、ソフトウェアフリー、アプリケーションフリーになっている。

クラウドコンピューティングは、アプリケーションの調達と利用環境を表しているもので、雲の向こうのデータセンタにあるアプリケーションをサービスとして利用することを表している。この環境では当然のこととしてアプリケーションを自ら作る必要はない。

情報インフラとアプリケーションのユビキタス化、ユーティリティ化は、ビジネスの場においても、また家庭やコミュニティにおいても一大変化をもたらす。例としてICタグを取り上げれば、あらゆるモノにICチップを埋め込み、ユビキタスネットワークを使って、そのモノからの情報をいつでも、どこでも取り出して活用できるようになる。しかもそのアプリケーションはクラウドコンピューティングが提供するものである。こうした環境はIT利活用範囲の拡大、利活用レベルの向上をもたらすことになる。

3.2 情報系システムの発展

3.2.1 情報系システム

基幹系システムに対する情報系システムという言葉がわが国で使われ始めたのは1980年代半ば頃からであり、1990年前後にはこうした観点から企業情報システムを分類することが行われるようになった。しかし最近では、情報系システムという言い回しは使われなくなる傾向も見られる。

本書では、基幹系システムと区別するためにマネジメント系のすべてのシステムに対して情報系システムという言葉を用いることにする。ここでの情報系システムの主眼は、意思決定や非定型的業務を支援する情報システム、管理者が果たす経営管理機能、戦略機能を支援する情報システム、膨大なデータの中から新たな事実を発見するシステム、ORや経営科学の手法を実行するための情報システムなどである。ただし、非定型業務がシステム化されることによって定型業務に変換されることがあること、またある情報システムは基幹系と情報系の両者の統合的な機能を有することもあるため、この点で基幹系と情報系の境界が再びあいまいになる可能性があることを付記しておく。

　一般に、基幹系ではないシステムを表す言葉としては、経営情報システムが広く使われてきた。しかし、"経営情報システム"という言葉は、次項に示すように60年代には"経営管理者に必要な情報を提供するシステム"の意味に用いられ、最近では"経営を支援する情報システム、すなわち経営活動を支援するすべての情報システム"の意味にも使われることがあり、時代や使う人によってその意味が異なっている。したがって、ここではこの言葉を限定的に使うこととし、情報系システムは管理者を支援する狭義の経営情報システムを包含する概念であると考える。

　情報系システムはもともと銀行の第三次オンラインシステムで浮上してきたコンセプトである。そこでは、情報系システムとは「業務系システムで発生した取引実績関連のデータや、予算、経費、人事等の銀行内部の各種データ、さらに銀行外からのデータを取り込んで目的別データベースを構築し、データの加工・分析や管理資料等の提供を行っているシステムである」[23]とされている。情報系システムをさらに細分化すると、情報系基盤データベース、本部経営管理系、営業店管理系、営業活動支援系（CRM、SFAなども含まれる）、顧客管理系、原価管理系などに分類される。こうしたシステムによって、管理対象である業績、商品、顧客、取引、資金、収益、経費、リスクなどの分析・管理を行っている。

　製造業や流通業には経営管理システムのコンセプトはあったが、情報系シス

テムという名称はなかった。これらの産業では金融機関の例を参考にして、基幹系システムだけでなくマネジメント系システムを充実させる必要性を知覚し、情報系システムの構築を目指した。銀行の情報系システムとは少し異なるものの、それと同様の発想から、製造業、流通業の情報系システムには工場管理系、購買・仕入系、物流系などが追加されることになる。

経営活動の視点からみれば、デービスとオルソンが示した経営活動と情報システムに関するフレームワーク[24]のうち、マネジメントコントロールおよび戦略的計画機能を支援する情報システムが情報系システムに該当する。トランザクション処理と定常的な報告に基づくオペレーショナルコントロール機能は基幹系システムとして捉えることにする。

総括すれば、情報系システムの中には、経営情報系システム、意思決定支援系システム、戦略系システム、コミュニケーション支援系システム、ORなどの経営情報科学系システムなどが含まれるということになる。

3.2.2 経営情報システム（MIS）

図表3-4に1990年代初頭までの企業情報システムの大まかな流れを示している。企業における情報システム開発のメインストリームは、図中の太矢印で表した、EDPS→MIS→DSS→SIS→BPRであり、これらは細矢印で表されているように、相互に、また、他の情報システム概念と関連しつつ開発・運用が試みられてきた。

1950年代半ばから1960年頃までは、真空管回路と磁気ドラムの主記憶装置を特徴とする第1世代のコンピュータを用いて、EDPSと従前のPCDPの結合システムが運用された。1960年を過ぎると、トランジスタを論理素子に使い、主記憶装置に磁気コアを採用した第2世代コンピュータが使用されるようになり、CPUの速度の向上と入出力装置の高速化が実現したことで、EDPSがもっぱら利用されるようになった。このことで、MISにおける記録の一元化とシステム機能の統合化というトータルシステムアプローチを可能にする基盤作りができたといえる。

図表3-4　1990年代初頭までの企業情報システム

```
       1960         1970         1980         1990
        |            |            |            |
                              AI ──── ES ──────────→ KDD
  情報処理・業務の効率化                              知識マネジメント

  ┌─────────────────────────────────────────────────┐
  │ EDPS ──────────→ OA ───────────→ Groupware      │
  │                    ↘ EUC                Workflow │
  └─────────────────────────────────────────────────┘

  ┌─────────────────────────────────────────────────┐
  │(狭義の) MIS ────→ DSS ──────→ ┌ EDSS            │ スローガン的
  │ Gallagher (1961)  Gorrow and Scott │ ESS        │ 情報システム
  │                   Morton (1971)    └ GDSS       │ 概念の終焉
  └─────────────────────────────────────────────────┘
  意思決定への貢献   競争優位の獲得   SIS
                                    Wiseman
                                    (1985 ; 1988)

              ビジネスプロセスの再構築 ・ BPR
                                       Hammer and
                                       Champy (1993)
```

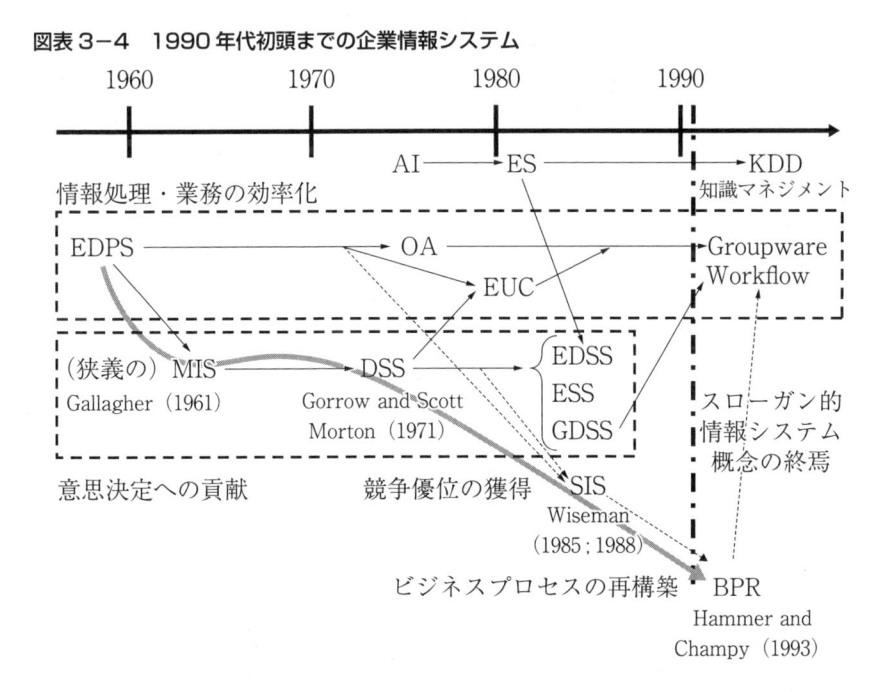

　他方、経営科学あるいはオペレーションズリサーチ（OR）手法をシステムに組み込むことによって意思決定の科学化を目指す動きも現れ、PERT/CPM、LESSなどのネットワーク技法、GPSS、ジョブショップシミュレータ、IMPACT、DYNAMO、ポートフォリオセレクションのようなシミュレーションシステムの実用化が試みられた[25]。

　アメリカにおけるこうした動きに対して、わが国からは1967年10月に日本生産性本部と日本電子計算開発協会の主催でMIS使節団が1カ月にわたってアメリカに派遣された。その帰国報告書が翌年1月に公表されたのを機に、わが国では空前ともいえるMISブームが巻き起った。当時わが国においては、MISは「経営管理者が必要とする情報を必要なときに提供する情報システム」と解釈され、多くの先進企業がその実現に向けて取り組んだ。

　しかし、アメリカでは、この年すでにアコフ（Acoff, R. F.）が"Management Misinformation Systems"と題する有名な論文を Management Science 誌に発表し、MIS 利用の有効性について疑義を表明していた。1970 年代に入ると、MIS の有効性に対する批判論文が、たとえばデアデン (Dearden, J.) などによって提出され、それに対する反論も展開されたものの、「MIS の失敗」という言葉が定着するに至り、MIS ブームは急速な沈静化に向かうことになる。

MIS の失敗の原因は、(a) ハードウェア、ソフトウェアの未成熟、(b) メインフレームベースの単一のシステムであらゆる階層、部門の意思決定を支援するというトータルアプローチ、(c) 情報処理と意思決定の分離という非現実的なシステムアーキテクチャ、に求めることができる。しかしながら、コンピュータを利用した情報システムが企業における意思決定を改善するという着想に多くの人が共感したことは事実であった。コンピュータの高い情報処理能力を活用して、経営管理者の手に渡るレポートを「質的に」改善し、問題発見の機会の提供と、発見された問題を解決するための情報の提供を、企業経営に関わる包括的視点を失わせることなく行うことのできる情報システムの開発と利用に向けての努力は、MIS の失敗後も継続的に行われていくことになる。

3.2.3　意思決定支援システム (DSS)
1) DSS 概念の登場と展開

MIS が採用していた仮説やアプローチを批判的に検討し、それを基に企業における経営管理者の意思決定を有効に支援するためのシステム概念として提案されてきたのが DSS (Decision Support Systems：意思決定支援システム) である。DSS のアイデアは 1970 年代初頭からアメリカで現われ始め[26]、70 年代終盤から 80 年代初頭にかけてそのアーキテクチャが明確にされるに至る[27]。わが国においても、80 年代半ばには DSS に関する研究解説書が出版され[28]、企業情報システムにおいても DSS 機能が実装されるようになる。

DSS は概念的には、MIS のトータルアプローチ的発想から脱却し、企業における準構造的 (semi-structured) な問題に焦点を当て、経営管理者の意思決定をコンピュータシステムで支援することを通じて、決定内容が改善されるこ

とにより、企業組織にもたらされる有効性の向上を目指すものとして定義された。そのためのアーキテクチャとしては、データベースによるデータ検索・分析機能と、シミュレーションをはじめとする OR モデルを活用するためのモデルベース機能、それに加え情報処理と意思決定の分離を解消すべく、経営管理者が必要な時に直接的に DSS を操作し、利用するための会話型利用環境の整備が提唱された。

しかしながら、80 年代半ばにおける DSS の実効的利用は、メインフレームベースのシステムにおけるユーザフレンドリネスの低さと、ユーザである経営管理者のリテラシの低さ（一般に上位の階層に行くほど低くなる）によって、妨げられる傾向が見られた。パーソナルコンピュータ（PC）やワークステーション（WS）も十分な性能を持つに至っておらず、DSS 的なコンピュータ機能が企業において十分に生かされるには、時期尚早の感が否めなかった。

2) DSS の発展

DSS の研究・開発、実務への導入経験は、1980 年代半ばごろから DSS の新たな展開をもたらすことになる。たとえば、EDSS（Executive Decision Support Systems）、ESS（Executive Support Systems）あるいは EIS（Executive Information Systems）は、トップ経営者に焦点を当て、企業戦略や企業ポリシを策定することを効果的に支援するために、より使いやすく、各個人向けにカスタマイズされた DSS として開発が進められた。これは、モデルなどを駆使した分析ツールではなく、基幹系システムによって収集されたデータを基にして、各トップ経営者のニーズにしたがって分析・編集の行われた（お膳立てされた）データをトップ経営者が必要な時に参照できるシステムであって、情報検索支援システムとしての側面が強く、そのため、ユーザインターフェースも簡便なものであった。

他方、企業内における意思決定の多くが、単独の者によって行われるのではなく、合議を通じてなされることを受けて、GDSS（Group Decision Support Systems：グループ意思決定支援システム）の研究が 1980 年代からアメリカ

コラム 4

OR の石原

　石原善太郎さん（東洋高圧工業を経て三井東圧化学、現三井化学）は"ORの石原"といわれた人で、1958年にUNIVAC60を導入し22行169列のLP（Linear Programming）を半月かけて計算した。1960年にはIBM650を導入、以後大型コンピュータを順次導入して、LPの問題を1,500ケースも解いたという。

　石原さんの当初の哲学は「コンピュータは労働節約の要具としてではなく、資本節約の要具として活用すべし」というもので、この哲学に沿ってORの活用を推進した。OR手法のモデルには在庫、待ち合わせ、配分、取り替え、競争などがあるが、特に配分モデルに興味を持ち、「人間の頭脳（知的労働力）を使用して、LPを用いて最適生産輸送計画を作った。これは製品・原材料・在庫量の節約、輸送費や倉庫料の節約という運転資本の節約、つまり資本の節約を行ったものである」。その他の例としては投資の意思決定のための工場立地の選定や建設プロジェクトの可否の判定、尿素肥料の価格決定などがある。

　石原さんは次のような言葉を残している。「企業の最下位目標の達成、眼前の事務処理に心を奪われて、企業成長の鍵となる機会の探索を日常業務の処理過程の内に見失わないで、そこを機会発見の場と心得ている人は極めて稀である。企業の利益は通常、生産、販売、調達行為の内から派生すると考えがちであるが、実は、それは投資の意思決定によって予定された利益を実現化する過程に過ぎない。装置工業の利益は投資の意思決定の巧拙、是非によって左右される。したがって、大きな利益を追求したいならば、よろしく投資の意思決定過程の改善が必要である。」

　石原さんは、コンピュータ黎明期において独特のコンピュータリゼーションを実現した人として歴史にその名を残すことになる。

石原善太郎、わが社におけるコンピュータ利用の回顧と展望、
IBM Review 50、1974、pp. 1-11（詳細は「製造業編」参照）

のアリゾナ大学を中心に行われた。これはさらにCSCW（Computer Supported Cooperative Work）へと展開し、90年代にはわが国でもコラボレーションシステムの名称で販売・導入されるようになる。こうした流れは、企業内ネット

ワークの整備とPCの発達、さらには1995年以降のインターネット技術の普及に伴って、グループウェアの開発・実装へと繋がっていくことになる。

3) DSS概念のあいまいさ

　DSSは企業における情報系システムのあるべき姿であるという認識が存在する。それは、企業で発生する意思決定問題のほとんどが準構造化問題であり、これに対処することができるのは、意思決定者を適切に支援するマンマシンシステムに他ならないからである。しかしながら、このことは逆に、DSSの概念があいまいで、その境界線をきちんと引くことが困難であることを示している。

　実際のところ、DSSは実体のない概念であって、意思決定の支援に貢献するあらゆるタイプのアプリケーションにDSSの名が冠せられるであろうという指摘がある[29]。事実、DSSと銘打ったソフトウェアだけではなく、たとえば、ワープロソフトのアウトラインプロセッサ機能や、表計算ソフトのデータ処理機能やグラフ作成機能を意思決定支援のために利用できることは明白であり、ユーザがどれほどの能力と意図を持ってそれらを利用するかによって、こうしたソフトウェアがDSSになるかならないかが定まってしまうという側面がある。このことは、DSSをEUCの一部として扱う根拠を与えている。

3.2.4　OAとEUC
1) OAブームとリテラシの向上

　日本企業のオフィスにおける情報化を急速に進展させたのは、1970年代末から80年代初頭にかけてのOA（Office Automation）ブームであった。これは、製造部門に比べ、機械の導入による合理化の立ち遅れが見られるオフィス部門の生産性を向上させるために、日本語ワープロ専用機、ファクシミリ、コピー機といった事務機器・通信機器が先を争うかのように導入された現象であり、中でもワープロ専用機の1980年における販売額は前年比433％の64億円に達し、驚異的な売り上げの伸びを示した[30]。その後、1980年代半ばに至り、

図表 3-5　オフィスワークの分析

管理職／一般事務員

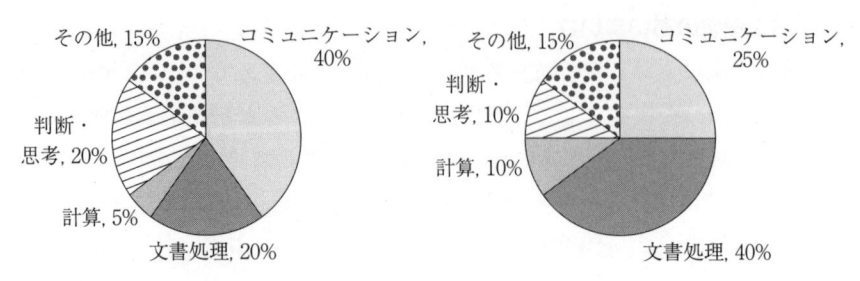

管理職: コミュニケーション 40%、文書処理 20%、計算 5%、判断・思考 20%、その他 15%

一般事務員: コミュニケーション 25%、文書処理 40%、計算 10%、判断・思考 10%、その他 15%

出所）宮下（1993）、p.139

　PC の高性能化、低価格化が進行していくにつれて、ワープロ専用機から、PC にワープロソフトをインストールしてワープロ機能を利用するという方向への変化が見え始めることになる。

　1980 年に日本電子振興協会から発表された分析によれば、日本のオフィスワークは、管理職、一般事務員共にコミュニケーション業務、文書処理業務、計算業務で全体の 6 割～7 割あまりを占めており（図表 3-5）、肝心の判断・思考は管理職においてさえ 20% 程度しかなかった。こうしたことからオフィス作業を機械化、自動化して判断・意思決定業務への時間配分を増大させようとする取組みが始まった[31]。具体的なアプリケーションとしては、ホウレンソウといわれる報告・連絡・相談や、会議などのコミュニケーション時間を減らすための電子メール、TV 会議システムなどがあり、文書処理にはワープロソフト、計算には表計算ソフトが使われることとなる。判断・思考を支援するソフトウェアとしては情報検索やシミュレーションソフトなどがあげられる。

　OA ブームは、オフィスにおける機械化と、従業員のコンピュータ関連機器、通信機器に対するリテラシの向上という効用を企業に対して確実にもたらした。OA ブームは 80 年代半ばには沈静化するが、これは MIS ブームとは違ってネガティブな評価の中で終焉したものではない。むしろ OA の経験から、さ

らなる企業情報化のあり方が模索される中で、OA という言い回しが陳腐化しつつあったということに他ならない。

90年代に入ると OA は企業内の閉じられたオフィス空間から通信インフラの整備と通信機器の発達によってモバイルオフィス空間へと拡張され、また個人の OA からグループの生産性を向上させるためのグループウェアへと発展していった。こうした発展はオフィス作業の生産性向上だけでなく、人間の仕事の仕方、働き方、ワークスタイルの変革をもたらした。

2) PC（パソコン）の高性能化・低価格化と EUC

1980年代には PC の高性能化と低価格化が日進月歩の勢いで進行した。わが国では、1982年に NEC の PC9800 シリーズが発売され、長い間に渡って PC のベストセラーの座を保つこととなる。そのもっとも大きな要因は、日本語処理をハードウェアで行ったことによる処理スピードの速さであった。しかしその一方で、NEC 機を使用する限り、世界的な標準 PC といえる IBM/AT 機との互換性を犠牲にせざるを得なかった。このため、わが国においては、ほとんどのソフトウェアが NEC 機とその互換機向けのものと、IBM/AT 機向けのものの 2 種類が販売されるという現象が 90 年代末まで続いていた。

他方、PC 用ソフトウェアの発展にも目覚しいものがあった。1985年には PC9800 シリーズに対応した日本語ワープロソフト「一太郎」がジャストシステムから発売され、その使いやすさと高性能ゆえに長くベストセラーの地位を保った。ロータス社の表計算ソフトである Lotus 1-2-3 も同時期に標準ソフトとしての地位を築き、この両者の普及によって文書作成と表計算に関わる作業は PC で行うのが当たり前となった。しかし、90 年代の後半にはマイクロソフト社のウィンドウズの普及とともにワード、エクセルがデファクトスタンダードとなった。

PC および PC 関連のソフトウェアの機能が高度化するにつれて、PC の用途は、スタンドアロンでのワープロソフトや表計算ソフトの利用だけではなくなった。1980 年代末には MML（Micro Mainframe Link）の実現によって、メ

インフレームコンピュータの端末として PC や WS が利用されるようになってきた。TSS（Time Sharing System）のような中央集権型のシステム形態から、こうした分散型のシステム形態への移行は、コンピュータやデータ処理の専門家ではない情報システム資源の単なるユーザ（エンドユーザ）が、問題解決のために、自らの手で直接、情報システム資源の利用を行う EUC（End-User Computing）の環境を生じさせた。これは、DSS の新たな展開を示すものでもあった。実際のところ、メインフレームベースの DSS にはデータベースへのアクセスを確保し、メインフレームシステムにおけるデータストレージの利用が可能な表計算ソフト機能を提供するものが多く、PC にインストールされた表計算ソフトなどを利用して、必要なデータ処理を、エンドユーザが直接行うことが企業における一般的な情報処理形態になると、DSS とはつまるところ EUC ではないかという認識が現れるようになる。

　EUC の概念そのものは 1980 年代初頭に登場したものであるが、普及するようになったのは 80 年代半ば以降である。EUC が歓迎された理由としては、企業の情報システム部門におけるバックログの増大を指摘することができる。企業における情報化が順調に進むにつれて、企業情報システム部門へのシステム開発ならびにメンテナンス要求が増大し、この当時、一説では平均して 3 年分の未処理作業が積み残されていたといわれている。

　EUC に加えて、エンドユーザが自分たちの仕事のために簡単なシステムを開発する EUD（End-User Development）も EUC 同様に奨励された。しかし、エンドユーザが開発したシステムが開発者以外のエンドユーザにも使われるようになると、セキュリティ上の懸念が発生することとなり、EUD は一般的に抑制されるようになった。

　EUD にはもともと限界があった。EUD に代わる代替策として登場したのがユーザによる簡易ソフトウェアパッケージの購入、導入である。この時からソフトウェアの "Make" から "Buy" への新たな IT 文化が始まったといえる。

3.2.5　グループウェア

　グループウェアはグループの活動、組織の活動を支援するソフトウェアであり、OAの延長線上にあるものとして90年代前半に発達した。グループウェアにはコミュニケーションツールとしての電子メール、電子掲示板、電子会議、スケジュール管理のほか文書管理、ワークフローなどが含まれる。

　コミュニケーションツールは従来の電話、文書、対面によるコミュニケーション方式を時空間を越えたデジタルコミュニケーション方式に転換させ、世界との距離と時間を一気に短縮した。

　グループウェアによるもう1つの変化は情報の共有化である。日々の販売情報や経験、ノウハウなどが蓄積され、トップをはじめあらゆる関係者に共有されるようになり、それに基づいた情報の有効活用、迅速な意思決定がなされる環境に変わっていった。

　ワークフローは業務の流れをコンピュータシステムに入れ込んだもので、りん議書に代表される承認、決裁のような手続きを電子フロー化したものである。ワークフローの適用は業務の流れとその進行状況を見える化するとともに、意思決定の責任を明確化し、意思決定期間の短縮化をもたらした。

　OA化とグループウェアの発達は企業における役員会の開催の仕方にも変化をもたらした。役員会はいうまでもなく経営の最高意思決定機構であるが、従来は紙ベースでの会議であった。OA化とグループウェアの発達はプレゼンの方法、情報提供の方法を変え、さらには人間の思考方法、意思決定のメカニズムをも変えていった。

3.2.6　戦略的意思決定支援システムとしてのSIS

　SIS（Strategic Information System）はすでに、基幹系システムの一類型として紹介されているが、情報系システムとしての顔も持っている。SISの機能には2つのものがあり、1つは、SISの存在およびその利用そのものによって企業が競争優位を獲得するというものであり、もう1つは戦略的情報を適時、的確に供給することによって質の高い戦略的決定を実現させ、企業を競争優位

に導くというものである。アメリカン航空の座席予約システム Sabre は前者の例であり、セブン-イレブンが POS から得られたデータを戦略的に活用しているのは後者の例である。

1980年代後半にわが国で SIS ブームが起こったのは明らかに前者のタイプの情報システムの存在が報告されたからであり、多くの企業がこうしたシステムの構築・運用によって顧客を囲い込み、競争優位を獲得しようと考えたからであった。他方、セブン-イレブンのように基幹系システムからのデータを情報系システムで分析・加工して、そこからの情報を戦略的に活用して成功しているケースも SIS の1パターンとして位置づけられたのである。その意味では、SIS は戦略的意思決定を支援するための情報システムでもあり、これは MIS や DSS の延長線上に位置するものと考えることもできる。

こうしたことから言えることは、SIS は基幹系システムと情報系システムの両方の機能を有していたということである。アメリカン航空の例でも、座席予約システムは基幹系システムであり、基幹系システムからの旅客情報、航空スケジュール情報を戦略的に活用してビジネスを拡大したり、新しいビジネスを創出しているのは情報系システムの機能である。これは基幹系システムと情報系システムを連動させている例であるといえる。

SIS ブームは数年で終焉し、そのスローガンからすると明らかに多くの場合、SIS は実現されなかった。しかし SIS ブームはいくつかの教訓を残した。1つは、情報技術や情報システムが戦略的武器として機能することであり、また、情報システムの構築と運用に当たっては、企業戦略との整合性を確保することが重要であることである。もう1つは、一朝一夕には SIS は実現できないということである。これらのことは、情報システム構築においてユーザ企業が主体的にそれに取り組むことの重要性を認識させた。

3.2.7　BPR と新たな経営情報システム

1993年に紹介された BPR（Business Process Reengineering）の概念は、わが国において熱狂的に受け入れられ、リエンジニアリングブームが到来する。

リエンジニアリングそのものの有効性、実現可能性については、短い期間のうちに少なからぬ疑問が投げかけられることになるものの、1990年代以降の企業情報システムの構築は、基本的にBPR的な発想にしたがってきていると言うことができる。

BPRの背後にある考え方は、情報技術を活用して過度に分業化・分断化されたビジネスプロセスを統合し、ビジネスにおける柔軟性、素早い反応、顧客満足、イノベーションの機会の活用を実現し、合わせてビジネスプロセスの分断がもたらす間接費を削減しようというものであった。このためのイネーブラーとして情報技術が認識されるようになり、多くの企業においてビジネス革新への取り組みが行われた。

BPRは基幹業務の抜本的改革、再構築をすることに加え、同時に経営管理系システムの再構築を促した。その結果、基幹業務は統合され、それに基づいた基幹系システムも再構築、再編成された。そして、その基幹系システムからの整合性のある、しかも統合的な情報が収集できるようになった。BPRに成功した企業はそうした情報を最新の情報加工技術、マルチメディア、OA技術、グループウェアを使って活用する、新しい形の経営情報システムを構築していった。

本シリーズで事例紹介している製造業の例では、たとえば、東芝では1996年に業務改革を実施し、ERPを用いて基幹系システムを再構築している。そしてそこからの情報をもとに、経営会議や取締役会で活用できる新経営情報システムを構築し、新たな意思決定プロセスを築き上げている。三井化学も90年代に同様なアプローチでBPRを実施し、その後新しい経営情報システムを構築している。日本精工もCIMによる基幹系システムの統合後、新しい経営情報システムを構築している。銀行業界では第三次オンによって勘定系、資金系、国際系などのシステムを完成させ、それに基づいた経営情報システムを作り上げている。こうしたシステムに共通していることは、業務統合を実現する基幹系システムからもたらされるデータを用いて、情報系システムが必要な情報を必要なときに、必要な形で提供していることである。

新しい経営情報システムは、1960年代後半に描いたMISを想起させる。30年近く経ったこの時期に、当時不可能であった基幹系システムの統合化がなされ、広範囲にわたる、かつ正確で整合性のあるデータが入手できるようになってはじめて当時構想された情報システム機能が実現されたのであり、当時の夢に一歩近づいたということができよう。

3.2.8　ナレッジマネジメントとビジネスインテリジェンス

　人間の知識をコンピュータシステム化するという試みは、ES（Expert System：専門家システム）構築の試みの中で長年にわたって行われてきた。わが国においても、1980年代半ばごろからESの構築が見られ、工場における熟練労働者のノウハウを知識ベース化し、機械制御に活用するといったことが行われた。しかし、こうしたシステムは知識データベースの構築方法やモデル作成の困難さから普及拡大するまでに至らなかった。

　90年代に入ると、コンピュータのデータ処理能力の向上と記憶容量の拡大を背景に、大規模なデータを蓄えるデータウェアハウスの構築が盛んに行われるようになり、そのデータウェアハウスを経営に活用しようとするナレッジマネジメントやビジネスインテリジェンス（BI：Business Intelligence）が出現した。ここではBIの発達を見てみる。

　BIという言葉は、1989年にガートナー社のハワード・ドレスナーが最初に使ったとされているが、実際に具現化されるようになったのは2000年代に入ってからである。BIは一般には、企業内に散在している膨大なデータを組織的、体系的に収集・蓄積し、分析・加工して企業の意思決定に役立てることであり、さらに最近では、そこから有用な知識や戦略を生み出すことも追加されている。これは、DSSのコンセプトを拡張したものであり、ナレッジマネジメントの流れにも沿うものである。

　BIが推進された背景には3つの技術の発達がある。1つは、企業内にある膨大なデータを組織的、体系的に抽出してデータウェアハウスにロードする技術（ETL：Extract, Transform, Load）、2つ目は膨大なデータを整理・蓄積し

て使用できる状態に維持管理するデータウェアハウス技術（DWH）、3つ目はデータウェアハウスのデータを活用する技術である。

　データウェアハウスは、その名のとおりデータの倉庫であり、1990年にビル・インモンによって提唱されたもので、「目的別に編成され、統合化された時系列で、削除や更新をしない、意思決定のためのデータの集合」であるとされている。データウェアハウスからユーザが使いやすいようにデータを編集し、データベース化したものがデータマートである。

　データウェアハウスの活用技術としては、ドレスナーは当初意思決定支援システム、オンライン分析処理、クエリツール、レポーティングツールをあげていたが、最近ではデータマイニングもBIツールの1つとされている。

　オンライン分析ツールであるOLAP（Online Analytical Processing：オンライン分析）は、90年代中ごろ現れたもので、分析的な問い合わせにすばやく、オンラインで回答する方法である。OLAPにはリレーショナルデータベースを前提としたRelational OLAP（ROLAP）と多次元データベースを前提とした多次元分析手法のMulti-dimentional OLAP（MOLAP）がある。

　データマイニングは、統計学や人工知能など各種のデータ解析の技法を、大量のデータに網羅的に適用することによって、隠れていた項目間の相関関係や法則、知識、潜在的ニーズなどを探し出し新しい発見をする技術である。データマイニングは、データウェアハウスによりデータが大量に蓄積されるようになった1990年代後半に実用化された。よく知られている併売分析はその例である。テキストデータにマイニング手法を適用したのがテキストマイニングである。2002年ごろからWeb上のテキストの分析、またWebへのアクセスデータの分析などに応用されるようになった。

　BIの謳い文句はエンドユーザがデータウェアハウスに自由にアクセスし、自在に必要なデータを取り出し、分析して、自らの意思決定に役立てることであった。この発想はDSS、EUC以降継続して追求されてきた夢であったが、BIに至ってもその夢が実現されたとは言い難い。しかし、膨大なデータを抽出して格納する技術と仕組み、そのデータをエンドユーザが自由に使えるよう

図表3-6　1990年代以降の企業情報システムの展開

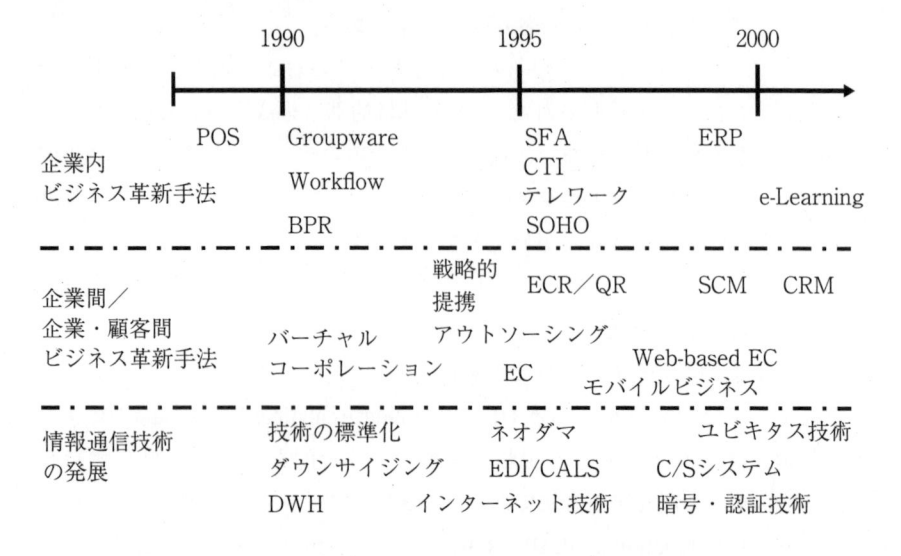

	1990		1995		2000	
企業内 ビジネス革新手法	POS	Groupware Workflow BPR		SFA CTI テレワーク SOHO	ERP	e-Learning
企業間／ 企業・顧客間 ビジネス革新手法		バーチャル コーポレーション	戦略的 提携	ECR／QR アウトソーシング EC	SCM Web-based EC モバイルビジネス	CRM
情報通信技術 の発展		技術の標準化 ダウンサイジング DWH		ネオダマ EDI／CALS インターネット技術	ユビキタス技術 C/Sシステム 暗号・認証技術	

なソフトウェアの出現に進化の足跡を見ることができる。

3.2.9 これからの情報系システム

　図表3-6に1990年代以降の企業情報システムの展開を示した。90年代までに比べて、めまぐるしく、さまざまなビジネス革新手法が提案されていることが分かる。これらのビジネス革新手法は、企業にとっては選択の対象である。

　すなわち、情報技術の発展と普及によって、企業はビジネスシステムの構築について非常に多くの選択肢を手に入れることになる。他方、この選択肢の中から正解を見つけ出すことは決して簡単なことではない。たとえば、バーチャルコーポレーションを形成すべきなのか、あるいは自社で完結したビジネスプロセスを構築すべきか、という選択や、アウトソーシングに当たってどのような機能をアウトソーシングすべきか、どの企業とパートナーシップを結ぶべきかという選択は、常にリスクに満ちたものである。

　情報系システムが今後のビジネス革新の時代において果たすべき役割は、自

社と環境の状況を正確に把握し、多様な選択肢の中からどの行動を選び出すのかを支援することにある。しかし、こうした柔軟な発想を必要とする意思決定問題に対して、情報技術ベースの情報システムが役立つためには、十分な情報リテラシを有し、しかも創造性に満ちた能力ある個人の存在が必要である。DSSやEUCにおいて認識されたことが、最新の情報技術環境においてなお正しいことが理解される。

　また、現時点の情報系システムを見ると、新しい経営情報システムといえども欲しい情報がすべて手に入るわけではない。しかし今、人類が使うすべての情報を集め、整理するという発想がある。さらに、そのコンセプトを各企業で実現できるようにしようとする試みもある。このようなことが実現したら、世界中の情報を鷲づかみにして、いつでも、どこでも欲しい情報を手に入れることが出来るようになるかもしれない。

　ユビキタス環境における情報系システムのターゲットは、企業内の経営管理者や従業員だけではなく、生活空間の中にいる個人をも含むものになっている。こうした環境に人間がどう対応していくかが今後の課題である。

3.3　企業における情報システムの発展事例について

　情報システム発展史シリーズでは個別企業17社における情報システム発展史の事例を取りまとめ、製造業編、流通業編、金融業編、総合編に収録してある。そこには、企業全体としての情報システム化の歴史的変遷と、その中からいくつかの代表的なシステムを選び、そのシステムの経営における意味、システム化の目的、内容、成果、情報システムの企画・開発に関わるエピソード、経験、教訓などが網羅されている。

　ここには企業情報システム発展史17事例の概要を示しておく。

1）企業情報システム発展史の事例

　情報システム発展史の事例にご協力いただいた企業は次のとおりである。そ

の内容は、別冊の製造業編、流通業編、金融業編、及び本書・総合編に収録されている（収録順）。ご協力いただいた企業、多くの関係者に深く謝意を表します。
① 製造業編
　トヨタ自動車株式会社、株式会社東芝、日本精工株式会社、新日本製鐵株式会社、三井化学株式会社、三井東圧化学株式会社
② 流通業編
　キリンビール株式会社、株式会社菱食、株式会社大丸、イオン株式会社、株式会社セブン-イレブン・ジャパン、株式会社プラネット
③ 金融業編
　三菱銀行、野村證券株式会社、住友信託銀行、三井銀行
④ 本書・総合編
　日本アイ・ビー・エム株式会社

　企業情報システム事例中、三井東圧化学の「コンピュータの黎明期におけるOR、技術計算への活用」、三井銀行の「通預金オンラインリアルタイムシステム」、日本アイ・ビー・エムの「東京オリンピックオンラインシステム」事例は情報システム発展史上の特筆すべき事例として取り上げている。

2) 企業情報システム発展史の事例概要

　企業情報システム発展史の事例概要は、図表3-7～図表3-10のような内容になっている。実際の内容は各業界編を参照してほしい。

第3章 情報システムの発展

図表3－7　企業情報システム発展事例の概要（製造業編）

トヨタ自動車	自動車メーカにおける生産、技術分野を中心とした情報システム ・新SMS：グローバルレベルの部品表による生産・技術システム ・世界最適調達システム：部品調達の国際化への対応 ・3次元CAD：新車開発リードタイムの短縮 ・e-かんばんシステム：多様化に対応した電子カンバン方式
東芝	総合電機メーカにおける企業成長と事業拡大のための各事業分野における情報システムの活用と発展過程、経験、ノウハウ ・PCSによる業務効率化　　・IC設計システム ・OA機器生産システム　　・半導体製造システム ・重電機械製造システム　　・家電製品製造システム
日本精工	部品メーカにおける生販技統合システム（MAGMA）の実現 職能別分権分業のピラミッド型組織運営から、総合的なデータベースとエキスパートシステムを活用した、生産・販売・技術・経営を統合したリアルタイムシステムによる企業運営方式に転換 ―在庫回転率を20年間で6～7倍に
新日本製鐵	鉄鋼需要に対応する新規大型製鉄所システムと本社購買システム ・君津製鐵所のAOL（All On Line）システム 　―製鉄所運営に4万人必要とするところを3千人で実現 ・大分製鐵所の総合情報処理システム ・本社における機材購買の意思決定支援システム
三井化学	化学会社におけるハイテクマネジメントシステム（高度経営管理システム）の構築と企業合併・事業統合に伴うシステム統合 ・ハイテクマネジメントシステムの構築経験 ・業界再編にともなう企業合併・事業統合に対応した、業務統合と業務改革とERPの導入を同時に実現したシステム統合
三井東圧化学	コンピュータ黎明期にOR、技術計算を中心とした独特の活用法を展開した石原善太郎氏の哲学 コンピュータは労働節約（省人化）に使うのではなく、資本節約（計画の最適化）に使うべきであるとする哲学に基づいて徹底的にコンピュータを技術計算、ORに活用

図表3-8　企業情報システム発展事例の概要（流通業編）

キリンビール	ビール事業環境の変化と共に歩み経営活動を支えてきたキリンビール情報システムの発展過程と情報システム機能の変遷 ・ITによる酒販店、特約店の囲い込み、ネットワーク化 ・ITで乗り切ったドライショック ・新営業支援システムKirinologyの展開
菱食	メーカと小売業の間にあって、生活者の要望と市場動向をいち早く把握し、商品調達、商品開発、消費者満足度の向上に対応 そのための卸売業の基幹業務である営業、物流、管理を中心とする全社統合システム（TOMAS）を構築し、使う人がつくる人というコンセプトを実現
大丸	伝統的小売店である百貨店における情報システム化の展開 ・PCS及びコンピュータによる機械化システム―省人・省力化 ・オンラインリアルタイムシステム―顧客サービスの向上 ・POS、EOSの導入―少人数での効率的店舗運営 ・営業支援・経営支援システム、戦略一体化システム
イオン	市場変化にITを活用して、グループとしてのシナジー効果を発揮 ・EOS、POSの導入と普及 ・取引先とのオンラインシステム ・ECR, SCMの推進 ・新物流システム、新店舗システム、取引先との協働システム
セブン-イレブン・ジャパン	先進的ITの開発と導入をとおしてわが国における戦略的情報活用のリーダー的役割を果たしてきたセブン-イレブンの第一次店舗情報システム～第六次総合情報システムの概要とその意味 ・ターミナルセブン、POS、GOT、先端ネットワークの開発 ・店舗システム、情報分析、仮説型発注・仕入システムの進化
プラネット	日用品・化粧品業界におけるネットワーク基盤を確立するための流通業界VAN運営会社の設立とその意義、及びその後の発展過程 ・基幹EDIサービス：メーカと卸売業間の商取引 ・資材EDIサービス：消費財メーカと資材サプライヤ間の商取引 ・商品データベースサービスなどへの拡大と展開

第3章 情報システムの発展

図表3-9 企業情報システム発展事例の概要（金融業編）

三菱銀行	三菱銀行における情報システム化の展開と経営上の意義 ・オフラインシステムと第一次オンラインシステム—標準化、事務効率化による巨大な省力効果を実現 ・第二次〜第三次オンラインシステム—業務拡大に対処 ・経営情報の高度化、国際競争力の強化
野村證券	証券業界のリーディングカンパニにおける情報システムの発展 ・わが国初めての商用コンピュータの導入と活用 ・第一次〜第三次証券オンラインシステム ・ポスト第三次オンラインシステム ・証券総合サービス、ほか
住友信託銀行	80年代中ごろ、コア業務を長期金融中心から資産運用・管理中心へと転換を果たした信託銀行において、情報システムをいかに競争優位獲得のために活用してきたかの歴史。信託銀行における主要4情報システムが時代の要請に応えて発展してきた過程 ・バンキング　・年金信託　・受託資金運用管理　・証券代行
三井銀行	民間企業によるわが国初めてのオンラインリアルタイムシステム 1965年、当時、都銀中位行であった三井銀行が、上位都銀がオフライン集中処理を実施する中、普通預金のオンラインリアルタイムシステムに踏み切った。その理由、その概要、開発にまつわる経験、エピソードなど

図表3-10 企業情報システム発展事例の概要（本書・総合編）

日本アイ・ビー・エム	汎用機によるわが国初めてのオンラインシステムを実現 1964年に開催された東京オリンピック大会において、汎用コンピュータ、汎用端末を用いてオリンピックオンラインシステムを実現。産業界におけるオンラインシステムの先駆け役を果たす。ここから多くのオンライン技術者、プロジェクトマネジャが誕生

注

1 米花稔（1975）、日本経営機械化史、日本経営出版協会、p.57
2 南澤宣郎（1978）、日本コンピュータ発達史、日本経済新聞社、pp.36-37
3 佃均（2004）、日本IT書紀Ⅰ、ナレイ出版局、p.379
4 小林功武（1973）、コンピュータ史、オーム社、p.157
5 日本アイ・ビー・エム（1988）、日本アイ・ビー・エム50年史、pp.25-26
6 米花稔（1975）、日本経営機械化史、日本経営出版協会、p.28
7 北川宗助（2001）、情報産業この道60年―中、日本情報開発、p.12
8 南澤宣郎（1978）、日本コンピュータ発達史、日本経済新聞社、pp.115-116
9 南澤宣郎（1978）、日本コンピュータ発達史、日本経済新聞社、pp.105-106
10 岸本英八朗（1966）、経営情報システム―第三期の経営機械化、中央経済社、pp.134-138
11 穂坂衛（1985）、MARS-1、情報処理学会歴史特別委員会編日本のコンピュータの歴史、オーム社、pp.155-172
12 竹下亨（1965）、オリンピックと情報処理、情報処理 Vol.6 No.3, pp.140-148
13 市川栄一郎（1965）、三井銀行における普通預金のオンラインリアルタイムシステム開通まで、IBM Review, No.9, pp.2-8
14 戸田雅章（2006）、トヨタイズムを支える「トヨタ」情報システム、日刊工業
15 細田正勝（1993）、企業再生論―情報技術を活かした21世紀型企業像―、工業調査会
16 宮崎義久・島稔・伊藤正雄（1970）、君津製鐵所生産管理データ処理システム―AOLシステムについて―、IBM Review, 30, pp.55-68
17 荒川圭基、POSシステム活用の基本、公開経営指導協会教育センター、p.10
18 浅野恭右（1990）、流通VANの実際、日経文庫、p.111
19 内村広志（1995）、金融情報システム、財経詳報社、p.5
20 ワイズマン，C.（1989）、戦略的情報システム、土屋守章・辻新六訳、ダイヤモンド社、p.15
21 ハマー，M.＆チャンピー，J.（1993）、リエンジニアリング革命、野中郁次郎監訳、日本経済新聞社、p.57

22 岩室宏 (2002)、セル生産システム、日刊工業新聞社、p.27
23 金融情報システムセンター編、平成14年版金融情報システム白書、財経詳報社
24 Davis, G. B. & Olson, M. H. (1985), *Management Information Systems, Conceptual Foundations, Structure, and Development*, McGraw-Hill
25 岸本英八郎 (1966)、経営情報システム―第三期の経営機械化、中央経済社
26 Gorry, G. and Scott Morton, M. S. (1971), A Framework for Management Information Systems, *Sloan Management Review*, Vol.13, No.1, pp.55-70
27 たとえば、Keen, P. G. W. and Scott Morton, M. S. (1978)；Sprague and Carlson (1982), *Decision Support Systems: an Organizational Perspective*, Addison-Wesley
28 王耀鐘 (1985)、戦略的経営計画とDSS、文眞堂、小島敏宏 (1986)、新経営情報システム論、白桃書房
29 Keen, P. G. W. (1986), Decision Support Systems: The Next Decade, in McLean, E. R. and H. G. Sol (Eds.), *Decision Support Systems: A Decade in Perspective*, North-Holland, pp.221-237
30 涌田宏昭 (1992)、経営情報科学総論〔増補改訂版〕、中央経済社、p.22
31 宮下幸一 (1993)、情報管理の基礎（改訂版）、同文舘

第4章

業界別情報システムの発展

情報システムの発展は業界別に独自の発展をしてきている。本章では製造業、流通業、金融業における情報システム発展過程について述べる。

4.1 製造業における情報システムの発展

4.1.1 はじめに

製造業はモノを作る産業の総称であり、自動車、電機、機械、建設、鉄鋼、石油、化学、情報通信機器などの業界が含まれる。製造業の領域は広く、業種、業態によってモノの作り方、販売の仕方が異なり、それに応じて情報システムも異なっている。そのため、全体を俯瞰した情報システムの発展過程を述べることはできない。したがって、ここでは製造業の典型的な業界である自動車、電機、機械などの加工・組立業を中心に取り上げ、その業界における情報システムの発展過程を述べることにする。

4.1.2 製造業の機能と特質

製造業の基幹業務機能は、販売、生産、技術・研究開発、経営管理である。そのうち、ここでは生産、技術機能を中心に取り扱う。

製造業における生産形態は、販売形態を基準として見込生産と受注生産に分けられる。また、生産する種類と量によって少品種多量生産、多品種少量生産に分けられる。こうした製造業を他の業界と比べると次のような特質がある。

①　モノ作りは生産計画通りに行われることは少ない。

　　生産計画通りに行うことを阻害している主な要因には、市場の変化、販売予測の狂い、注文の変更・取り消し、不良品の発生などがある。特に近年の顧客志向をベースとした短納期化、低コスト化が常態化している環境においては生産計画の変更が多くなる傾向があり、生産管理は変化をマネージすることであるとまで言われている。

②　モノ作りは自社だけではできない。

　　製造業は多くの協力会社に部品製造を外注しているし、また購入部品も多くの購入先から調達している。販売関係も販社や代理店に販売を委託しているし、消費財の場合には小売店や量販店が販売機能を担っている。

③　海外に生産、販売の拠点を展開している。

　　製造業は海外に多くの生産・販売拠点をもっている。こうした環境下で成功を収めるためには国内外の企業共同体との連携を強めるだけでなく、グローバルレベルでの生産、調達、物流、販売システムを確立していく必要がある。情報システムはその要となっている。

4.1.3　製造業における情報システムの変遷

　製造業の情報システム化の目的はQCD（Quality, Cost, Delivery）の追求であり、省人・省力化、在庫の削減、トータルコストの削減、短納期化、品質の向上、安全性の確保などの徹底にある。こうしたことに応えてきた情報システム発展の変遷を図表4-1に示した。図表には大きく3つのメインラインの流れを示してある。1つは生産管理システム、2つ目は工場の自動化（ファクトリーオートメーション）システムであり、3つ目は技術・設計システムである。個々のシステムの発展過程については後続する項で述べていく。

　製造業の情報システムの発展は、最新のITを使ったシステムの導入・拡大と統合・発展を繰り返しながら成長してきた歴史である。

第4章 業界別情報システムの発展

図表4−1 製造業における情報システムの発展過程

	~1960年代	1970年代	1980年代	1990年代	2000年代
経済環境	…高度成長時代(55~73)…	オイルショック(73,78)	バブル景気(86-91)	バブル崩壊, 平成不況(91~)	景気拡大(01), 経済危機(08)
社会環境	東京オリンピック(64)	大阪万博(70), 列島改造論(72)	自動車摩擦・半導体戦争(80~)	インターネットバブル(96-00)	NY同時多発テロ(01)
	QC	SQC	TQC, TQM	BPR, ISO9000s & ISO4000s	CSR, エコ環境対応
日本のIT動向	第1世代コンピュータ(57)	第3.5世代コンピュータ(70)	第4世代コンピュータ(80)	クライアント・サーバ(91)	ブレードコンピュータ
	第2世代コンピュータ(61)	データベース技術発達	VAN事業開始(82)	グループウェア(92)	ブロードバンド化
	第3世代コンピュータ(64)	Mシリーズ, ACOS(74)	パソコンの台頭(83)	マルチメディア(93)	インターネット, パソコン普及
	国産第3世代コンピュータ(65)	日本語処理システム(78)	通信の規制緩和(85)	インターネットの商用化(93)	携帯電話の普及(99)
IT活用の全体動向	コンピュータによるデータ処理	データベースシステム	オフィスオートメーション EUC	グループウェア	ユビキタスコンピューティング
	オンラインシステム	意思決定支援システム(DSS)	ネットワークシステム	インターネットシステム	メディアの連携・融合
	経営情報システム(MIS)	戦略情報システム(SIS)	BPR	携帯電話システム	エージェントシステム
メインライン	コンピュータによるデータ処理	トータルシステム	生販統合システム	基幹業務統合システム	企業共同最適化システム
一生産管理	生産管理システム	オンライン生産管理システム	CIMによる統合システム	ERPによる基幹業務統合	グローバルSCM
システム	MOS(61), PICS(67)	MRP, COPICS(72)	MRP-II, CIM	ERP, SCM	EC, IT経営
	プロコンの発達(60年代前半)	物流システム構築(70年代後半)	VAN, 海外現法システム	グローバルビジネスシステム	グローバル生産調整システム
ーオートメーション	NC, DNC	CNC	産業用ロボット元年(80), FMS	セル生産方式	多能ロボット
ー設計支援	2次元CAD(62), GDS(67)	CADAM(72), 3次元CAD(73)	CATIA(81), EWS	コンカレントエンジニアリング	デジタルエンジニアリング
経営への貢献	省人化・省力化	省力化, 効率化, コスト削減	リードタイム短縮, 競争支援	業務改革, 組織活動の効率化	共同体企業最適化
	業務のリアルタイム化	情報経営への経営意識向上	グローバルビジネス支援	組織フラット化, 働き方の変化	IT経営による競争力強化

119

1) PCSによるデータ処理時代（1920年代〜60年代前半）

　製造業における情報システム化は比較的早く1920年代の後半から始まった。1925年に日本陶器がPCSを導入し、翌年の1926年には三菱重工業が神戸造船所、長崎造船所に導入している。日本陶器では各種伝票処理のほか生産管理、人事・給与計算など業務全般に活用している。三菱重工業の場合は、経営合理化策として事務の機械化に着手し、賃金計算、間接費計算、材料・部品に関わる計算事務からはじめ、その後原価計算事務全体の機械化を図った。

　PCSは、総じて事務計算、特に製造業では生産実績の集計、部品の受払、販売実績の集計、原価計算などに使われていた。

2) コンピュータによる個別業務のデータ処理時代（1950年代後半〜60年代半ば）

　1950年代後半から60年代の前半は、第1世代のコンピュータによる大量データの事務処理時代であり、EDPSの時代である。コンピュータ初期の使い方はPCSの延長線上にあってPCSと同様、個別作業から発生するデータの集計処理であった。

　1960年代半ばから第2世代のコンピュータが導入されだし、磁気テープが装備されるに従って、コンピュータの使い方もやや高度化し、個別データの集計から業務における一連の作業を流れ（データの繋がり）として捉える業務単位の情報システム化に発展していった。これが個別業務のシステム化であり、具体的には販売管理システム、生産管理システム、在庫管理システム、給与計算システム、会計システムなどがある。工場現場でも在庫受払集計、材料集計、原価計算などの工場事務作業が機械化され始めた。この時代のコンピュータの利用形態はデータをまとめて一括処理するバッチ処理方式であった。

　コンピュータ導入の定量効果としては何をおいても省人・省力化であり、定性効果としては"早い、正確な処理"があげられていた。早く、計算ミスがなく正確な処理を実現するためには、入力データ作成段階での入力ミスをなくすことに相当な努力が費やされた。

3）生産管理システムの発展

(1) 生産管理システムの導入期（1960年代前半〜60年代後半）

製造業における独特な業務は、製品を納期どおりに作るためにどの部品、材料がいつ、何個必要かという計算をすることである。これを所要量計算という。そのためにはまず、部品表（製品構成表）を使って、製品を部品に展開する。部品が10個必要であっても在庫が4個あれば正味の所要量は6個になる。この部品展開、所要量計算をするためにはコンピュータ上でのランダム処理ができなければならない。ランダム処理を可能にするディスク装置が一般化するのは、取り外し可能なディスク装置が出現した1962年以降である。

製造業における情報システムの発展史上欠かせないのは、1961年にIBMが発表したMOS（Management Operating System：標準経営管理方式）コンセプトである[1]。MOSは、従来別々に開発されてきた個別業務システムを、ディスクをベースとした、製造業における活動全体を有機的に連携させた標準モデルを提示したもので、製造業のコンピュータ化の歴史上エポックメイキングな出来事であり、その後の生産管理システムの原型になったものである。

MOSの構成は次の6つの機能、①予測と基準生産計画、②資材計画（基準生産計画に基づいて部品表を用いて部材の総所要量を算出する）、③在庫管理（総所要量に在庫情報を加味して正味所要量を算出する）、④生産手順計画（機械と労力の能力を加味して製造計画を確定する）、⑤生産実施（製造計画に基づいて生産活動を実施する）、⑥評価反省（生産実施後の実績評価を計画に反映させる）からなっている。

MOSの効果としては、MOSコンセプトを実現することによって、人件費の抑制、事務経費の削減、事務処理の単純化・標準化がなされ、意思決定サイクルを短縮することができるとしている。しかし、MOSはコンセプトであってソフトウェアはなかった。そのため、各企業はMOS実現のために懸命に取り組んだ。使用したコンピュータはディスク装置を備えた第2世代のコンピュータ（例 IBM7070、1440など）であり、コンピュータ能力の不足に加え、部品表を構築するソフトウェアや、所要量計算をするソフトウェアはなかったため

すべて手作りで開発しなければならなかった。

わが国におけるMOSの評価は高く、ある企業では、「コンピュータはいらないがMOSを売ってくれ」と言われたという逸話が残っている。

(2) 生産管理システムの発展と拡充（1960年代後半～70年代前半）

1960年代半ばから70年代前半まで「いざなぎ景気」が続いた。この時期はインフレの時期でもあり、物価が急上昇し給料も高い年率で上昇した。そのために、経営層は経営体質改善として経費の削減に関心を寄せ、省力・省人化による人件費削減のためのコンピュータ投資を盛んに行った時代である。

1964年には第3世代のコンピュータが発表されている。第3世代コンピュータの外部記憶装置は交換可能な磁気ディスク記憶装置が主役になった。生産管理システムのコンセプト面でもMOSに続いて、1967年にPICS（Production Information and Control System：生産情報管理システム）[2]、1970年代にはMRP（Material Requirement Planning）[3]が発表されている。これらのコンセプトには図表4-2に示したように、8個の適用業務（サブシステム）、①販売予測と基準生産計画、②技術データ管理、③在庫管理、④所要量計画、⑤購買、⑥能力計画、⑦日程計画、⑧作業進捗管理、が含まれている。

PICSもMRPもMOSを発展させたものであり、その特徴はデータベースを基軸として、8個のサブシステムが連動できるようになっていることである。また、コンピュータ活用の方向やサブシステムの具体的な解決方法を示すとともに、コンセプトを実現するためのソフトウェアとして、部品表管理用のソフト（たとえばBOMP：Bill Of Material Processor）、所要量計画用ソフト（たとえばRPS：Requirement Planning System）、在庫管理システムが提供されたことである。製造業におけるその意義は極めて大きかった。

部品表管理システムを中心とした生産情報管理システムの事例としては多くの事例がある。それらの企業では、中規模用のDBOMP（Data Base Organization & Maintenance Processor）による部品表管理システムを構築し、そのデータベースを中核にして生産情報管理システムを構築している。さらに基幹系と

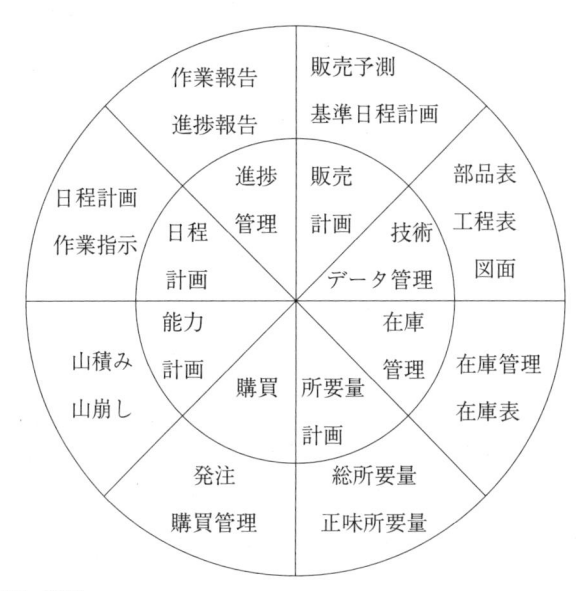

図表 4-2　生産情報管理システムの適用業務

```
          作業報告      販売予測
          進捗報告      基準日程計画
      進捗     販売
日程計画  日程  管理  計画    部品表
作業指示  計画       技術    工程表
                 データ管理  図面
      能力         在庫
山積み  計画         管理   在庫管理
山崩し      購買  所要量      在庫表
                計画
          発注      総所要量
          購買管理   正味所要量
```

出所）IBM（1968）.PICS

しては販売管理、財務会計、人事システムを開発して日常業務処理を行っている。使用システムは第3世代の中型コンピュータであった。

　この時期もコンピュータ投資の定量効果の算定は、省力化、費用の削減であり、"効果が投資を上回る"という命題で進められた。しかし、結果的には経営者の目に"見える効果"として現れるには至らなかったようである。その一方では、仕事の標準化や処理の迅速化、正確化などの定性効果は着実にあがり、生産管理システムが製造業の基礎体力となっていったことは間違いなく、日本の製造業の発展のために果たした役割は大きかった。

(3) オンライン生産管理システムの発展と拡大（1960年代後半～80年代）

　製造業におけるオンラインシステム化は、1965年に富士写真フイルムが販売製品在庫オンラインシステムを稼動させている。また、わが国製造業を代表

する自動車業界、鉄鋼業界においても、1966年には東洋工業（現マツダ）が販売管理オンラインシステムを一部開始し、トヨタ自工（現トヨタ自動車）は同年、オンラインで組立工場の車の生産指示をするALC（Assembly Line Control）を稼動させている。鉄鋼業界では65年、66年に製鉄所の部分的なオンラインシステムを稼動させ、68年には新日本製鐵君津がAOL（All Online System）を稼動させている。製造業におけるオンラインシステムは、上述の販売オンラインシステム、工場別のオンラインシステムなどの例にみられるように部門、業務ごとに進められてきた。

オンライン生産管理システムの総合的なコンセプトは比較的遅く、1972年にIBM社のCOPICS（Communications Oriented Production Information and Control System）が、1980年代にユニシス社のBAMCS（BusinessandManufacturing Contorol System）が発表されている。COPICSはデータベースを中核にしてタイトに結合された12のモジュール（技術・生産データ管理、顧客注文サービス、予測、基準生産計画、在庫運用計画、製造活動計画、オーダー発行、作業監視と管理、工場設備保全、購買と受入れ、倉庫管理、原価計画と管理）からなっている[4]。

オンラインリアルタイム方式での生産管理システムの機能は、生産計画、生産指示、実績収集、生産統制などをリアルタイムに処理することであり、また、マン-マシンの双方向コミュニケーションを取り入れたシステムであった。

初期のオンライン生産管理システムの例としては荏原製作所（藤沢工場）、川崎重工業（明石工場）、立石電機（現オムロン草津工場）などがある。

オンライン化による効果はバッチシステムの比ではない。効果の第1はやはり省力化である。生産現場でのデータの収集、データの入力、進捗状況の把握、指示、生産計画業務の機械化、その他もろもろの事務の機械化など計り知れないものがある。前述した新日本製鐵君津のAOLは、工場運営に4万人必要とするところを3千人で行うことを可能にした。

オンライン化の第2の効果はリアルタイム性にあり、リアルタイムに状況が

分かることであり、それに基づいた適切な判断が可能になったことである。経営管理者もオンライン化によって、従来月次でしか管理できなかったことが日次ベースで管理できるようになり、リアルタイムで経営判断が可能な環境に転換していった。

4）工場自動化システムの発展

　工場自動化（Factory Automation：FA）の源流は、わが国では1960年代からスタートしたNC（Numerical Control：数値制御）である。NCはフライス盤やボール盤などの工作機械を人間が操作することに替わって、プログラムによって自動制御する技術である。当初のNCは、プログラムを紙テープやカードなどから入力して使っていた。1960年代の中ごろから工作機械とコンピュータを直接結合させ、コンピュータからプログラムを直接送り込む方式のDNC（Direct NC）が開発された。DNCは通常1台のコンピュータで複数代台の機械をコントロールできたことから群管理とも言われている。

　NCはやがて、その演算、制御機構をコンピュータで置き換えたものになり、1970年代の半ばごろからはマイクロプロセッサが組み込まれていった。これがCNC（Computerized　NC）であり、NCの性能と利用分野を拡大させた。

　NCは加工工程における自動化であったが、組立工程、特に自動組立システム（Flexible Assembly System：FAS）における自動化は産業用ロボットとして発展した。ロボットは多数のアクチュエータとセンサ、計算機を備え、複雑な動作が可能で、その動作を自由に変えることができる。しかも状況や環境の変化に柔軟に対応できる知能を有する機械であり、汎用性、柔軟性、知能性を備えている。1980年は産業用ロボットの元年といわれている。その後急速に発展を遂げ、現在ロボットは組立、搬送、加工、溶接、塗装、検査工程などのあらゆるところで使われている。

　1980年代には顧客の要求が多様化し、生産現場は多品種少量生産、短納期化への対応を余儀なくされた。ここで生まれたのがFMS（Flexible Manufacturing System）である。FMS は NC、ロボット、自動搬送を自在に活用した柔軟性に富んだ生産システムを指し、FMS によって生産ロットサイズの少量化、リードタイムの短縮、仕掛在庫の削減、機械効率の向上が図られた。

　工場の生産管理でもう1つ特筆すべきことはプロセスコンピュータ（プロコン）の出現である。プロコンは 1950 年代にデータロガーとして登場しているが、1960 年代前半には制御機能を持つようになった。プロコンは装置産業の現場機器からの実績データの自動収集、機器への作業指示、コントロールを行い、人間の作業を著しく軽減した。

5）技術・設計支援システムの発展

　製造業における設計開発業務のコンピュータ化は 1960 年代半ばに始められた設計用の技術計算からスタートした。設計関係では 1960 年代後半から米国航空機メーカのロッキード社が自社用に開発した2次元の作図ソフトである CADAM が外販されるようになり、日本でも多くの企業が導入した。

　1970 年代後半になると、コンピュータと設計者の対話によって設計作業が進められるようになり、そのための機器として入出力表示装置（CRT ディスプレイ）に替わり大型の CRT ディスプレイやライトペン、机上で自由に描いた図面を入力できるタブレット装置、製図面を印刷するためにインクペンで X・Y 軸を自由に移動して描くことのできる XY プロッタ等のハードウェアが出現した。この時期の CADAM はメインフレームで稼動するソフトであったが、1980 年代後半には技術用に開発された EWS（Engineering Work Station）等のミニコンピュータで稼動する P–CADAM が発表され、さらにその後の 1990 年代後半には、パソコンで稼動する PC 版も発表された。

　CADAM は2次元の設計支援ソフトの位置づけであったが、そのほかにソリッドモデルなども扱える3次元の設計支援ソフトとしてフランスの軍用航空機メーカのダッソー社が開発した CATIA も外販された。この時期の構造解析用の設計支援ソフトとしては CAEDS なども販売され、設計開発分野でのコンピュータの活用が一気に高まった。

6）海外支援システム・グローバルシステムの発展（1980年代〜2000年代）

　製造業の海外進出は80年代から盛んになり、80年代は主としてアメリカ、ヨーロッパにおける販売・サービスの現地法人化が行われた。90年代になるとアジアへの生産拠点の移転が多くなり、所在国向けの生産拠点として、また最近では地域統括機能、国際的調達拠点としての役割を担っている。

　情報システムも海外拠点の役割変化に合わせてグローバルビジネスを支えてきた。80年代中ごろまでは海外用のパッケージを国内で作り、それを海外に移植することが主流であった。80年代の後半から先進企業は海外とのネットワーク化を開始し、アメリカ、ヨーロッパ、日本の3極ネットワークを完成させた。90年代になり東南アジアの生産拠点が増えるにしたがって東南アジアの1国を加えた4極ネットを完成させている。トヨタ自動車は1988年にアメリカとの間で専用線を開通させ、以後順次イギリス、オーストラリア、東南アジアとのネットワークを完成させている。日本精工は1991年にアメリカ、ヨーロッパと92年には東南アジアとのネットワークを構築している。

　グローバルネットワーク化は、直接的な生産・販売情報の交換だけでなく、グローバルレベルでの調達、生産調整、販売、在庫調整、物流、研究開発を可能にした。実際に先進的な自動車、家電、機械メーカはこうしたグローバルシステムを展開している。

7）統合システム化への展開

　情報システムの発展は個別システムの開発と拡大、統合の歴史である。ここでは製造業において行われてきた個別部門システムの開発から生産・販売システムの統合、企業内業務システムの統合、企業間システム統合、グローバルシステム統合というシステム統合化の足跡をたどってみる。

（1）生販統合システム化（1970年代前半〜70年代後半）
　1975年以降、物流業務の面で先行する流通業界からの影響もあって、製造

業各社では物流コストの低減に経営層の関心が集まり、物流配送センタ、物流システム（PDS: Physical Distribution System）が話題を集めた。多くの企業は販売システム（受注―出荷―売上請求・回収）は既に稼動させていたが、営業拠点―製造拠点―流通拠点間を結ぶ情報システムは構築されておらず、データベースは一元化されないまま各システムが別個に運用されていた。このため販売―生産―配送とシステム間を越えるとシステム間の不整合が発生し、円滑に製品が配送されないなどの不都合が日常的に発生していた。そこで、販売―生産／出荷―配送の従来からの個別に開発されたシステムを統合するとともに、納期短縮や流通在庫の削減、物流コストの削減を図る物流システム構築の気運が活発になった。こうして生産―販売―物流を統合した生販統合システムの開発が進められ、この業務分野での個別システムからの脱皮が図られた。

(2) CIMによる基幹業務統合システム化（1980年代後半〜90年代半ば）

1980年代は製造業の産業革命の時代といわれた時代であり、日本の経済はTQCやカイゼン活動、コンピュータの先端的な活用などによって右肩上がり、一方のアメリカは低迷した時代である。そのため日米の自動車摩擦や半導体戦争が表面化した。電子機器は小型化、高速化、低価格化され全てに"超"がつけられていた。その結果、コンピュータの高速化、記憶容量の大型化、低価格化が実現した。通信回線も1985年の規制緩和に合わせて高速化、大容量化、低価格化が進み、ネットワーク化が進展していった。

CIM（Computer Integrated Manufacturing）は、こうした時代背景のもとに1980年代後半から発展したコンセプトであり、生産、販売、技術、経営をITで統合する統合システムである。CIMの意味する統合は、従来生産、販売、技術の個別に開発されてきたアプリケーションを統合すること、データベースでデータを統合すること、通信関係をネットワークとして統合することである。その目的は、部門の部分最適化から企業内基幹業務の最適化をねらい、それによってリードタイムを短縮するとともに、多様化への柔軟な対応、在庫の削減、コストの削減を図ろうとするものである。

図表 4-3　CIM の概念図

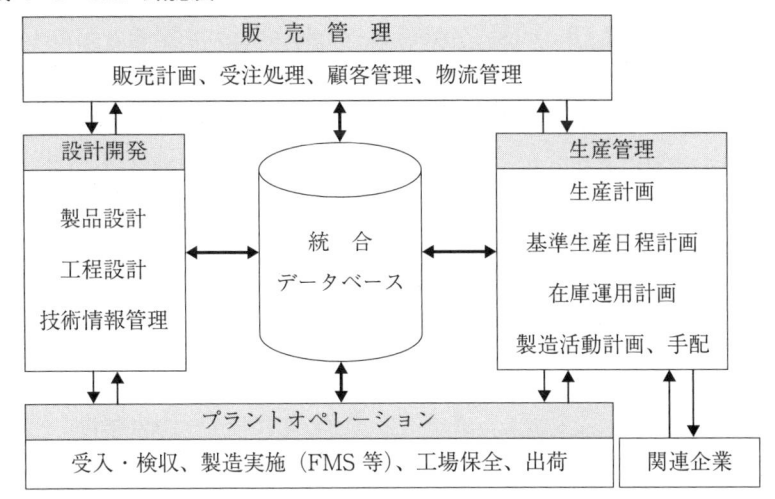

販　売　管　理
販売計画、受注処理、顧客管理、物流管理

設計開発	統合データベース	生産管理
製品設計 工程設計 技術情報管理		生産計画 基準生産日程計画 在庫運用計画 製造活動計画、手配

プラントオペレーション	関連企業
受入・検収、製造実施（FMS 等）、工場保全、出荷	

出所）CIM 研究グループ（1988）、生産革命 CIM 構築のアプローチ、pp. 30-31 より作成

　CIM は、製造業の基幹業務を支援するものであり、図表 4-3 に示したように大きく 5 つのグループ、①販売システム、②技術・設計支援システム、③生産管理システム、④プラントオペレーションシステム、⑤経営情報システム、から構成されている[5]。

　CIM の個々のサブシステムは、従来から実現されているものである。CIM はそれらのシステムを統合することに焦点を合わせ、特に販売と生産、販売と技術・設計、CAD/CAM と技術情報管理、また技術・設計とプラントオペレーションとのシステムを連携させ、統合することに力点がおかれた。CIM によるシステム構築の事例としては本シリーズの製造業編で紹介している日本精工、東芝の例がある。

　1980 年代後半には戦略情報システム（Strategic Information Systems : SIS）が話題を集めた。製造業の場合は CIM が SIS であるとの立場に立ち、差別化要素としてリードタイムの短縮競争が展開された。

(3) BPRによる業務改革と業務統合（1990年代半ば～90年代後半）

1993年にはBPR（Business Process Re-engineering）が話題を席巻した。BPRは、TQC的な改善ではなく、抜本的な改革を意図していた。改革の対象は、個別の業務ではなく、一連のビジネスプロセス、たとえば受注から納品までの一連の業務の流れをセットとして扱うものである。製造業においては、特技である改善活動を経験していることから、BPRを容易に受け入れ、多くの企業が実施して成果をあげている。わが国におけるBPRは業務改革の実施とともに分化した業務を統合したことに意義があり、統合した業務に基づいて情報システムを構築したことに更に大きな意義がある。

(4) ERPによる企業業務統合システム化（1990年代後半～2000年代）

1990年代の半ば以降ERP（Enterprise Resource Planning）が登場している。ERPは、企業内の主要な業務である生産、販売、購買、在庫、人事、会計などをカバーする統合ソフトウェアパッケージである。CIMは基幹業務系の統合であったが、ERPは企業全体の業務統合を図ることに意味があった。

ERPが広く採用されるようになった背景には、国際化に応じた海外企業との共通標準パッケージとして採用できること、また企業統合した際の統一システムとして有効であるなどとの理由がある。

ERPはMRPから出発している。MRPは当初狭義の所要量計算であったが、MRP-Ⅱに発展してそこで扱う資源は工場全体のリソースに拡大され、さらにそれがERPに進化して企業全体の資源を扱うものとなっている。

(5) SCMによる共同体企業統合システム化（1990年代後半～2000年代）

90年代の後半にはSCM（Supply Chain Management）が現れている。SCMは、原材料調達から最終顧客に製品を届けるまでの企業内、企業間にわたるすべてのプロセスを、全体最適の観点から再構築し、在庫の削減と業務運営費用を最小化してキャッシュフローを最大化させる経営手法である。

ERPが企業内の業務統合であったのに対し、SCMは川上の原材料メーカ、

部品加工協力会社から川下の物流会社、販売店・代理店、小売店といった販売拠点までをも含む、企業間の壁を越えた企業間連携を図る情報システムである。

製造業においては以前から関連企業との共同システム化を進め、外注協力企業との間では生産計画・受発注・検収・出荷に関わる情報処理、また協力企業の在庫管理などを支援してきた。販売店、代理店との間では、受発注・納品・仕入、販売店の販売管理・在庫管理などを行うシステム化を支援してきた。

SCM はそうした従来のシステムを進化させ、販売店、代理店と連携し、そこからもたらされる顧客ニーズに俊敏に対応すること、その前提となる協力企業との仕組み、バリューシステムを再構築し最適化することにある。

8) 生産管理システム以外のシステム

生産管理、技術・設計支援を中心に述べてきたが、製造業の最前線は販売にある。販売の主要テーマは顧客の要望にいかに応えるか、納期回答をどうするか、受注から納品までのリードタイムをいかに短くするか、生産安定化のためにいかに精度のよい販売予測をするかにある。

製造業における販売システムとしては、需要予測、販売予測、引合い・見積りシステム、受注、出荷、物流、在庫システムがある。さらに顧客情報管理システム、CRM、SFA などがある。これらについての説明は割愛する。

その他コンピュータ導入の初期のころから活用された技術計算、OR（オペレーションズリサーチ）がある。OR は生産計画や在庫管理、物流関係のシミュレーションに活用された極めて意味深いシステムであるが、最近その声を聞かない。OR を含む経営科学手法については再評価し直してみる必要がある。

4.1.4 おわりに

21 世紀はグローバル化が一層進展する時代である。先進企業においてはグローバルレベルでの調達、生産調整、在庫調整、販売、物流、研究開発を行っているが、多くの企業はこれからである。大手企業はすでにグローバルネット

ワークを保有しているが中小企業は同じことはできない。国際的なインターネットの普及とあわせ今後どのようにしてグローバル化に対応していくかを考えておく必要がある。

グローバルSCMもこれから進展する1つのアプリケーションである。グローバルSCMを実現している企業の例では、生産管理システム、技術情報システム、輸出入関連システムなどに加えて、生産の水平展開を可能にする販売システムや生産調整、物流システムを構築している。SCMは国内においても実現がむずかしいシステムである。国境を越えてのSCMはさらに複雑なシステムとなるが、そのシステムの実現は今後の課題である。

日本の大きな課題の1つは少子高齢化である。少子高齢化は製造業にとって労働力不足という深刻な事態を引き起こすことになる。中山眞はこうした環境に対し「ロボットが日本を救う」[6]とし、「少子高齢化による労働力不足への対応として自立性、多機能を備えたロボットによって労働力の確保と生産性向上を図る」としている。

今、ロボットへの期待は大きい。ロボットは工場から家庭へ、そして福祉ロボットに見られるように個人へと展開されつつある。ロボットには、人間の肉体的、知的活動を代替する役割への期待と、ロボット製造産業としての期待がる。後者は今後発展が期待できる有望な産業であり、また、ロボットを動かすソフトウェアを作るソフトウェア産業への期待もある。ロボット産業は日本が最も得意としている産業分野でもあるので今後に期待したい。

4.2　流通業における情報システムの発展

4.2.1　はじめに

流通とは、生産と消費をつなぐ過程であり、流通機能とは、生産と消費の隔たり、すなわち、所有の隔たり、空間の隔たり、時間の隔たりを埋める機能を指す。小売業、卸売業、メーカの三者が主体となり、各主体間で取引（商流）が行われ、商品が流れ（物流）、商流、物流に付随して発生する取引情報を伝

達する情報流通（情流）、取引の決済をする資金の流れ（金流）が存在する。

流通業の業種・業態は実に多様である。そのため本節では流通業全般を意識しつつも対象を絞り、生産財を除いた消費財を対象とし、その中でも車、家具などの耐久消費財、家電製品のようなものは除き、酒類・加工食品、日用品を主な対象とする。この業界を選んだ理由は、メーカ、卸売業、小売業とも大小の形態を含み、日本の流通構造のある種の典型とみることができるからである。たとえば、メーカにはキリンビール、日清食品、花王、ライオンといった大手メーカから、細かい日用品を作る中小メーカまでが含まれる。卸売業も菱食、Paltacなどの大手卸売企業から、2次、3次卸を含む中小の卸に及び、小売業では、百貨店、スーパ、コンビニエンスストア、ドラッグストアから伝統的な小売店まで、すべての形態の企業が含まれている。

4.2.2　流通業の特質と流通情報システムの特徴

最初にわが国における流通業界の特質とその特質に応じた流通情報システムの特徴を述べておく。

1）わが国流通業の特質

① 多様な流通機構の混在

　伝統的な流通機構と専門スーパ、総合スーパ、コンビニ、ディスカウントストアなどの多様な流通機構が混在している。

② 卸売業による多段階流通機構

　欧米では小売業がメーカと直接取引をしているが、わが国では卸売業が介在している。しかも、その卸売りの構造が1次卸、2次卸などと多段階の経路を持っている場合もある。

③ 小売業の零細・過多性

　小売業は小規模零細企業が多く、減りつづけているものの過多の状況にある。その一因は大店法などで中小企業が保護されてきたからでもある。

④ 取引商慣習の存在

委託販売、リベート制度、返品制度等がその例である。
⑤ 流通系列化
　　大手メーカ、大手小売業による系列化が進んでいる。
⑥ 公的規制の存在
　　中小企業を保護してきた法律・制度が多く、海外流通業も含めての自由競争ができない環境にあった。
⑦ 流通革命による流通機構改革
　　第1次流通革命は、高度成長期、特に1960年代、大量生産、大量流通、大量消費に対応して起こり、スーパーとセルフ販売方式などによる新しい小売業態が出現した。新規参入者はメーカと直接取引する方式を採用し、必然的に旧来の複雑な流通チャネルの再構築を促した。「問屋無用論」が叫ばれたのがこの時期である。
　　第2次流通革命は、バブル崩壊後の1991年に大店法の大幅な規制緩和を行ったことから始まった。その結果、ディスカウントストアの出現や外国企業の参入などによって一気に価格破壊、流通機構改革が進行した。
　　第3次流通革命は、これから起こされようとしているもので、そのイネーブラはITであり、ITの高度利用による情報流通革命である。

2) 流通情報システムの特徴

① 流通業の情報システムには企業内システムと企業間取引システムがある。
　　わが国の典型的な流通機構は次のような構造をしている。

　　　　メーカ → 卸売業 → 小売業 → 消費者

　　このような構造から流通業の情報システムには、個別の企業内情報システムとしての卸売業情報システム、小売業情報システムと、企業間取引を扱っている企業間取引システムの2種類がある。
　　個別企業内情報システムには販売管理システム、在庫管理システム、受注・発注システム、会計システム、人事管理システムなどがある。
　　企業間取引システムには、企業間の受発注システム、納品・受領システ

ム、請求処理システム、決済システムなどがある。
② 最終顧客は消費者であり、売れるものを供給するシステムが必要である。
　消費者のニーズは多様であり、急速に変化する。したがって、商品寿命が短い。このことから、流通情報システムには消費者の動向を見極め、売れるもの売れないものを早期に発見する機能が求められている。そのためには、最前線の小売業のみならず卸売業、メーカの3者が連動できるような情報システムが必要とされている。
③ 流通業のシステム化には各種の標準化が前提となる。
　流通業の情報システムにはメーカ、卸、小売の多数の企業が関係する。その間での取引はn（多）：n（多）：n（多）であり、取引業務を効率化するためには企業間で共通に使用できる商品コード、企業コード、伝票形式、伝送規約などの標準化が必要となる。その標準化は商品数、企業数の多さなどから製造業の比ではなく、なかなか進まないのが実情である。
④ 企業間ネットワークが進展しない。
　流通業の特質として中小零細企業が多く、標準化が進まないことから、企業間のネットワーク化が進展しにくい環境にある。

4.2.3　流通業における情報システムの変遷

　流通業における情報システムの発展過程を図表4-4に示した。ここでは情報技術の活用形態と企業間取引システムを中心に、年代別に情報システムの発展過程をみていきたい。

1）コンピュータによる社内業務の機械化（1960年代～70年代前半）

　流通業界にコンピュータが導入され出したのは1960年代に入ってからであり、それまでは一部大企業でPCSによる個別業務のデータ処理が行われていた。
　コンピュータが導入された当初の利用方法はEDPSと呼ばれ、企業内業務のデータ処理であり、売上処理、請求処理、売掛・買掛金管理、発注処理、給

図表4－4　流通業における情報システムの変遷

	1960	1970	1980	1990	2000
IT活用システム	EDPS オンラインシステム	MIS　DSS　データベース OA　EUC ネットワークシステム	SIS	BPR グループウェア　ERP　エージェントシステム インターネット　SCM	ユビキタスコンピューティング RFID
流通標準化		統一伝票 (74) 共通取引先コード (71)　ITF物流シンボル (86) JANコードJIS化 (78) 流通開発センター設立 (72)　米ECR推進協議会設立 (90)	JCA手順 (80) 衣料品標準化 (95)	J手順 (82)　GLN (95)　GTIN (05) GLN(JANメーカーコード・共通取引先コード) (07) GCI設立 (99)　GS1 (ENAとUCCの合併)	
流通情報システム	バーコードリーダ (67)	EOS (オンライン発注) スタンドアローンPOS 高島屋のPOS (73) セブン-イレブンのPOS (83)	EDI (オンライン取引) VAN (85)　EDI促進 (92) QR/ECR　CRP (連続自動補充)	EC　e-Business Web-EDI CPFR (戦略的提携)	
物流におけるニーズ		多頻度バラ物流	一括物流 ノー検品 売場別納品 時間指定納品	一括物流センタ 3PL (Third Party Logistics) 棚割システム (プラノグラム)	
流通関連事項	三種の神器 (60) 日本消費者協会発足 (61) ドルショック308円 (71)　消費税導入 (89)　運用基準緩和 (94)　大店舗法廃止・大店立地法 (00) 新・三種の神器 (66)　第一次石油危機 (73)　ニューメディアブーム (84) 産業再生法 (99)　家電リサイクル法 (01) GNP世界2位 (68)　小売業外資完全自由化 (75)　1ドル160円突破 (86)　マザーズ取引開始 (99)	大店舗法 (74)　同改正 (79)　大型店の出店規制強化 (82)　改正大店舗法 (92)			
流通システム開発センター事業	流通システム化啓発期 (72-77) JANコードPR期 (78-80)　POS導入期 (83-87)　JAN拡大・POS普及期 (88-95)　GS1〜 (04-) EDI普及期 (96-01)　流通BMS (09-)				

与計算、会計処理などに使われていた。この時点では、流通業独特の情報システムはなかったといえる。当時のデータ処理はバッチ処理であった。

2）流通業のオンラインシステム（1970年代前半～）
（1）企業内オンラインシステム化

　流通業におけるオンラインシステムは70年代前半からの企業内のオンラインシステムからスタートしている。百貨店の例を見ると、百貨店は戦後の復興期に再生し躍進を遂げ、情報システムの活用面でもリーダー的な存在であった。オンライン化も早く、たとえば本シリーズで取り上げている大丸では1972年にお客様からの贈答品などの着否問い合わせ用のオンラインリアルタイムシステムを稼動させている。1975年にはシステムを拡大し、発注処理、在庫管理、販売売上管理、また販売支援や顧客サービス向上に向けたシステムを開発している。

　食品業界でもキリンビールの例を見れば、1972年に本社―支店―倉庫間での受注出荷オンラインシステムを稼動させている。この当時のオンラインシステムは本社―支店間、本社―販社間などの企業内のオンライン化であった。

（2）EOSによるオンラインシステム（1970年代半ば～）

　第1次流通革命時に誕生したスーパーなどのチェーンストアは大量生産、大量消費に対応するために1970年ごろからEOS（Electronic Ordering System：電子式補充発注システム）による発注システムを導入した。EOSは、当初、チェーンストアにおける定番商品についての在庫状況をチェックし、店舗で商品コードと補充数量を携帯端末に入力し、そのデータを本部に伝送する店舗―本部完の企業内オンラインシステムであった。商品コードが直接入力できるようになるのはバーコードが普及してからのことである。

　本シリーズの事例にあるジャスコ（現イオン）では1974年にEOSシステムをスタートさせている。また、セブン-イレブンでは、ターミナルセブンという独自の端末を開発し、1978年にEOSシステムを完成させている。

店舗―本部間はEOSでオンライン化されたが、本部―取引先間の発注処理はバッチ処理で行われていた。本部ではEOSデータから取引先別の発注伝票を業界標準としての統一伝票形式で出力した。この伝票は6枚つづりになっていて、発注店控え、本部控え、取引先への発注、物流部門への依頼のために送付され、残りの2枚は納品時の納入伝票、受領伝票として使用された。このシステムはターンアラウンドシステムと呼ばれ、現在でも利用されている。

(3) 取引先との受発注業務のオンライン化

1970年代末から小売業は自社のコンピュータで伝票を打ち出し取引先に送付する方式からオンラインで取引先に直接伝票を送るシステムを開始した。このために使われたのがJCA手順である。納入伝票、受領伝票は取引先で打ち出すことになった。

取引先受発注オンラインシステムの先駆けになったのは、セブン-イレブンが1979年に開始した、本部のコンピュータから取引先にオンラインで発注するベンダオンラインシステムである。前述のジャスコでは1981年に取引先とのオンラインシステムを開始している。

EOSシステムと取引先受発注オンラインシステムの効果は大きく、店舗と本部における発注業務の効率化に加え、小口多頻度発注を可能にした。小売店側ではこのシステムにより、毎日売れた分だけ発注することが可能となり、店頭在庫の極小化、バックヤードの削減と売り場面積の拡大が可能となった。一方、取引先側でも受注業務、納品業務などで大きな効率化を図ることが出来た。特筆すべきことは、これらのオンラインシステムは小売業側だけでなく、取引先にも効果をもたらしたことである。

流通業における当初のオンラインシステムは小売業、卸売業、メーカともいずれも企業内だけのオンラインシステムであったが、必然的に小売店と取引先間のオンラインシステムに発展していった。しかし、多数のメーカ、卸売業、小売業間で取引できるシステムが可能になるのはVANが出現してからのことである。

流通情報システムの鍵を握る標準化の推進

流通業における標準化対象項目には次のようなものがある。（　）内は制定年度 統一伝票（74年）、共通取引先コード（77年）、JAN商品コード（78年）、集合包装状態の商品についてのITFコード（87年）、通信プロトコルとしてのJCA手順（80年）、それを流通業全般の標準通信手順としたJ手順（82年）などがある。

標準化と関連して図表4-5に日本チェーンストア協会におけるEDI関連の取り組みを示した。このような状況からするとEDIのためのコード化は既にできあがっていると考えることもできる。しかし、理論的に標準化がなされても、商品コード、商品マスタの維持管理は現実的には困難であり、実際の企業間取引においては現在でもさまざまなコード変換が必要とされている。

図表4-5　日本チェーンストア協会におけるEDI関連の取り組み

標準化項目	制定時期	内容
チェーンストア統一伝票 手書き用（B様式）	1975年3月	オフライン用仕入および返品伝票で手書き用、タイプ用、OCR用の3種類を制定。
JCA手順（J手順）	1980年7月	BSCを中心とした通信手順。
標準データ交換フォーマット	1982年7月	オンライン発注データの標準伝送フォーマットで、発注仕入伝票発行用とピッキングリスト発行用の2種類を制定。
ターンアラウンド用発注仕入伝票	1984年3月	オンライン発注用発注仕入伝票を、明細行数によって、1型、2型、3型、4型の4種類をB様式伝票として追加制定。発注コードとしてPOS用JANコードが使用可能になった。
請求データ標準フォーマット	1985年4月	請求データのフォーマットとして磁気テープ、フロッピーディスク、オンライン伝送フォーマットの3種類を制定。発注コードとしてPOS用JANコードが使用可能になった。
オフライン用仕入及び返品伝票	1987年10月	発注コードとしてPOS用JANコードを使用可能とし、ターンアラウンド用発注仕入伝票フォーマットとの整合を図った。仕入、返品伝票とも、タイプ用、手書き用の2種類をB様式伝票として追加制定。
JCA-H手順（H手順）	1991年4月	OSIの一種であるMHSをベースとした通信手順で、現行のJCA（J）手順に加え追加制定。
OCR用ターンアラウンド発注仕入伝票	1992年3月	ターンアラウンド用発注仕入伝票同一フォーマットで、入力処理のOCR化を可能にした伝票。伝票明細行数により、1型、2型、3型、4型をB様式伝票として追加制定。
クーポン情報（EDI） ・クーポン券のバーコード表示体系 ・クーポンデータ交換伝送フォーマット	1992年3月 1993年2月	JANコード表示体系
物流情報（物流EDI） ・納品データ交換伝送フォーマット ・SCMラベル	1994年2月 1994年2月	事前出荷データ伝送 ITF、code-128使用
ソフトグッズ（衣料品） ・JANコード値札 ・JANコード値札作成指示伝送フォーマット	1995年2月 1996年2月	ソースマーキングの促進

3) POSシステムの発展（1980年代）

　流通情報システムにおける一大革命はPOSシステム（Point Of Sales：販売時点情報管理システム）の発展である。POSの導入も百貨店を中心に進展した。1973年には高島屋が中元・歳暮のギフト品向けにPOSを導入し、その後、衣料品などに展開し1978年には首都圏全館にPOSを導入している。当初のPOSシステムはスタンドアローン型のPOSであったが、1980年には全店ネットワークオンラインシステムを完成させている。大丸でも1975年からPOSの導入を開始し、1977年には全店にPOSシステムを展開している。POSの大きな機能であるクレジットカードの扱いについては丸井が1974年にPOSによるクレジットの信用照会システムを開始し、1977年には全店オンラインシステムを完成させている。

　このようにPOSシステムそのものは1970年代前半から導入されていたのにもかかわらず、商品コードの統一化と、手間ひまのかかるバーコードや値札を商品に取り付けるマーキングを誰がするかなどの問題があり、流通業全般に広く導入されるには至らなかった。POSが広く普及するようになったのは、1982年から1983年にかけてのセブン-イレブンが全店にPOSを配備した以降である。

　POSから得られる効果にはハードメリットとソフトメリットがある。ハードメリットはPOS機器を利用することから得られる効果であり、JANコードを読み取ること、クレジットカードのオーソライゼーション、レシートの発行、金銭処理、売上データの本部への転送などから得られる効果、具体的には伝票の記入、帳簿への転記、集計などに対する事務の効率化、省力化にある。

　ソフトメリットはPOSデータを活用することから得られる効果であり、売れ筋・死に筋情報の活用、無駄な在庫の削減、マーチャンダイジングへの活用、店舗運営への活用、全体としての総合経営管理の向上などがある。今回の調査企業であるセブン-イレブン、大丸では、POSデータの活用と仮説検証方式との併用によって最大限の経営効果を発揮している。POSシステムは今や小売業の総合経営情報管理システムとなっている。

4）VANによる企業間ネットワークの拡大とSIS（1985年～）
（1）VANの登場

　1985年4月に画期的な通信の規制緩和が行われた。これを契機に複数の第一種通信事業者が生まれ、第一種通信事業者から回線を借りてユーザにまた貸しする第二種通信事業者によるVAN（Value Added Network）事業が登場した。

　VANは認可制によるVAN業者がVANサービスを提供し、利用者はそのVANサービスに参加すれば、参加者相互間で電子データ取引を行うことができるようになる。VANサービスはn対nの企業間データ通信を可能にするもので、そのサービス内容は、プロトコル変換による参加者間のメッセージ交換、参加者間での引合い・見積り、受発注、請求書処理、決済などである。

　VANには業界VAN、地域VAN、共同VAN、メーカ系列VANがある。業界VANは業界単位の情報基盤を形成するもので、たとえば、日用品、化粧品業界では業界VANの第1号となったプラネットがあり、酒類・加工食費業界ではファイネットが、家電業界ではE-VANがある[7]。

　地域VANは地域商店街の卸と小売などが共同でVANを形成して運営するものであった。しかし、地域VANは自力で情報ネットワークを持ちにくい中小の小売店が加入する形になり、特定の地域を除いて当初構想されていたような順調な発展はとげなかった。

　VANの効果には次のようなものがある。
① 現在使用しているコンピュータ、端末などの環境からそれらを変更することなく、そのままの環境で他企業と情報交換をすることができる。
② 独自にネットワークを構築するより安価にできる。
③ 複数企業相互間での受発注、入出荷、請求などの情報を標準化された形で容易に扱うことが出来るので、事務処理費用の削減、省力化が図れる。
④ 情報のタイムリー化によって物流在庫を含めた在庫の削減が図れる。
⑤ 業界情報、地域情報などの経営情報を得ることが出来るようになり、高度な経営管理が可能となる。

(2) SIS の出現と VAN

　1980 年代後半は、戦略的情報システム（SIS：Strategic Information Systems）が喧伝された時代で、SIS の有力な形態として、大手企業による顧客や取引先をネットワーク化して囲い込むシステムが進展した。その代表例はアメリカン航空の CRS（予約システム）による旅行代理店の囲い込みであり、日本では花王の受注代行サービスなどによる小売店の囲い込み、丸井のカードによる顧客の囲い込みシステム、またセブン-イレブンの情報の戦略的活用がよく引き合いに出された。その他、食品業界、スポーツ用品業界、書籍業界などでも同様な競争戦略が展開された。

　こうした SIS のネットワークには企業独自のネットワークシステムもあったが、多くは VAN を使ったものであり、VAN が顧客の囲い込みに使われた。たとえば、大手メーカが販社、小売店を含む独自のネットワークシステムを構築したのに対し、その他のメーカは、メーカと卸売り間の共同 VAN を構築して対抗したこと、また大手商社が小売店をネットワーク化したことに反発して小売店が共同 VAN で対抗したことなどがある。主要なアプリケーションは受発注だけに留まらず、在庫管理など小売店の業務そのものを代行するサービスであった。

　流通業における EOS、POS、VAN の 3 つは融合的に発展していった。EOS データ、POS データは VAN を経由して必要なところに送られ、そこではデータの蓄積・分析が行われる。物流を含めた企業間の受発注取引も盛んに行われるようになり、ビジネスの効率化とスピードアップ、さらには競争戦略への活用、総合的な経営管理への活用とその活用領域を高度化していった。

5）EDI への展開（1990 年代〜）

　VAN は特定の業界、地域、メーカに限られたものであったが、次第にすべての業界、すべての相手と相互に取引できる共通なプロトコルを確立する必要性に迫られていった。そのために生まれたのが EDI（Electronic Data Interchange：電子データ交換）である。EDI は 90 年代に入って実用化され、単な

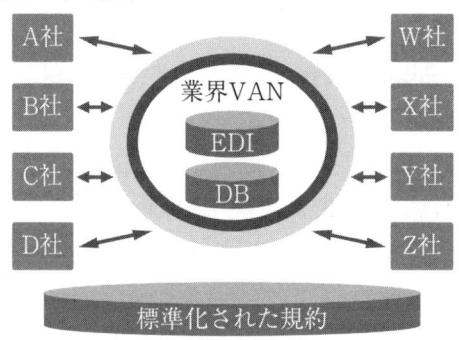

図表4-6　理想的標準EDIと業界VAN[8]

（図：A社、B社、C社、D社、W社、X社、Y社、Z社が業界VAN（EDI、DB）と双方向にやり取りし、その下に「標準化された規約」）

る受発注業務だけでなく、入荷検品、受領、売上、仕入、請求支払いなどを扱える企業間データ交換システムとして発展していった。

　大手企業などが独自に開発したEDIを個別EDIと呼ぶことがある。個別EDIが乱立してしまうと、後から標準的なEDIを構築することは困難になる。EDIシステムは、標準のデータ交換フォーマットにしたがった情報交換できるようにすべきであり、標準的なEDIを確立するのがEDIの理想型である。

　標準的、理想的なEDIの1つの例としてプラネットが提供しているVANサービスがある。図表4-6にそのイメージを示した。そこには標準化された規約、EDI、データベース機能が組み込まれている。標準化された規約としては、①EDI取引規約、②運用ルール、③フォーマット、④通信プロトコルを定めている。また、標準化された規約に基づくEDIを標準EDIと呼び、データベース機能は商品コード、取引先コード、拠点コードなどをデータベース化し、それを活用した企業間電子データ取引を可能にしている。

　現実の世界では、商品コード、取引先コードを独自の体系にしている卸売業、小売企業が多い。また、新商品が続々登場する一方、生産中止の商品もある。商品マスタを常に更新し、維持することは想像以上に困難で、各社にとってかなり負担となっている。プラネットは業界標準の情報インフラとなることを目指すために、現状では費用対効果が上がりにくいが、データベースの整備

に力を注いでいる。

6）QR、ECRによる製販同盟からSCMへ（1990年代）
（1）流通業のBPRであるQR、ECRの発展

　米国では、1984年にアパレル業界が協議会を設立してバイ・アメリカン・キャンペーンを開始し、40％を超す輸入品の低価格化に対抗するため、メーカと卸売業と小売業が提携し共同で流通段階のコスト削減努力を開始した。これがQR（Quick Response）と呼ばれることとなる。日用雑貨品業界では、87年に大手のP&Gとウォルマートが ECR（Efficient Consumer Response）の取引を開始する。食品業界では米国の食品マーケティング協会が、1993年にECRレポートを発表し、ECRを導入するとドライ食品の小売りコストを10.8％下げ、業界全体で300億ドルのコスト削減と、41％の在庫削減が可能だとしてECRを促進している。

　わが国では90年代前半からQR、ECRが推進され、衣料品関係ではユニフォーム製造大手のサンリットが特約店と、下着メーカのワコールが丸井や岩田屋とQRを始めている。日用品雑貨関係では花王とジャスコが、食品関係では食品卸売業の菱食が主体となって菱食とメーカ間でのECR、菱食と小売業間でのECRという日本型独自の2つのECRを展開している。

　QRは市場にすばやく反応すること、ECRは消費者にすばやく効率的に対応することを意味しているもので、両者はほぼ同じ概念である。両者ともEDIで取引をしている企業間で、需要者側が供給者側に在庫数量を開示することなどによって、供給者側との取引を迅速化しようというものである。

　メーカと小売業の提携はさらに進化し、小売業側がサプライヤ側にある部分の在庫管理を任せ、自動的に商品を補充していくCRP（Continuous Replenishment Program：連続補充方式）、また、小売業側が販売計画も開示することによって、サプライヤと協働でより精度の高い補充システムを実現するCPFR（Collaborative Planning, Forecasting and Replenishment）に発展している。

　QR、ECRはわが国では製販同盟とも言われ、90年代前半に出現したBPR

と同期化したことから流通版 BPR として考えることができる。

(2) SCM への展開（1995 年～）

SCM（Supply Chain Management）は、調達から顧客に製品を提供するまでの企業内、企業間にわたるすべてのビジネスプロセスの連鎖、すなわちサプライチェーンを、全体最適の観点から再構築する経営手法である。流通業においてはデマンドチェーンとも解釈され、顧客ニーズへのスピーディな対応を図るため、また変化する需要と供給計画を同期化させる手法として取り入れられ、最前線情報の共有化、調達リードタイムの短縮、物流改革、精度の高い需要予測手法の開発などが推進された。その結果として売上の増大、在庫の削減、業務運用費用の削減を果たしている。

SCM はその定義からしても QR、ECR のコンセプトと近く、QR、ECR の延長線にあるといえる。SCM の方がより包括的で、情報システムの範囲もサプライチェーン間での情報共有をはじめとして、電子商取引システム、需要予測システム、全体最適化のための需給調整と最適計画化システム、在庫補充計画システム、ロジスティックシステムなどが含まれる。

SCM はわが国においては大手企業はもちろんのこと中小企業においてもなんらかの形で SCM の実現に向けての努力をしている。

7）インターネットを活用した EC の発展

1990 年代後半から 21 世紀初頭にかけては、インターネットを利用した B2B（企業間取引）、B2C（企業消費者間取引）、C2C（消費者間取引）のビジネスを含んだ e-ビジネスと、これらに EDI を包括した概念としての EC（Electronic commerce：電子商取引、e コマース）が発展した。その結果、B2B については、ビジネスが電子的な情報交換をベースに行われることが当たり前のように感じられる時代になった。

EC におけるネットワークも、VPN（Virtual Private Network）技術を用いてインターネットをネットワークの本体として利用する動きも出ている。また、

Web-EDI は、大企業の資材調達、受発注の場として、あるいは中堅、中小企業の B2B 参画を容易にする手段として注目を集めている。しかしながら、流通業における日々大量の取引においては、個別にウェブを通じて受発注するのは限界があるとされており、酒類・加工食品、日用品の業界では、小口の取引を行う中小の卸や小売店に限定的に利用されている程度に留まっている。

　B2C、C2C は、小売業にとっては Web を通じての販売であり、ネット販売、e-マーケティングなどの新たなチャネルが提供されたことになる。

4.2.4　流通情報システムの課題と今後の展開

EDI から流通 BMS へ　これからのグローバル化の拡大を考えると、日本の標準と国際標準をどのような形ですり合わせるかが大きな問題となる。経済産業省では、2006 年度から 3 カ年計画で「流通システム標準化事業」を実施し、それらの標準的な仕組みの実用化を検討している[9]。この検討のなかで、その標準 EDI を今後「流通ビジネスメッセージ標準」（流通 BMS）と呼ぶことを決め、すでに小売卸業間、卸業メーカ間の標準 EDI の実証実験を進めている（図表 4-7）。実験対象としては酒類・加工食品、日用品が最初のターゲットであり、生鮮、アパレル、百貨店などへの拡大も動き出している。流通 BSM については成功への期待が大きい。

RFID の活用　流通情報システムに関わる注目すべき情報技術は RFID（Radio Frequency Identification：電波による個体識別）あるいは無線 IC タグである。RFID はトレイサビリティの活用に加え、物流面での多頻度バラ物流、一括物流、ノー検品、売り場別納品物流などを可能とする物流革新と、従来のクレジットカードに加えて、Edy、nanaco などの電子マネー、電子マネーの機能を果たす SUICA、PASMO などの交通機関の IC カードやお財布携帯などの活用があり、消費生活にかかわる決済面に大きな影響を与えてきている。

図表4-7 流通BMSの検討経緯と今後の方向

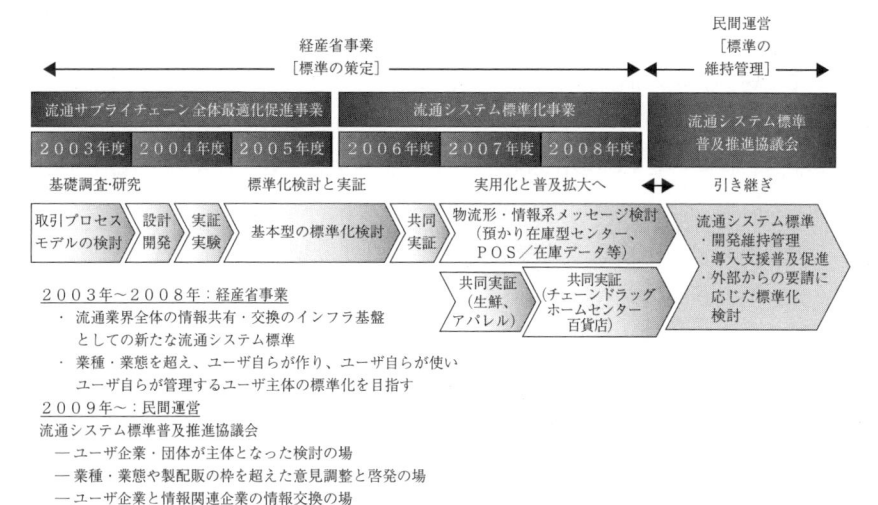

経産省事業[標準の策定]	民間運営[標準の維持管理]
流通サプライチェーン全体最適化促進事業 / 流通システム標準化事業	流通システム標準普及推進協議会
2003年度 2004年度 2005年度 / 2006年度 2007年度 2008年度	
基礎調査・研究 → 標準化検討と実証 → 実用化と普及拡大へ	引き継ぎ

- 取引プロセスモデルの検討 / 設計開発 / 実証実験 → 基本型の標準化検討 → 共同実証 → 物流形・情報系メッセージ検討（預かり在庫型センター、POS／在庫データ等）
- 共同実証（生鮮、アパレル）
- 共同実証（チェーンドラッグ、ホームセンター、百貨店）
- 流通システム標準・開発維持管理・導入支援普及促進・外部からの要請に応じた標準化検討

2003年〜2008年：経産省事業
・流通業界全体の情報共有・交換のインフラ基盤としての新たな流通システム標準
・業種・業態を超え、ユーザ自らが作り、ユーザ自らが使いユーザ自らが管理するユーザ主体の標準化を目指す

2009年〜：民間運営
流通システム標準普及推進協議会
——ユーザ企業・団体が主体となった検討の場
——業種・業態や製配販の枠を超えた意見調整と啓発の場
——ユーザ企業と情報関連企業の情報交換の場

グローバル化への対応　グローバル化が進展する中、わが国の流通業が海外にグローバル展開する場合には、今後グローバルレベルでのSCM実現が1つの鍵になる。逆に、90年代以降アメリカのウォルマートやフランスのカルフールなどの大手小売企業がグローバル展開し、日本に進出してきている例がある。海外からの参入企業は、国際企業としてのビジネススタンダードと国際標準としてのビジネスプロトコルを用いてビジネスを推進している。わが国流通業がグローバルビジネスに対応していくためにはこうしたビジネススタンダードと国際標準としてのビジネスプロトコルを整備する必要がある。

4.2.5　おわりに

　日本の流通システムは多段階で、複雑である。米国のような広大な国土で、大きなトラックで大量に商品を運び、バックヤードにその商品を置いておけるような環境と、わが国の人口密度と土地単価が高く、密集した場所の狭い店舗という環境との違いを考えれば、両者にはおのずと違った仕組みが必要になる。トラックが1日何台もやって来て、荷物を少しずつ置いていくのでは効率

が悪いし、環境にも悪い。かといって大量の商品をストックしておく場所もない。結局工夫されたのが、いろいろなメーカの商品を混載したトラックが来て、売り場ごとに商品の入った通い箱（プラスチック容器）を置いていく方式である。店では通い箱の数だけ確認すれば、後は箱から取り出した商品をそのまま並べればよいというのが現在の酒類・加工食品、日用品業界の流通の姿である。

このためには、EOS による受発注データだけでなく、納品・受領に関するデータ交換も必要になる。もちろん、物流の側面では、多くのメーカの各種商品を1カ所の物流センターに集積し、そこでデジタルピッキングができる体制を整える必要がある。

これらの仕組みを実現させたのが情報システムである。情報システムがあればこそ、このような現在の流通業の姿をもたらすことができたわけで、その意味では、情報システムは企業の経営への貢献というより、流通業界全般への貢献を果たしているというべきである。

一方、技術的に可能であっても、現実にはなかなか進まないことがある。これが流通情報システムにおける EDI から得られる教訓である。技術的には 90 年代初頭時点で、十分完全な EDI システムの導入が可能であったが、業界ごとのレベルでもなかなか標準 EDI が確立されず、今なお 80 年代から引き続く通信手順としての J（JCA）手順、標準データフォーマット、ターンアラウンド用統一伝票の3点セットを使い続けている。

しかしながら、前述した流通 BMS は、この現状を打破する標準化の切り札と実務では認識されつつある。2009 年 4 月通算 6 年間の経済産業省の委託事業を引き継ぎ、流通システム標準普及推進協議会が設立された。協議会の正会員はユーザ企業で構成される業界団体組織、支援会員は流通 BMS を推進するための情報関連企業が占め、正会員 44 団体、支援会員 83 社でスタートし、2010 年 2 月末には、正会員 47 団体、支援会員 125 社に増加している。実証実験に参加した多くの企業は、そのまま本格稼動に移行し、流通 BMS で接続する企業数を飛躍的に増やしつつある。2009 年 10 月には、生鮮食品版のメッ

セージを基本形メッセージに統合する Ver.1.3 が公開された。今後の流通に関するシステム化には、必ず流通 BMS に準拠しているかどうかが問われる状況になり、今後数年で日本の流通情報システムが大きく変わる可能性がある。

4.3 金融業における情報システムの発展

4.3.1 はじめに

　金融業における情報システム（金融情報システム）は、個別金融機関の経営戦略の実現手段であるとともに、金融システム全体を支えるインフラとして機能し発展してきた。金融情報システムは情報技術革新、経済・社会環境変化、行政・法制度改革、個別金融機関の経営戦略、などが相互作用しながら共進的に高度化してきた。情報技術は金融サービスの情報化、グローバル化を促進し、金融システムを高度に変質させてきた。

　「金融」とはお金を融通することである。金融取引とは資金融通に関する直接・間接的な資金のやり取りのことである。金融取引の円滑化に業として貢献している経済主体を金融機関と呼ぶ。金融機関はどのような方法で金融取引の円滑化に貢献しているかによって図表 4-8 のように分類される。

4.3.2 銀行中心型システムから市場型間接金融システムへのシフト

　金融システムとは、金融取引を円滑に行なうための制度（法律、規制、慣行など）や仕組み（構造、金融機関の形態、インフラなど）であり、その下で実現される金融機関、企業、個人など各種の経済主体の取引行動様式を含めた概念である。それぞれの国の歴史的な経緯を反映した経路依存性システムである。

　金融システムは、図表 4-9 に示したように銀行中心型システムと市場中心型システムに分けられる。資金提供において、銀行による資金仲介が重要な役割を果たすのが銀行中心型であり、市場が重要な役割を果たすのが市場中心型である。銀行制度は商業銀行主義と兼業銀行主義に分けられる。商業銀行主義

図表4-8　金融機関の種類

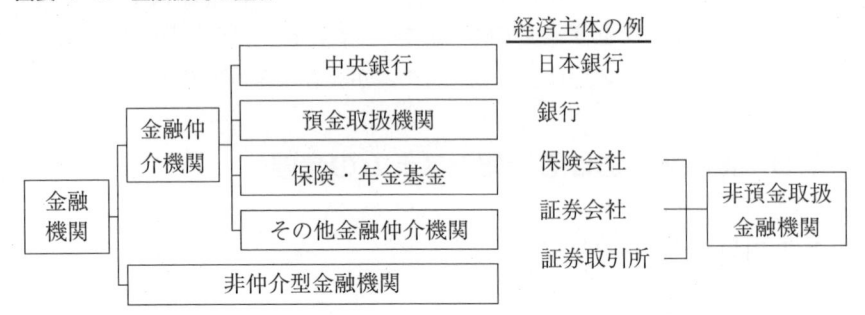

金融機関	金融仲介機関	中央銀行	日本銀行	
		預金取扱機関	銀行	
		保険・年金基金	保険会社	非預金取扱金融機関
		その他金融仲介機関	証券会社	
	非仲介型金融機関		証券取引所	

経済主体の例

出所）日本銀行調査統計局「資金循環統計の解説」(05.12) を基に作成

は、銀行は短期金融業務を中心に行い、証券業務や長期金融などはそれぞれの業務に特化した専門金融機関が行うべきとする主張である。兼業銀行主義は、両方の業務を兼ねて行うべきであるとする考え方である。

　わが国金融システムの特徴は「銀行中心型の商業銀行主義」である。その理由は、戦後の脆弱な経済をたて直すため、資金が銀行を通じて流れる仕組みを、行政が制度として強制したからである。資金の流れを市場に任せるのではなく、預金として銀行に集め、政府が重要と考える産業に必要な資金を割り当てる銀行中心型の制度が確立された。経済成長は軌道に乗り高度経済成長を遂げた。

　わが国金融システムが目指すあるべき姿は、銀行中心型と市場中心型が共存する「市場型間接金融システム」（図表4-10）である。銀行制度としては総合金融サービスを提供するユニバーサルバンキングであるとされている。

　経済が欧米と肩を並べ、成熟化してきた段階（80年頃以降）では、銀行中心型はそれまでのようにはうまく機能しなくなってきた。成熟経済においては、どのような企業や事業が今後伸びるのかは分からない。また、企業や事業の破綻はある確率で必ず発生する。銀行貸出は元本保証した預金を原資としているため、リスクの大きな金融にはなじまない。このような環境では、企業が市場を通して資金を調達し、広く投資家がリスクを負担する市場中心型の機能

図表4-9　金融システムの現状と目指すべき方向

銀行制度＼金融システム	銀行中心型システム	市場中心型システム
兼業銀行主義 （ユニバーサルバンキング）	フランス ドイツ	
商業銀行主義	日本	英国　米国

註）⇨は目指している変化の方向を示す　　　市場型間接金融

　も活用する必要がある。しかし、金融技術は高度化し、金融取引は複雑化しているため、家計や企業がプロの参加者の世界である市場中心型システムに直接アクセスするのは有効なやり方とは言えない。このため、資金提供者と市場の間、市場と資金需要者の間に、リスクを調整する専門金融機関（図表4-10の金融機関①、②に相当）が入る市場型間接金融を目指そうということである。

4.3.3　金融情報システムの特徴と変遷
1）金融情報システムには信頼性・使用可能性・法令遵守性が特に強調される

　製造業や流通業における基幹業務では、資材や製品または商品といった「モノ」の扱いが不可欠である。しかし、金融業においては「情報処理」が中心でありモノが問題となる領域は限定されている。現金、有価証券などの「現物」もあるが、モノと比べると、種類も量も少ない。更に、現金や有価証券は、条件さえ整えば電子化（ペーパレス化）が可能であり、事実その方向に向かっている。つまり、金融業は他の産業に比べて、業務そのものの情報処理依存度が強い。このため、情報システム化には比較的早い時期から取り組んでいた。

　金融情報システムには信頼性・使用可能性・法令遵守性が特に強調される。その理由は他の産業のそれとの比較で、次の3つの特徴があるからである。
① 情報システムの機能自体が商品・サービスを直接的に具現している（他産業においては本来業務を支援する位置づけにあるのとは対照的である）。
② 公共性が高い業務であり、規制色が強く、業界全体での対応が求められる

図表4-10　市場型間接金融システム

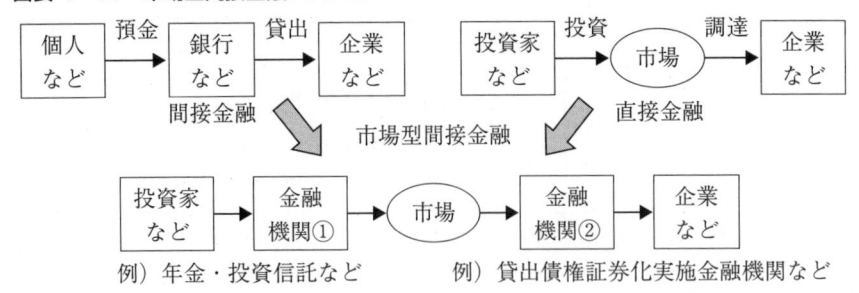

```
個人     預金   銀行    貸出   企業          投資家   投資   市場   調達   企業
など    ───▶  など   ───▶  など          など    ───▶       ───▶  など
              間接金融                                   直接金融
                        ⬊ 市場型間接金融 ⬋

投資家    金融          金融     企業
など  ─▶ 機関①  ─▶ 市場 ─▶ 機関②  ─▶ など
     例）年金・投資信託など    例）貸出債権証券化実施金融機関など
```

出所）池尾和人著「市場型間接金融の経済分析」(2006) 日本評論社を基に作成

場面が多い。制度対応や標準化対応などを、待ったなしで迫られる。
③　扱う情報は顧客の金融資産情報であり絶対的な正確性が求められる。また、情報システムの利用者は顧客自身であることが多い。

　金融機関がどのような機能を発揮して金融取引の円滑化に貢献しているか、業態によっても情報システムのあり方が変わってくる。「即時性」と「情報活用」の2点から見てみよう。

　預金取扱金融機関である銀行は、資金決済機能を担っている。決済機能は単独の銀行ではなく、金融機関相互間のネットワークで提供している。顧客利便性や決済リスク縮減の観点から「業界全体での即時性」が求められる。証券会社の場合、例えば株式は通常、証券取引所を通して取引され買値と売値が一致したときに売買は成立する。同じ価格の取引が多数ある場合、少しでも早く市場に注文を出した者に優先権がある。このため、証券会社の注文システムには「瞬時の即時性」が求められる。最近ではミリ秒単位の即時性が問題になるため、証券取引所のデータセンタに証券会社のサーバを設置するコロケーション（Co-Location）サービスも現れている。物理的距離の短縮によりレイテンシ（ネットワーク機器におけるデータ授受の遅延）の低下を実現するのが目的である。また、売買注文は朝の一時期に集中するため、瞬間的な量的処理能力も要求される。同じ「即時性」でも、銀行と証券会社では性格が異なる。

　次に「情報活用」であるが、証券会社には市場利用者に対する情報提供が欠

かせない。多数の市場参加者が「情報発信」して、競り合いで、価格・取引量・取引相手などが決定されるからである。一方、「情報生産」（相対で借手の支払い能力を審査すること）によりコア・ビジネスが成り立っている銀行にとっては、生産した情報は自分のために活用するものであり公開する性格のものではない。金融情報システムの分類に基幹系（＝勘定系）システム、情報系システムという言葉がしばしば使用される。銀行で情報系システムと言った場合、銀行内部で活用する情報を司る情報システムを指す。一方、証券会社の場合、顧客（機関投資家や個人投資家）に提供する情報を司る情報システムを指す。

2）金融情報システムは環境変化に対応して進化する形で高度化してきた

金融情報システムの変遷を図表4-11に示した。情報技術は、高度成長期には事務の合理化・省力化に、安定成長期には商品・サービスの高度化に、平成不況・金融ビッグバン以降期には経営管理の高度化や金融システムインフラ強化に活用されてきた。以下、金融情報システムが時代とともにどのように発展してきたか、年代を追って3期に分けて概観する。

4.3.4　高度経済成長期の金融情報システム（1950年代後半～73年）
1）営業店の事務合理化・省力化から出発し、商品特性をも高度に変質させた銀行第一次オンライン

銀行は企業からの旺盛な資金需要に応えるため「大衆化」戦略のもと、個人から預金を集めた。1970年頃からは個人を融資対象としても見直し始めた。これらの動きに伴い増大した事務量に対処するため、50年代初頭に導入したPCS（パンチカードシステム）に替えて、50年代後半にはコンピュータを導入した。商業手形割引事務や総勘定、預金の集中事務などに活用された。

1965年5月、銀行窓口業務で最も大きな部分を占めていた普通預金のオンラインシステムが三井銀行で稼動を開始した。住友銀行のように当初から預金・為替・貸出を対象に総合オンラインを稼動させた（1967年7月）例もあっ

図表4-11　金融情報システムの発展経緯

年代	高度成長期（55〜73年）	安定成長期（74〜91年）	平成不況・金融ビッグバン以降期（91年〜）
経済社会	高度経済成長 投資超過経済（資金不足）	貯蓄超過経済（資金余剰） バブル期（86〜91）	バブル崩壊、少子・高齢社会、経済ストック化進展
金融行政	護送船団行政（参入・業務分野・金利規制） 分業主義	漸進的な規制緩和 国債大量発行（財政収支悪化）	金融再生、金融ビッグバン 金融改革、システム改革 国際競争力強化
金融システム	銀行中心、系列金融 オーバーローン メインバンク制	グローバル化（国際化） 情報化 自由化（金利）	BIS規制 金融再編、業際垣根撤廃 市場型間接金融シフト
企業	安定的資金調達重視 （銀行・企業の密接関係）	資金の効率的管理・運用重視 （財務の時代）	企業と金融機関は戦略的パートナ関係
家計	銀行預金中心、高貯蓄率	預金が引き続き支配的	「貯蓄から投資へ」の萌芽
情報技術活用	合理化・省力化	商品・サービス高度化 金融派生商品開発 経営情報提供	経営管理機能強化 ビジネスモデル実現手段 金融システムインフラ強化
情報システム	PCS・コンピュータ導入 銀・証第一次オンライン センターカットシステム 全銀データ通信システム 自動化機器（CD・AD）	銀・証、二・三次オンライン CMS、情報提供サービス 一括支払システム ATM共同利用システム 日銀ネット、SWIFT	総合金融サービス ホームディーリング ホームバンキング リスク管理高度化 決済システム高度化
開発運用	自前主義	協力会社 システムインテグレーション	アウトソーシング システム共同化

たが、多くの銀行では科目単位にオンライン化を開始し、対象範囲を逐次拡大して多科目オンラインへと発展させた。都銀は1960年代後半、地相銀は一部の銀行を除いて70年代に入ってからオンラインを稼動させた。以後、銀行業界の情報システム化は都銀が先行し、数年遅れで地相銀が追随するパターンができた。

　普通預金を例に、事務の合理化・省力化以外の、オンライン化により実現した機能を示すと、次の通りであった。
① 本支店間ネットサービス（口座開設店以外の僚店での取引）
② 公共料金自動口座引落しや給与振込など（「センターカット」方式による）
③ CD（現金自動支払機）など顧客操作自動取引機器の導入

本支店間ネットサービスは、オンライン化に伴い元帳がセンタ集中されたことにより、口座開設店（紙元帳保管店舗）以外での取引が可能になったものである。「センターカット」と呼ばれる公共料金自動口座引落し（電話料金が最初、1960年2月）や給与振込（1969年3月）などの振替バッチ処理も、オンライン化により営業店元帳データが事務センタに集中されたことにより本格的に普及した。自動振替を希望する企業が振替データを銀行事務センタに磁気テープで持ち込むようになって（1970年10月）、その省力効果は一段と顕著になった。

1971年8月にはオンラインCD（現金自動支払機）が稼動し、CDの本格的活用が始まった。合理化・省力化に顧客利便性の観点が加わった。

オンライン化は普通預金の商品特性を高度に変質させたと言える。

センターカットやCDなどが社会に受け入れられた背景には、顧客の銀行に対する確かな信頼と、顧客の信頼を得るに足る銀行情報システムの信頼性・使用可能性があったことを見逃してはならない。

1973年4月には新内国為替制度を実現する全国銀行データ通信システム（全銀システム）が稼動した。国内の金融機関の間で振込み等に関する通知の授受と決済を行うためのオンラインシステムである。加盟対象範囲の拡大、資金決済効率向上、安全性向上のため、数次のシステム更改を経て、わが国決済システムの中核として大きな役割を果たしている（現在は第五次全銀システム）。

2）事務合理化に加えて営業への活用を企図した証券第一次オンライン

証券業界では公社債市場は未発達な状態にとどまり、株式ブローキング（委託売買）業務が中心であった。戦後、明確な株式保有層は存在しなくなり、株式は一般個人などに売り込まれた。一般個人株主層を対象とした営業活動や株式売買件数の増加は、証券会社に事務量の増加をもたらした。「証券の民主化」、「株式の大衆化」、「証券貯蓄」の名の下に、大手証券会社が取扱を開始した株式投信（1951年6月）、積立式投信（1956年10月）、自動継続投信（1960

年4月）が注目を浴び、事務量は急増し、その合理化が急務であった。

　支店事務の集中処理化を図るべく、1957年9月、野村證券ではIDP（Integrated Data Processing）方式を導入した。支店事務を本社に集中するため、コンピュータとテレタイプ（電動式タイプライタで紙テープを作成する）を連動させ、テレタイプで作成した紙テープ内容を本社に伝送し、一括集中処理するシステムである。日興証券でも同様の方式を開始（1961年10月）した。

　IDPシステムは、事務処理を支える中核システムとして約10年間活用された。しかし、データ量増大への対処は次第に困難になり、オンラインシステムの開発が計画された。最初に開発されたのは株式注文オンライン処理システムであり、1968年7月に野村證券で稼動を開始した。1969年11月には、大和証券でも株式業務を皮切りに第一次オンラインシステムが稼動を開始した。

　1970年12月には「総合口座ファイル」を中心に証券総合オンラインが野村證券で稼動した。コンピュータを営業にフルに活用する企図があった。

4.3.5　安定成長期の金融情報システム（1974年〜1990年）

　わが国経済は、為替変動相場制への移行や石油危機（いずれも73年）を経て、高度成長期から安定成長期に入った。企業は資金を蓄積し、設備投資需要は低調になり、企業の外部資金必要性は縮小した。個人金融資産も増加した。投資超過（資金不足）経済から貯蓄超過（資金余剰）経済への転化である。

　国民総生産は1968年には世界第二位になったものの、社会保障制度など質の面では他の先進国に遅れていたため、経済政策は大きく舵を切った。社会保障制度充実のため財政赤字は拡大し、70年代後半には国債が大量に発行された。

　70年代には企業の海外進出も急激に進展した。相次ぐ資本自由化政策により大企業や優良企業は国際資本市場で資金調達が可能になった。企業の海外進出に伴う金融国際化と、大量に発行された国債の市場での消化という二つのコクサイは、70年代後半以降、金融自由化を段階的、漸進的に促進させた。

　情報技術は金融自由化に対応して、一層の事務効率化を図ると共に、商品・

サービスの高度化などに幅広く活用された。資金の蓄積が進み「財務の時代」を迎えた企業には「資金の効率的管理」と「資金の効果的運用」のニーズがあった。銀行は主として資金管理に、証券会社は資金運用に貢献した。

80年代後半、情報技術は金融派生商品（デリバティブ）の開発にも活用された。それまで、取引コストが高いため実行が困難と考えられていたデリバティブ取引が、価格性能比に優れ小回りのきくRISC（縮小命令セット）EWS（エンジニアリング・ワークステーション）の普及により実務的にも可能になった。

クオンツと呼ばれる、高度な数学的手法を使って市場を分析し、投資戦略や金融商品を考案・開発する専門家が誕生した。利用者のニーズやリスク選好に合わせて金融商品を自由に設計できるようになった。

1988年10月には日銀ネットが稼動した。日銀と金融機関との間の資金決済や証券決済をオンライン処理するネットワークである。資金決済として当座預金の決済や外国為替円決済を行うほか、証券決済として国債の決済を行う。

1）総合化され、経営インフラに位置づけされた銀行第二次・三次オンライン

銀行第一次オンラインは科目別の縦割りシステムであり、その合理化・省力化効果は限界を迎えていた。70年代前半に科目横断的な顧客情報ファイル（CIF）を基盤として科目間連動処理が可能な銀行第二次総合オンラインが開発された。CIFは営業支援にも活用された。第二次総合オンラインは、CD・ATMの銀行間共同利用システム（SICS 1980年3月、TOCS 1980年4月、ACS 1980年10月、BANCS 1984年1月など）やSWIFT（国際間銀行データ通信システム、1981年3月）への接続など、ネットワークを拡大していった。

ネットワークは取引先企業にまで外延された。CMS（キャッシュ・マネジメント・システム）と呼ばれる資金管理の合理化・省力化、サービス高度化に活用された。このようなサービスはエレクトロニック・バンキング（EB）と呼ばれ、EBサービスの優劣が銀行取引に直結すると認識されるようになった。

図表4−12　銀行第三次オンラインシステム構造

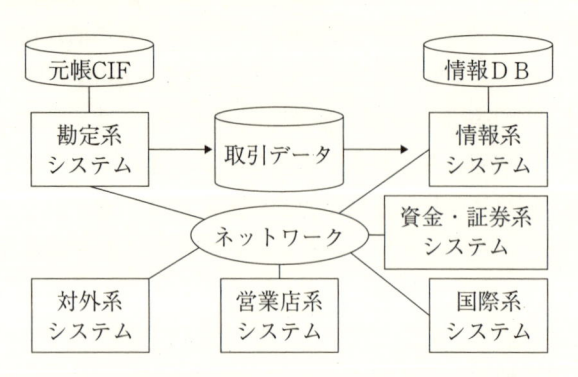

[図：元帳CIF → 勘定系システム → 取引データ → 情報系システム ← 情報DB、ネットワークを中心に、対外系システム、営業店系システム、資金・証券系システム、国際系システムが接続]

　一方、金融自由化に伴う新商品開発ラッシュ、CD・ATMサービスの時間延長、国際化に伴う国際業務や投資銀行業務の支援など、システム機能拡張要求は増加の一途を辿っていた。既存の二次オンラインへの追加変更ではなく、環境変化に柔軟に対応可能なシステムインフラを構築すべきと判断した銀行が第三次オンラインを開発し、80年代後半に稼働を開始した。

　第三次オンラインは、図表4-12に示したように勘定系、情報系、営業店系、対外系、資金・証券系、国際系と呼ばれる6系システムから構成されている。超長期システムインフラの位置づけであり、実現すべき業務機能はインフラの上に逐次実現されることが期待された。

　その背景には銀行を取り巻く経営環境の急激な変化があった。予見困難な新商品・サービス開発競争、銀行の役割変化など、急激な変化にも比較的軽微な労力で対応可能なインフラの構築が優先された。

　情報系システムの充実も大きな特色の1つである。顧客情報等の営業推進情報や収益管理・ALM（資産負債管理）など、経営判断情報を重視した。金融自由化対応に必要な情報活用のため、データを体系的に整備・充実しておくことが三次オンラインの重要課題の1つであった。

2)「預り資産重視経営」へのシフトに貢献した証券第二次・三次オンライン

　証券業界では、国債大量流通を契機として公社債市場が急速に発展した。公社債を株式と並ぶ柱とするため、株式中心の第一次オンラインに替わって証券第二次オンラインが開発され、70年代末に稼動を開始した。

　公社債取引は株式とは異なり、証券取引所ではなく、証券会社が取引の場になる。このため、証券会社は多種類の債券在庫を管理し、複雑な計算を短時間に行う必要がある。債券のリアルタイム在庫管理システムやマンマシン対話処理を重視した債券トレーディング支援システムが必要になる。顧客の売買注文を即時に取引所へ伝達することを目標とする株式注文処理システム（証券第一次オンライン）とは異なった機能が必要になった。

　80年代になって証券会社により、銀行・保険会社などの機関投資家を対象とした公社債・株式のオンライン情報提供サービスが開始された。顧客のパソコンから調査・分析・予測情報を検索できるサービスであり、金融資産を「管理する時代」から「運用する時代」への移行期において大きな役割を果たした。

　1990年には、グローバルな総合金融会社を目指す経営戦略推進のインフラとして、証券第三次オンラインが稼動を開始した。

　証券会社においては、株式売買などの手数料収入重視のビジネスを展開してきたが、80年代になって次第に、顧客の預り資産残高重視の経営にシフトしていた。フロー重視の営業からストックも重視する営業への転換を果たす上で、株式、債券、投信、オプション、先物など全ての商品の取引、預かりを管理する顧客情報システムの充実が大いに貢献した。90年代以降の経営戦略立案・遂行に必要な基本情報を生み出すシステムとして位置づけられた。

4.3.6　平成不況・金融ビッグバン以降期の金融情報システム（1991年〜）

　安定成長期以降は資金余剰時代であり、資金の効率的吸収の仕組みである銀行中心型システムは行き場の無い資金を産んだ。それは不動産や株式投資に向かいバブル経済の一因になった。89年からの急激な金融引締めは株価や地価

図表4-13 証券第三次オンラインの構造

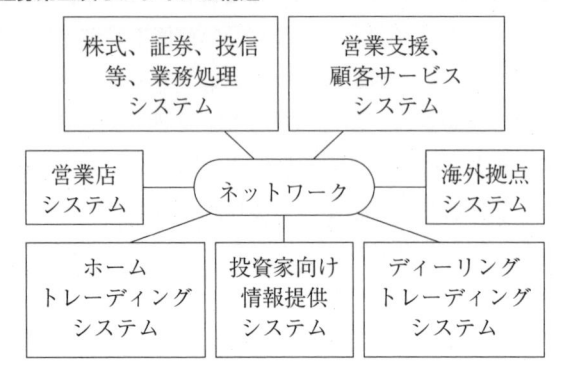

```
        ┌─────────────┐    ┌─────────────┐
        │株式、証券、投信│    │営業支援、    │
        │等、業務処理  │    │顧客サービス  │
        │システム     │    │システム     │
        └─────────────┘    └─────────────┘
┌─────────┐      ┌─────────────┐      ┌─────────┐
│営業店   │──────│ネットワーク │──────│海外拠点 │
│システム │      │             │      │システム │
└─────────┘      └─────────────┘      └─────────┘
   ┌─────────┐  ┌─────────┐  ┌─────────┐
   │ホーム   │  │投資家向け│  │ディーリング│
   │トレーディング│  │情報提供 │  │トレーディング│
   │システム │  │システム │  │システム │
   └─────────┘  └─────────┘  └─────────┘
```

など資産価格の急激な下落を招きバブルは崩壊し、長期経済不況の発端となった。

　行政は、2001年には東京市場をニューヨークやロンドン並みの国際市場にすることを目的に、「金融ビッグバン」の呼称で知られる一気呵成的な金融制度改革（1996年11月～2001年3月）を実施した。金融機関はバブル崩壊後の不良債権処理に追われ、90年代後半には、一部の大手銀行や証券会社が経営破綻に追い込まれた。金融システム危機の勃発である。官民あげての懸命の金融システム安定化努力がなされた。金融危機は克服され、やがて回復期を迎える。

　この時期、情報技術は金融システム高度化・競争力強化に活用された。個別金融機関の経営改善、業態間垣根の規制緩和に伴う総合金融サービス提供、新しいビジネスモデルの開発、資金・証券決済インフラの高度化などである。

　銀行や証券の第三次オンラインは、新しい情報技術などを取り入れて表層的な姿は変化したが、深層の中核部分では稼動を続けている。「金融機関経営の超長期のシステムインフラ構築」という目標達成に向けた設計思想と実装技術が正しかったことを証明し続けている。

　インターネット普及に伴い、インターネット・ホームトレード（1995年2月）やインターネット・ホームバンキング（1997年1月）も開始された。イ

ンターネットは金融業への参入コストを低下させる働きをするため、異業種からの参入や、ネット専業証券会社（1999年6月）やネット専業銀行（2000年10月）なども出現した。

　金融持株会社解禁（1998年3月）以降、大手金融機関は金融コングロマリットを形成し、メガバンクと呼ばれる巨大金融グループが誕生した。金融再編の過程で、M&Aに伴うシステム統合トラブルが発生し、改めて金融機関経営における情報システムの重要性が再認識される皮肉な結果になった。

1）BIS自己資本比率規制はリスク管理、経営管理の高度化をもたらした

　情報技術は経営管理の高度化にも活用された。1993年3月期決算から本格実施されたBIS自己資本比率規制（BIS規制）は、邦銀の経営に「戦後の金融業界が直面する最大の課題」と言われるほどの衝撃を与えた。邦銀は資金量拡大を追求し続け、急激な円高の影響もあって、1989年「アメリカンバンカー」誌の第33回世界大銀行預金量調査では上位12行までを邦銀が占めるというほどに存在感は増していた。BIS規制は経営の量から質への転換を迫り、銀行に高度な情報処理を必要とするリスク資本アロケーション（図表4-14）を始めとして、多くの新しい経営手法をもたらす結果になった。

　BIS規制の考え方は、銀行の資産が持っている潜在的なリスクは、自己資本でカバーされなくてはならない、というものである。元本保証した預金を集めて銀行自身がリスクテイクして運用し、利益を上げている以上、リスクが顕在化した場合は自己資本で損失をカバーしなければならない。

　邦銀の経営管理手法としてのリスク管理は、金融自由化が進展し始めた80年中頃に導入されたALMが最初である。過度なリスクに晒されないように資産・負債の構成割合等を管理し、収益を上げようとする手法である。それまでの邦銀の資産管理は個別貸出案件の厳格な評価、不動産担保の確実な確保が中心であった。預金や貸出をいかに増やすか、残高ベースの経営が続いていた。

図表4-14 統合リスク管理の概念図

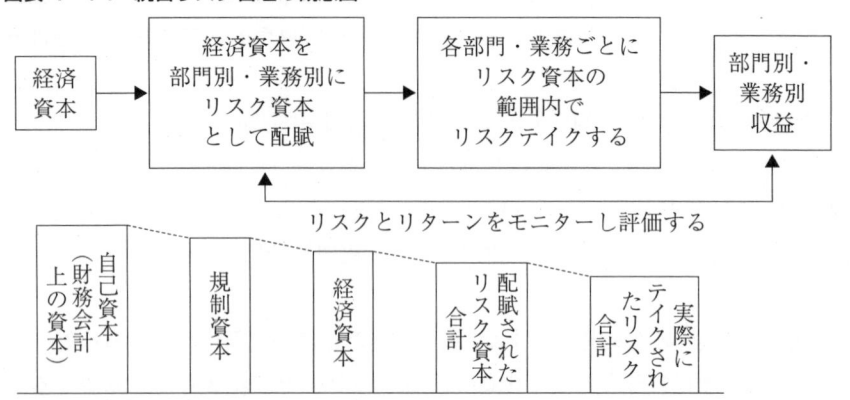

```
経済    →  経済資本を        →  各部門・業務ごとに   →  部門別・
資本       部門別・業務別に      リスク資本の          業務別
           リスク資本             範囲で               収益
           として配賦             リスクテイクする
                ↑                                        │
                └──── リスクとリターンをモニターし評価する ────┘
```

（棒グラフ：自己資本（財務会計上の資本）／規制資本／経済資本／配賦されたリスク資本合計／テイクされたリスク合計／実際にテイクされたリスク合計）

出所）日本銀行金融機構局「統合リスク管理の高度化」（05年7月）を基に作成

2）金融システムの国際競争力強化を図るため、資金決済・証券決済システムの高度化が図られた

　資金決済や証券決済の取引量とクロスボーダ取引の増加は決済リスクへの対応を必要とした。1990年頃からBIS（国際決済銀行）やISSA（国際証券サービス協会）などが、資金決済や証券決済システムが、安全性や効率性の観点から、具備すべき基準を報告書や勧告の形で示している。勧告に従わない決済システムは「安全でないネット決済システム」と呼ばれ、国際競争力に重要な影響を及ぼすため、早急な対応を迫られた。

　日銀ネットにおいては、資金決済や国債決済において国債DVP化（Delivery versus Payment：証券の受渡と資金支払の同時化、1994年4月）、RTGS化（Real Time Gross Settlement：即時グロス決済、2001年1月）などという手法を取り入れリスクの縮減を図っている。2008年10月には新RTGSシステム（ネッティング機能付き＝流動性節約機能付きRTGS）を実現した。全銀システムにおいては、新RTGSを活用して、大口取引のRTGS化を計画している。世界のベストプラクティスでは早い時期から実現していた機能である。

　わが国の証券決済システムは2000年頃まで、世界的水準に比べて遅れていた。国際競争力強化のため、証券決済システム改革を実施し、統一的な法制が

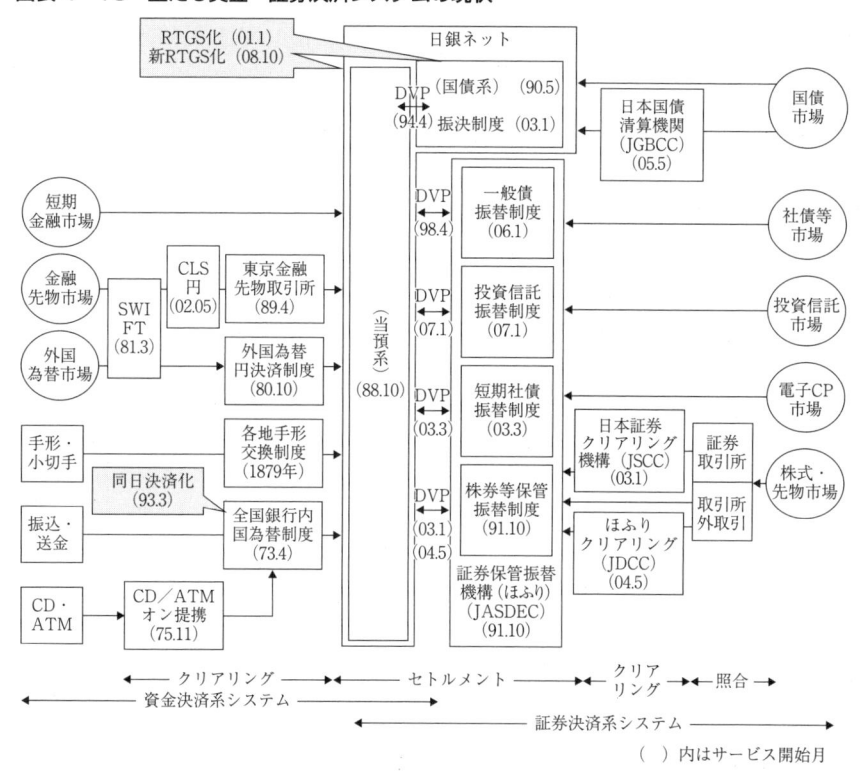

図表 4-15 主たる資金・証券決済システムの現状

整備され、証券決済機関（CSD：Central Securities Depository）、清算機関（CCP：Central Counterparty）、照合機関などの設立・機能拡充が図られた。証券決済プロセスの各段においてSTP化（Straight Through Processing：証券取引の約定から決済に至るまでの一連の取引処理を、人手を介することなくシームレスに処理すること）、各種証券のDVP化が進展した。

現在の資金・証券の決済システムは、図表4-15に示したとおりである。証券決済機関としては国債については日本銀行、国債以外の証券については証券保管振替機構（＝ほふり）に集約された。清算機関は取引所取引の株式に関し

ては日本証券クリアリング機構（JSCC）、一般振替株式（取引所を通さない取引）はほふりクリアリング機構（JDCC）、国債に関しては日本国債清算機関（JGBCC）が扱うことになっている。

　業界全体として証券決済プロセスのSTP化を達成するためには、個別の証券会社や、カストディアン（投資家の証券を保護預かりする機関）としての信託銀行などが社内システムのSTP化を図る必要がある。それに加えて、照合機関、清算機関、決済機関のSTP化、および、それらの連携からなるマーケット・インフラ全体としてのSTP化が必要である。クロスボーダ取引の決済では海外のCCPやCSDとの連携も欠かせない。

　産業界でのEDI普及にともない、商流データと決済データを連動処理する金融EDIに対する要求も強くなった。全銀システムでは1996年12月「マッチングキー方式」による金融EDI対応がなされたが、十分とは言えない状況にある。

　企業間決済に使用される手形については、印紙税負担や物理的な紙の取扱コストを削減するため、優良企業を中心に廃止の方向にある。1986年7月には手形レスシステムである一括支払システムが金融機関統一商品として採用されているが、これも改善の余地が大きい。

　これらの解決策として期待されているのが、2008年12月施行の電子記録債権法に基づく、わが国特有のシステムである、売掛債権の電子登録システムである。金融・証券市場の国際的競争力向上に向かって、経済・金融インフラの整備が着々と進められている。

4.3.7　おわりに

　個別金融機関の事務の合理化・省力化から始まった金融情報システムは、商品・サービスの機能強化、経営管理高度化に活用されるようになり、今では、経済・社会を支えるインフラとして、金融情報システムは、わが国経済の国際競争力を左右するような存在になりつつある。

　証券化技術やデリバティブを活用した、所謂金融ハイテク商品は、銀行、証

券、保険などの業態の垣根を無意味なものにしつつある。情報技術の発展がそれぞれの業態のコア能力の限界を克服し、金融商品を一人ひとりの顧客ニーズに合わせて、リスク・リターンを調整可能にしつつある。

少子高齢化が進行する中で、1,500兆円の個人金融資産の有効活用は国民的に優先度が高い課題である。即ち、「お金にもっと働いてもらう」必要がある。

一方、非金融法人が有する金融資産を含めて2,000兆円以上の金融資産がペーパレスの形で金融情報システムで管理されている。実質、コンピュータに記録されたデータだけが頼りである。年金記録問題が示唆するように、電子化された記録の正確性・安全性の確保のため、官民を挙げての対策、特に、オペ・リスク対策が何にも増して求められる。

注

1 武川達也（1961）、MOS標準経営管理方式、IBM Review1, pp. 40-44
2 IBM (1968), The Production Information and Control System
3 Plossl, G. W. and Wight, O. W. (1971), Material Requirement Planning by Computer
4 IBM（1972）, Communications Oriented PICS Overview
5 CIM研究グループ（1988）、生産革命CIM構築のアプローチ、工業調査会, pp. 30-31
6 中山眞（2006）、ロボットが日本を救う、東洋経済社
7 浅野恭右（1990）、流通VANの実際、日経文庫、p. 111
8 玉生弘昌執筆・監修（2007）、やさしいEDI読本—どうしたらEDIができるのか、㈱プラネット、p. 13およびp. 15
9 http://www.dsri.jp/scmpjt/bms/index.html、経済産業省流通システム標準化事業（2009.5.30）

第5章

産業と社会の要請に応える情報システムのあり方

5.1 産業と社会の要請に応える情報システム

5.1.1 IT と IT 経営の共進化

　現代の企業経営が、また社会が大きく IT（Information Technology：情報技術）に依存していることに異議を唱える者はほとんどいないであろう。すでに半導体は「産業の米」となり、社会におけるさまざまな制度や活動は IT が可能にする高度な情報処理と通信機能が不可欠の、あるいは最重要な要素であるように変化している。組込み型システムの遍在に見られるように、われわれの生活は驚くほど IT に囲まれたものになっている。

　アメリカにおいては、1950 年代中頃から民間企業がコンピュータの導入に取り組み始め、その時々の産業の要請に応えるべく情報システムを構築し、運用してきた。わが国の企業でも、1950 年代の PCS（Punch Card System）の導入に続いて 1960 年前後から事務処理の自動化・効率化を目指したコンピュータの導入が始まり、その後、生産管理、業務管理、経営意思決定支援のための情報システム構築が進められた。1970 年代末から 80 年代にかけての OA（Office Automation）ブームは一般従業員の情報リテラシを向上させ、90 年代以降のクライアントサーバモデルが実現した分散・協調型コンピューティング時代の土台を作り上げることとなった。また、1980 年代末の SIS（Strategic Information System)ブームや90年代初頭のリエンジニアリングブームを経て、日本企業はITの導入・利用に関してすでに世界のトップを切って走ることのできる知識と経験を蓄積することができた。

　他方、政策面を見ると、1971年、82年、85年と3回にわたって行われた通信回線開放によって電気通信の自由化が進められ、FTTH計画の下で光ファイバーケーブルの敷設が国の情報インフラストラクチャ整備の一環として行われた。さらには2001年以降、高度情報通信ネットワーク社会の構築を目指して策定された一連のe-Japan戦略と、ユビキタスネットワーク社会の実現に向けたu-Japan政策によってIT立国への方向性が明確に打ち出されており、官民を挙げてIT活用が促進されてきている。さらに1990年代半ば以降のインターネットの爆発的普及はコミュニケーションコストの劇的な低下をもたらし、企業組織内の壁のみならず、企業の壁、国境の壁をも越える情報システムの構築も可能になっている。

　継続的な技術革新の中で進展し続けるITは、ユーザ企業にそのIT活用の潜在的ニーズを気づかせ、その一方で企業におけるITの利用は、ITに関わる新たな技術革新のシーズをベンダ企業に知覚させ、新規技術の開発とそれを活用したソリューションを生み出させてきた。こうしたITとIT経営の共進化がより豊かな産業と社会を実現させてきているのである（図表5-1）。

　ズボフはITに自動化（automate）と情報化（informate）の2つの機能があることを指摘している[1]。自動化とは、人による業務の遂行をITによって代替することであり、他方、情報化とは自動化のプロセスを通じて業務内容が人によく理解されてくることを指す。このことは、企業にITが導入されるときに、それがどのような技術であるのかが解釈され、その限界が認識されることを意味する。すなわち、ITは、企業がそのビジネスの遂行において必要とする情報の処理と通信に関わる諸機能を実現可能にするイネーブラであると同時に、企業のビジネスプロセスの設計における制約条件としても認識されるのである。

　企業におけるITおよびITベースの情報システムの導入と運用は、ITのこ

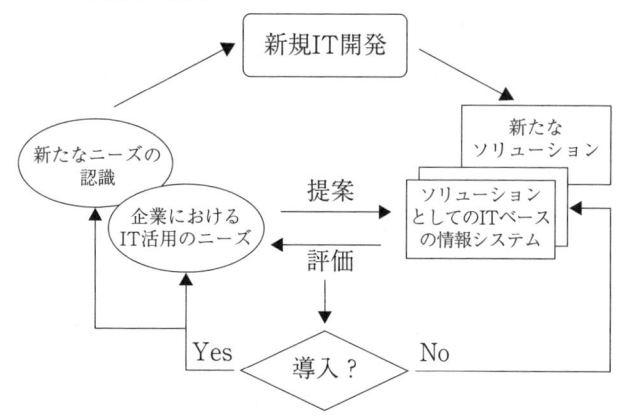

図表 5-1　IT と IT 経営の共進化

```
                    新規IT開発
                   ↗          ↘
                  /            ↘
    新たなニーズの              新たな
       認識                   ソリューション
       ↑                         ↓
       |      提案         ソリューション
    企業における  ←→      としてのITベース
    IT活用のニーズ          の情報システム
       ↑      評価              
       |         ↓
      Yes ← 導入? → No
```

うした2つの側面を十分に考慮に入れたうえで、さらには IT 導入に関する費用対効果を厳格に評価しつつ、経営意思決定に基づいて行われなければならない。かつての SIS ブームの時に見られたように、IT の導入そのものが目的化されることは厳に慎むべきである。それでこそ企業は、それが置かれている環境と自らの身の丈に合った情報化を推進し、同時に新規 IT 開発の提案を行うことができるのであり、IT と IT 経営の共進化を実現することが可能となるのである。

5.1.2　IT に対する産業と社会の要請
1）計算能力への産業と社会の要請

　人間の歴史において「計算をする機械」（computing machinery）への要求は古くから存在している。古代バビロニアや中国では紀元前から算盤が使われていたことはよく知られている。1600年代にはヴィルヘルム・シッカートやブレーズ・パスカル、ゴッドフリート・ライプニッツなどによって歯車式計算機が開発された。1800年代になるとチャールズ・バベッジが階差機関、解析機関と呼ばれるプログラム可能な計算機を構想し、その開発に取り組んでいる。
　計算する能力への人類の欲求は、科学技術の進展につれて、またそれが人間

生活のさまざまな局面に応用されるにつれて大きくなってきた。産業が発達し、農業社会から工業社会へと社会のあり方が変化すると、多大な計算能力はますます不可欠のものとなった。大規模企業の出現、市場の拡大、人口の増加と都市への人口集積、軍事力の拡大などさまざまな要因がより速く正確な計算能力を必要とし、人間による計算を機械に代替させることが必然的な流れになった。ホレリスが 1889 年に特許を取得したパンチカードを利用する電気タビュレーションシステムが、翌年にアメリカの国勢調査のために使われたのはその象徴的な出来事である。

　コンピュータが軍事上の必要性から開発されたことはよく知られている。世界初のコンピュータである ENIAC が 1946 年に開発されたのも、第 2 次世界大戦の勃発を背景とする高い計算能力への要求があったからである。このことは、現在興隆を極めているインターネット技術についてもいえることであり、インターネットの起源である ARPA ネットは東西冷戦の産物である。

　コンピュータ技術の出自が軍事上の必要であった一方で、この汎用性あるいは論理的順応性 (logical malleability)[2]、すなわち論理処理を設定できるどのような活動にも適用することができるという特徴を持つ技術は、民間企業においても積極的に利用されるようになった。この「軍事から民間へ」というコンピュータ技術の開発と普及の構図は今日まで継続的に見られるものである。

　ENIAC の開発からわずか 5 年後の 1951 年に商用コンピュータの第 1 号である UNIVAC I がレミントンランド社（現 UNISYS）で開発され、1954 年に民間企業としては初めて GE に導入されている。その用途は給与計算であり、その後、資材在庫管理に活用された。

　コンピュータの低価格化と小型化、さらには高速化と信頼性の向上は軍事・民間双方におけるニーズであり、このニーズへの対応はコンピュータの論理素子の開発に見ることが出来る。論理素子は第 1 世代の真空管から第 2 世代のトランジスタへ、そして第 3 世代の IC へと発展した。その背景には、折からの冷戦による軍拡競争の中で、アメリカでは大陸間弾道ミサイルの開発やアポロ計画が進められていたという事情がある。そこで発生していたコンピュータに

図表5-2 ムーアの法則

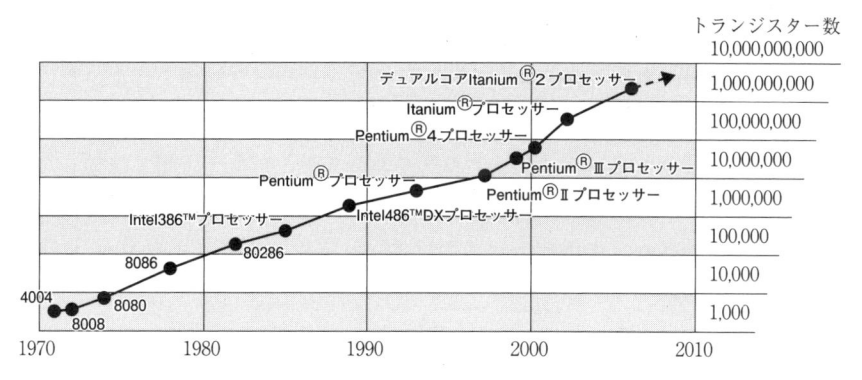

年	プロセッサ	トランジスター数
1970	4004	
	8008	
	8080	1,000
	8086	10,000
	80286	100,000
	Intel386™プロセッサー	
	Intel486™DXプロセッサー	1,000,000
	Pentium®プロセッサー	
	Pentium®IIプロセッサー	10,000,000
	Pentium®IIIプロセッサー	
	Pentium®4プロセッサー	100,000,000
	Itanium®プロセッサー	
	デュアルコアItanium®2プロセッサー	1,000,000,000
2010		10,000,000,000

出所)「インテルの歩み」(http://www.intel.co.jp/jp/intel/history.pdf)

対する小型・軽量・高性能化ニーズが集積回路技術そのものと、その量産化技術双方の進展を後押ししたのである。

その後、集積回路はLSI、VLSIへと著しい集積度の拡大を伴いつつ発展を遂げ、元インテルCEOのゴードン・ムーアが示した「トランジスタの集積度は約18ヵ月で2倍になり、それに反比例してコストは低減する」というムーアの法則は現実のものとなり続けて今日に至っている(図表5-2)。これに伴ってコンピュータのCPUはマイクロプロセッサに、そして記憶装置は初期の磁気ドラムから磁気コアを経て半導体メモリへと置き換えられていくようになる。より高い計算力に対する産業ならびに社会の要請に応える集積技術の革新は、同時に大容量の記憶媒体の利用に対する産業のニーズをも充足するものであった。

2) 通信技術の活用と情報処理技術との統合への要請

通信技術は、コンピュータ技術に先駆けて開発が進められていた。たとえば、モールス電信機の作製は1837年に行われており、電話はグラハム・ベルによって1876年に発明され、1895年にはマルコーニが無線電信機を発明している。わが国においても、1869年に電信事業が東京—横浜間で始められ、

1890年には電話サービスが開始されている。

コンピュータが企業において使われるようになるに従い、地理的に分散した本社・支店などの事業所間で通信を利用したコンピュータ処理を行ないたいというニーズが生じるようになる。わが国では1965年に三井銀行による民間レベルでの普通預金のオンラインリアルタイムシステムが本支店間で稼動した。この時利用したのは電話回線である。電話網とデータ通信網、情報処理技術の統合問題が議論され、実用化されるのはアメリカにおいてさえも1980年代になってからである。

わが国において産業におけるデータ通信ニーズを充足し、企業が情報システムを十全に活用することへの障壁となっていたのは、電信電話公社（当時）が電気通信事業を独占していたことであった。これに対して行政は、3回にわたる通信回線の開放（規制緩和）を行った。その結果1985年の第3次通信回線開放（電気通信事業法制定）によって電信電話公社はNTTへと民営化され、電気通信事業の自由化が達成されることになった。

その後、データ通信へのニーズの増大を背景に、通信ネットワークのデジタル化が推し進められ、1997年12月には全国に光ファイバーケーブルが敷設され、本格的なブロードバンド時代を迎えることになる。こうした社会のインフラとしてのデジタルネットワークの広帯域化、集積技術の進展による計算処理の高速化、記憶媒体容量の拡大とが相まって、今日のIT環境ができあがってきたのである。現在では情報処理とデータ通信は統合されており、こうした技術環境が、事業所間・部門間・企業間での壁を越えた情報システム構築を可能にし、かつ技術的・経済的に合理的なものとしている。

3）標準化への要請

ITベンダ各社が開発したハードウェア、ソフトウェアに互換性がなく、ベンダを変更する場合に大変な費用と労力を要することは、最適なIT環境の構築を目指すユーザ企業にとっては大問題であった。こうした状況を打開するためのアーキテクチャの標準化が求められていった。

第5章　産業と社会の要請に応える情報システムのあり方

　1964年にIBMが社運をかけて開発に取り組み、コンピュータ市場を席巻する原動力となるSystem/360は世界初の汎用コンピュータとしてリリースされた。このコンピュータにはアーキテクチャ、オペレーティングシステムや仮想マシンといったアイデアが盛り込まれており、アーキテクチャと実装を区別したため、同一メーカのコンピュータ間でのソフトウェアの互換性を実現することができた。

　一方、わが国では70年代に入ると強大なIBMの市場競争力に対抗するため、通商産業省（当時）の指導の下、国産コンピュータメーカ6社が3グループに再編され、世界的競争力を持つ「日の丸コンピュータ」の共同開発が進められた。この努力は1976年の純国産機の完成、1979年のFACOM Mシリーズ国内シェアトップという形で結実した。企業における情報システムの構築が着々と進んでいた当時、こうしたベンダの動向は国内のコンピュータ需要にマッチするものであった。

　しかしながら、コンピュータといえばメインフレームを意味した時代においては、異なるメーカ間のコンピュータには互換性がなく、メーカを変更する場合にはソフトウェアやデータの書き換え、あるいは変換などの操作が必要であった。また、異なるメーカのコンピュータ機器の相互接続も困難な状況にあった。このことをユーザ企業から見れば、特定のコンピュータメーカに囲い込まれることを意味していた。こうした状況に風穴を開けたのはパソコン（PC）であった。PCの普及、高性能化は確実にダウンサイジングの流れを引き起こし、同時に互換性という特徴がオープンシステムの導入を促すことになった。

　1977年にアップル社が販売を開始したApple IIはフロッピーディスクドライブを搭載したマシンであり、表計算ソフトウェアのVisiCalcというキラーアプリケーションの登場（1979年）もあって、PCの普及に大きく貢献した。1981年にIBMはPC5150を発売し、さらに84年にはPC/ATを投入した。これらはApple II同様、オープンアーキテクチャポリシを採用したため、またIBMのネームバリュのため、互換機市場を生み出すことになり、PC/AT互換

機が事実上の業界標準となった。

　日本では1982年に登場したNECのPC-9801シリーズが、IBM PCとの互換性がないにもかかわらず、すぐれた日本語表示性能のゆえに長年にわたって国内標準的な地位を確保していた。しかし、1990年に日本アイ・ビー・エムがDOS/Vを開発し、PCに日本語表示用ハードウェアを設置することを不要にしたことをきっかけにして、日本でもPC規格の統合化が進み、現在ではIBM/AT互換機が事実上の標準となっている。

5.1.3　産業の要請に応える情報システム

　ITに対する要請は、産業・業態によって異なり、また、企業が知覚する産業の要請とそれに対応するIT導入のあり方は、やはりそれぞれの企業で異なっている。企業情報システムは企業がビジネスを展開する産業ならびに企業の業態によって異なる形で発展を遂げ、その成功・不成功は多分に状況依存的かつ経路依存的である。全ての企業が同じ方向性で企業情報化を推進することは必ずしも正しいことではない。企業情報システム構築のための提言、さらにはIT経営への提言は、この点を十分に理解した上で行われるべきであり、また個々の企業における情報システムの構築には、ただ1つだけの正解が存在するわけでもないということをよく理解しておく必要がある。

　また、ITに対する産業の要請と企業におけるニーズを、ITを提供する側も利用する側も遠い将来にわたって一気に見通せるわけではない。具体的なソリューションが提案されて初めて企業におけるITニーズが認識される場合すらある。したがって、ITを活用した情報システム構築とIT経営のための組織的取り組みは、決して終わることのないものであることを理解しておかなければならない。特に、バーチャル統合を通じて他の企業との戦略的提携を図る場合、パートナーシップを他企業と組むために、また、無駄なIT投資をしないためにも、先端的なITの動向をある程度まで理解しておく必要がある。

　他方、企業は顕在化されたニーズに対応するために既存のITを導入するだけではなく、新規のITを開発してニーズを実現してきている。たとえば、新

日本製鐵でプロセスコントロールのために導入したプロセスコンピュータや、セブン-イレブンの店舗端末は、企業の要請から作られたITである。銀行のCD/ATMもイギリスで週休2日制に対応するために開発されたものである。

こうしたことを見てくると、企業に蓄積されたIT構築の経験・知識・ノウハウは、IT経営のための重要な見えざる資産であることが理解できる。1980年代後半のSISブームから1990年代半ばのBPRブームにかけて、考察の対象となる情報システム概念は異なっても、成功事例として取り上げられる企業は同じであるという、一見奇妙な現象が観察された[3]。特に、SISについては、「ふりむけばSIS」のシステムということが話題となった。すなわち、SIS構築に成功したとされる企業は、SISの実現を目指して情報システムを開発したのではなく、長年にわたる情報システム開発の努力の結果として、SISであると評価される情報システムを構築していたというのである。このことは、企業に蓄積されたITケイパビリティこそが、情報システムに支援された持続的競争優位の源泉となりうることを如実に物語っているのである。

5.1.4 社会の要請に応える情報システム

「東洋の奇跡」とも称される第2次世界大戦後の朝鮮戦争特需をきっかけとするわが国の経済復興と、それに続く高度経済成長期（1955〜73年）においては、社会の要請はすなわち経済的豊かさの実現であり、産業が活性化すれば、生活が豊かになるという図式を描くことができた。このことは、高度経済成長期に公害が社会問題として顕在化されてもなお、正しいものとして認識され続けてきた。したがって、この時期における情報システムの構築と運用は、産業の要請に応えることで社会的正当性を確保できたといってよい。

しかしながら、経済成長の結果として所得水準が上昇し、多くの家計において生活必需品が当たり前のように備えられるようになり、これに加えて、都市化の進展、女性の社会進出、少子高齢化社会の出現といったさまざまな要因が価値の多様化を生み、「産業の要請＝社会の要請」という図式を崩しはじめている。環境問題や個人情報の利用、最近の雇用問題に見られるように、産業の

要請と社会の要請とが対立する局面すら出現するようになってきた。

　現在、すでに経済が成熟化し、また進展するグローバル化の波の中で、わが国の企業はこれまでにない多様な価値観の錯綜する経営環境の中に置かれている。こうした状況下で、企業経営も、またITをベースとする情報システムの開発と運用も、市場の論理のみならず社会の論理に対応しつつ行われなければならなくなっている。企業統治や企業倫理、CSR（Corporate Social Responsibility：企業の社会的責任）が盛んに議論され、地球環境問題に対応したグリーンITの推進が求められていることは、そうした社会的要請の存在を如実に表している。現代企業の情報システムは、産業における要請に応えるのみならず、社会的要請への対応性（social responsiveness）をも確保したものでなければならない。

　たとえば、多くの企業で大量の個人消費者情報をデータベースに保存し、活用している現状においては、データベース品質の確保と個人情報保護への対応が企業のIT経営に対する重要な社会的課題として認識される。現代情報社会では個人のアイデンティティが、断片的な個人情報が各種のデータベースに蓄えられ、それがネット上を行き交い、プロファイリングされて個人の全体像が形成されるというプロセスを通じて規定される傾向が強まっている。すでに、究極の個人情報といわれるバイオメトリクス情報を記録したIDカードの使用を、確実な個人認証のために導入することが先進諸国において検討されてきており、「人間はデータである」という命題がいよいよ真実味を帯びはじめている。

　こうした状況において、データベースに蓄えられた個人情報が誤っていたり、的確に更新されていない場合、たとえそのことが企業経営に支障をもたらさなくても、個人がその生活において何らかの被害をこうむる可能性が高くなる。また、企業の不用意な情報管理によって個人情報漏洩が発生し、個人情報の第3者による望まれざる利用が可能になる場合、たとえばクレジットカードデータの利用による金銭的被害や、病歴などのセンシティブデータの利用による脅迫といった刑事犯罪、さらにはプライバシ侵害の発生が危惧されることに

なる。企業は、情報セキュリティシステムに対する十分な投資を行い、同時に情報セキュリティ確保のための人的・組織的対応に取り組まなければならない。

フォールトトレラントな情報システム構築は、企業経営にとって重要であると同時に、情報依存社会である現代社会にとって重大な課題である。とりわけ銀行においてシステムトラブルが発生した時の個人と組織、さらに社会に与える被害は非常に大きなものになる。

グリーンITと呼ばれる自然環境保護への対応も喫緊の社会的課題となっている。これには2つの側面があり、1つはITのグリーン化である。静音、省スペース、低発熱、省電力のITを積極的導入することが期待されている。しかし、ITのグリーン化は進んでも情報システムのグリーン化はなかなか進まないのが実態である。もう1つはITによるグリーン化であり、ITベースの情報システムの活用によって企業のビジネスプロセスを効率化し、無駄なエネルギーの利用を抑制することが要求されている。

こうした社会の要請に応えることは、企業の経済合理性とは必ずしも両立しない。しかし、企業は社会の一員であり、市場システムのサブシステムである。これまで社会の発展に寄与してきた企業が、情報システムの構築と運用に関して社会からの要請に耳を傾けなければならないのは当然のことである。

しかしながら、こうしたことは、実務的には多くの企業において将来的課題として認識されているのが現状である。たとえば、グリーンITの取り組みは、ほとんどの企業で緒についたばかりである。2005年4月に全面施行された個人情報保護法への対応についても、多くの企業で遵法への取り組みが進められている一方で、今でもなお法解釈に関する混乱が見られる。情報セキュリティの確保については、企業内での情報の取り扱いルールの確立や、セキュアな情報システム構築のための投資などが行われているが、職場監視の問題や過剰なルール設定による生産性の低下が懸念されている。

企業情報システムにおける社会的即応性確保のための投資は、必ずしも回収が見込めるものではないため、どの企業においても、どこまで社会の要請に応

えるべきかを的確に判断することは困難であると感じられるであろう。また、情報セキュリティの確保が職場の監視につながるといったような、社会的ジレンマの発生も問題状況をより複雑なものにしている。

　こうした複雑な状況下において、情報システムの構築と運用に関する社会の要請に表面的にではなく、本質的に対応するためには、企業におけるITプロフェッショナリズムの確立が求められる。しかし、ITプロフェッショナリズム確立への取り組みはわが国においては未だ行われておらず、喫緊の課題として認識されなければならない。

5.2　情報システム発展のステージ化論とIT経営の発展段階説

5.2.1　IT化ステージモデル

　経済産業省「IT経営ポータル」[4]が提示しているIT化ステージモデル（図表5-3）は、企業情報システムの進化の方向性を示したものである。情報システムが導入され、十分に活用されていない段階（ステージ1）から、組織改革・業務改革を梃子として企業内の特定業務・特定部門で活用されるようになり（ステージ2）、顧客視点の徹底を通じて企業組織全体で最適なIT化を実現し（ステージ3）、さらに取引先やパートナー、顧客も含めた企業・産業横断的な情報システムの活用段階（ステージ4）にいたる。ステージ3に達するためには情報システムを企業内部門の壁を越えて活用することが要求され、ステージ4では企業の壁を乗り越え、パートナー企業間、企業・顧客間での情報共有の実現が想定されている。

　他方、情報システム発展史の調査から得た、時代要請に応えてきた企業情報システムの発展段階を目的視点にまとめてみると図表5-4のようになっている。

　企業情報システムは個別業務のシステム化によって事業拡大、市場構造の変化への対応を支えながら、業務システムの範囲を拡大し、一定の段階を経て業務改革の実施とともにシステムを統合しその質を高めるという過程を繰り返し

第5章　産業と社会の要請に応える情報システムのあり方

図表5-3　IT化ステージモデル

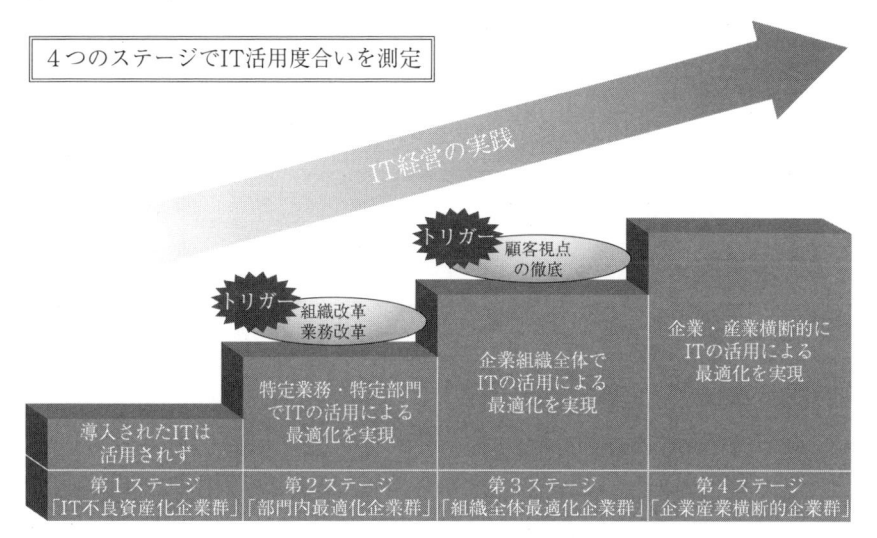

4つのステージでIT活用度合いを測定

IT経営の実践

トリガー　組織改革　業務改革

トリガー　顧客視点の徹底

- 導入されたITは活用されず
- 特定業務・特定部門でITの活用による最適化を実現
- 企業組織全体でITの活用による最適化を実現
- 企業・産業横断的にITの活用による最適化を実現

第1ステージ「IT不良資産化企業群」／第2ステージ「部門内最適化企業群」／第3ステージ「組織全体最適化企業群」／第4ステージ「企業産業横断的企業群」

出所）http://www.meti.go.jp/policy/it_policy/it_keiei/read/anindex/question/index.html

て発展してきた。一方では取引先・小売店・販売店などとの企業連携システム、国際化への対応としてのグローバルシステムへとその対象範囲を企業外に拡大していった。それぞれの対応システムは決して短期間に終止したものではなく、長い期間にわたって継続的に拡張されてきた。たとえば、取引先との連携システムは、当初簡単なオンラインシステムとしてスタートしたが、製販同盟システムに発展し、最近では企業共同体としてのSCMにまで進化している。この間30年に近い歳月を費やしている。こうしてみると情報システムのステージングはカバーしているシステムの範囲によって一様に決められるべきものではなく、その質によって決めるべきものであると考えられる。

　企業情報システムの事例を見ると、その中にはすでに企業の壁、国際間の壁を超え、システムの質的面からも十分にステージ4にある情報システムを運用している企業も数社存在している（企業情報システムの事例概要については第3章3節参照）。しかも、それぞれの企業が、自らを取り巻く企業環境とその

図表5-4　時代要請に応えてきた企業情報システムの発展過程

① 業務の拡大、事業の拡大に応じた事務量増大への対応
　　―事務の効率化による省力化、事業拡大に対する増員抑制効果
② 市場構造の変化、商品・顧客の多様化への対応
　　―顧客ニーズへの迅速な対応、リードタイムの短縮、新商品の開発
③ 取引先（川上、川下）との連携対応
　　―小売店・代理店・コンビニなどとの連携、製販同盟、SCM
④ 国際市場への進出・国際化への対応
　　―グローバル取引システム、グローバル調達、グローバル生産調整
⑤ 競争優位の維持・獲得
⑥ 業務改革・組織改革・経営改革
　　―市場対応・顧客対応・競争対応、コスト削減対応
⑦ 事業統合・企業合併・システム統合
⑧ 経営の高度化

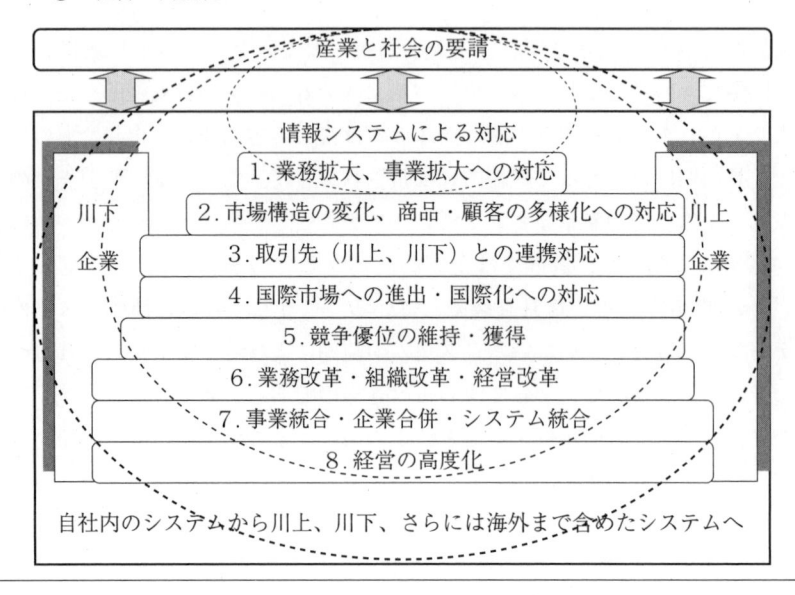

産業と社会の要請

情報システムによる対応

1. 業務拡大、事業拡大への対応
2. 市場構造の変化、商品・顧客の多様化への対応
3. 取引先（川上、川下）との連携対応
4. 国際市場への進出・国際化への対応
5. 競争優位の維持・獲得
6. 業務改革・組織改革・経営改革
7. 事業統合・企業合併・システム統合
8. 経営の高度化

川下企業　　川上企業

自社内のシステムから川上、川下、さらには海外まで含めたシステムへ

時々で利用可能なITの実態をよく見据え、企業にとってどのような情報システムの姿が求められているのかについて、堅実ともいえる理解の上に立ち、地道に、そして継続的に情報システムの構築を行っていることが見出された。調査対象となった企業が、いずれも情報システムの構築と運用に成功してきている先端的な企業であることを考えるとこのことは当然ともいえる。

他方、IT化ステージモデルでより進化したステージに位置する情報システムが、企業にとって最適な情報システムであるとは限らないということもできる。すなわち、ステージングによって情報システムの先進度を測ることについては注意が必要だということになる。ここで認識しなければならないことは、以下の点である。

① 企業情報化にあたって、すべての企業が同じ方向を見ているわけではなく、業種・業態によって重点的な情報化課題は異なる。
② イネーブラとしてのITは、企業がどのようなビジネスプロセス、組織構造、組織間関係を構築するのかについて多くの選択肢を企業に与えるのであって、特定の情報システムの構築と運用を企業に迫るわけではない。
③ 企業にとって、ITをどのように活用するのかは、経営意思決定の対象である。

したがって、もし企業が、現在のITがもたらす可能性について知らない、あるいは検討しないままに低いステージの情報システムを構築・運用しているのであれば、そうした企業の情報システムは遅れており、IT経営においても立ち遅れていると評価できる一方で、より高いステージの情報システムの構築と運用について詳細に検討し、その結果、経営判断として高次のステージの情報システム構築に取り組まないでいる企業は、情報システム構築においても、IT経営においても遅れた企業であるとは限らないのである。このことは、情報システムの構築・運用のアウトソーシングが常態化しつつある今日、企業の組織的ITケイパビリティの向上が重要であり、企業内情報システム部門の充実と、ITならびに企業の事業・経営・業務に精通したIT人材の確保・育成が高度のIT経営を実現するための必要条件であることを示唆している。実際の

ところ、経験豊富で豊かな知識を持つ優れたIT人材を確保することができれば、企業情報システム構築にあたって低次のステージをスキップすることも可能であろう。

5.2.2　IT経営の発展段階モデル

『IT経営ロードマップ』[5]では、IT経営の発展過程を「IT活用能力」と「IT活用成熟度」の2軸でとらえ、成熟度が高まるにつれて、「見える化」、「共有化」、「柔軟化」という段階を踏んでIT経営が発展していくという見解が示されている（図表5-5）。「見える化」は、経営から得られる視点に基づき、現場の課題抽出と解決検討の材料につながるように、業務や情報を客観的に把握できるようにすることであり、「情報の見える化」と「業務の見える化」に大別される。「共有化」は、現場で積み上げられた「見える化」の成果を、経営戦略上必要と思われる社内外の関係者が、いつでも効率的に使えるような環境を作り上げることであり、「柔軟化」は、将来予測される外部環境の変化に対して、必要に応じ、いつでも自社の業務を柔軟に組み替え、かつ社内外の必要な情報を組み合わせて、新たなイノベーションを迅速に創出できるようにすることである。

事例研究で明らかにされたことは、たとえIT化先進企業であっても、企業が抱えている経営課題は、その時々で見えるものしか見えないということである。すなわち、長期にわたって将来を見通せる熟成された組織のメンタルモデルを構成することはどのような企業にとっても困難である。そのため、本調査研究の対象となった企業では、まさに一歩一歩、認識した情報化課題に地道に取り組んできている。「制約された見える化」ともいえるこうした状況は、企業において人材が不可避的に入れ替わること、ITの進展が速く標準が安定しないこと、M&Aや業界再編が頻繁に行われると予測されることなどを考えると、これからもなくならないものと考えられる。

また、製品・サービスのライフサイクルの短縮化が企業における事業の組換えを迫る状況も多く発生しており、こうした不確実性の増大にともなって持続

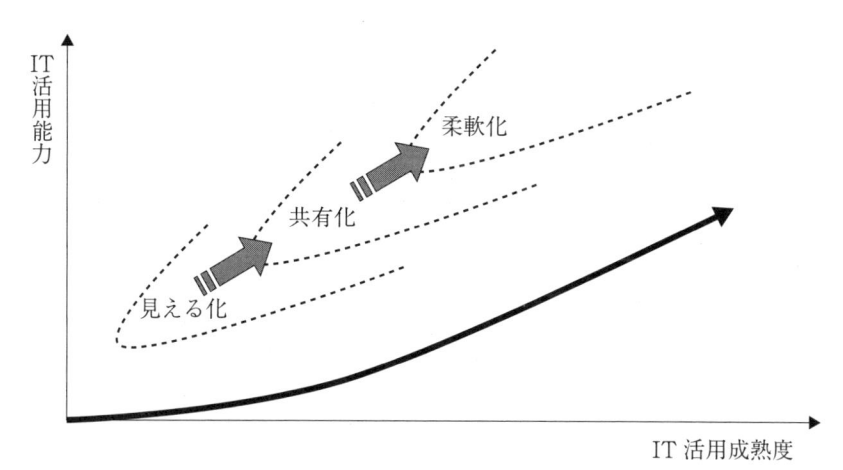

図表 5-5　IT経営の発展段階モデル

[図：縦軸「IT活用能力」、横軸「IT活用成熟度」。「見える化」→「共有化」→「柔軟化」の発展段階を示す矢印と曲線]

出所） IT経営協議会『IT経営ロードマップ（案）』2008年

的競争優位が「同じ事業を継続的に行って競争優位を保持し続ける」という意味ではなくなってきていることからも、「見える」範囲はますます狭くなるものと思われる。このことは、ビジョナリなITリーダの存在が、企業情報化の継続的成功にとって非常に重要であることを示唆する。

「制約された見える化」は、「共有化」ならびに「柔軟化」のレベルをも制約する。しかし、企業がより高いレベルの「見える化」を実現するためには、「見える化」された企業における業務と情報の実態に基づき、着実に「共有化」、「柔軟化」の階段を上ることが要求される。「高きに立てば遠くが見える」のである。もちろん、「高きに立つ」ためには堅牢な土台が必要であり、情報システム構築と運用の経験の蓄積からもたらされる組織的ITケイパビリティの醸成が必要とされる。

また、「共有化」ならびに「柔軟化」の実現のためには、情報システムならびにIT経営の進化に向けたトップの継続的コミットメントと「動く」現場の存在が必要となる。一般に人にも組織にも変化を嫌う傾向がある。変化には自己否定の要素があるからである。しかし、本調査研究の対象企業においては、

図表 5-6　IT経営発展のドライビングフォース

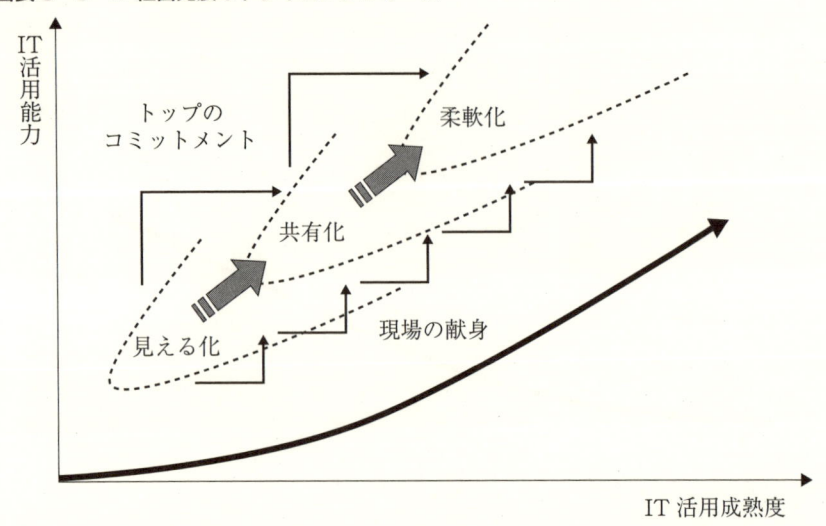

（縦軸：IT活用能力／横軸：IT活用成熟度、「見える化」「共有化」「柔軟化」「トップのコミットメント」「現場の献身」）

情報システムの高度化に向けて現場が変化を厭わない状況が観察され、またトップが一貫して情報システムと組織改革をサポートする姿勢が見られた。トップのコミットメントと現場の献身はIT経営の発展のドライビングフォースであるといえる（図表5-6）。

5.3　情報システムのあり方に関する新たな知見

5.3.1　より良いIT経営に貢献する情報システムのあり方
1）組織の問題としての情報システム
① ITは魔法の杖ではない

『孫子』謀攻編の有名な一節は「彼を知り己を知れば、百戦して殆からず、彼を知らずして己を知れば、一勝一負し、彼を知らず己を知らざれば、戦う毎に必ず殆し」と説いている。これを企業情報システムの構築と運用というコンテクストで解釈すれば、彼（てき）とはITであり、また顧客、競争相手、

パートナ、投資家といった企業の競争環境に存在するさまざまなステークホルダである。一方、己（おのれ）とは自社の組織であり、経営陣であり、従業員である。

　一見して当然とも思われるこの名言を敢えてここで取り上げた理由は、ITを活用した企業情報化実践の議論では、ITを人や組織と切り離して自己完結的に取り扱い、ITを導入することで業務の自動化・統合化を高度に実現することができさえすれば、経営革新や事業戦略の展開に成功すると言わんばかりの論調あるいは暗黙の了解が存在していることが多いからである[6]。生産性パラドクスに関する研究[7]が、ITへの投資が企業パフォーマンスの向上という効果をあげるためには、人的・組織的諸条件を整え、ITと人的・組織的要因との密接な連携を図らなければならないことを明らかにしているにもかかわらず、またわが国において1980年代末のSISブームや1990年代のBPRブームに踊り、IT投資に見合う十分な経営成果を得られなかった企業が多く観察されたにもかかわらず、ITが「魔法の杖」や「銀の弾丸」であるかのような思い込みはなかなかなくならないのである。

　このことは、情報システム設計・構築の方法論にも反映されている。一般的に、現在利用されている情報システム設計・構築方法論は「機械／技術システム」としての情報システム作りのためのものが多く、組織設計や組織革新と連動し、一体化した形での情報システム設計・構築を視野に入れたものは少ない。事実、情報システム設計においては要件定義の重要性が繰り返し強調されるものの、これは既存の組織のあり方、仕事のやり方を所与として、企業における情報化ニーズを抽出しようとするものが多い。

　すでにITが産業と社会のインフラストラクチャとして定着し、ITの導入を梃子にした組織変革と組織パフォーマンスの向上が可能となっている今日の技術環境において、時代にふさわしい情報システム設計・構築方法論を手に入れることは現代企業にとって、また社会の発展にとっても喫緊の課題である。これを実現するためには、情報システムの構築と運用が単に技術の問題ではなく、むしろすぐれて組織の問題であることを十分に認識しなければならない。

② ビジョナリなIT人材の確保

　情報システムの構築と運用が組織の問題であるということは、これが経営意思決定の対象であるということを意味する。現在、ほとんどの企業にとって企業組織のニーズに適合したITの導入は必要不可欠である。業務の効率化、生産性の向上、意思決定の有効性確保など、企業内での活動を高度化するのみならず、企業外部の行動主体との取引やコミュニケーション、さらには柔軟なパートナーシップの構築を円滑に行うためにもITをベースとする情報システムの構築と運用が有効である。しかし、その一方で、企業におけるITニーズをはるかに超える仕様の情報システム構築はほとんどの場合、無駄な投資となる。自動車を動かすのにロケットエンジンはいらないのである。また、標準ITを利用して情報システムを構築すれば、多少のオーバースペックがあったとしても長い目で見て元が取れると考えるのは誤りである。ITの進展は「ドッグイヤー」と称されるほど速く、ITの標準は決して安定しないからである。

　IT導入を組織改革・革新ならびに従業員への対応と連動させて行うという情報システム構築の理想形を実現しようとする場合、投資額は必然的に大きくなるため、失敗のリスクもそれだけ大きくなる。ITは企業の経営ならびに業務のあり方に関する可能性や選択肢を広げる技術であり、どの選択肢を選ぶのかは企業経営者の的確な意思決定に基づいたものでなければならない。

　こうしたリスクを回避し、IT導入に関する的確な意思決定が行われるようにするためには、企業内にITならびに情報システムを適切に「解釈」できる人材が必要となる。たとえば、SISやBPRがブームになった時、製造業においてはSISとはCIMのことであり、BPRは改善・改革運動であると解釈したことによって、これが多くの企業での成功事例へと結びついている。したがって、新規に開発されるITやそれを用いた新たな情報化概念、システム概念を適切に解釈し、自社の事業の現在と近未来の姿に的確に結びつけることのできるビジョナリなIT人材を確保することが優れたIT経営を実現するための重要成功要因となる。こうした人材は、現在のように、企業内情報システム部門が

縮小されたり、外部化・分社化されたり、さらにはベンダ企業に情報システムの構築と運用を丸投げするような状況においては希少な人的資源となる。ビジョナリなIT人材の確保・育成はIT経営にとっての戦略的課題として認識されなければならず、それにともなって企業内情報システム部門の役割も改めて問い直されなければならない。

③ 組織的ITケイパビリティの醸成

　企業組織はその事業経営の第一歩として、組織の理念とミッションを定め、入手可能な資源を見極めて対象市場を設定する。戦略的意思決定の結果としての企業の業種・業態そして事業内容は、おのずと必要とされるITならびにITをベースとする情報システムのあり方を規定する。したがって、業種・業態によってITとIT経営の共進化のあり方が異なることは至極当然のことである。

　本調査研究では、優れた情報システムの構築と運用に成功してきた企業の長年にわたる情報システム発展の過程を検証した。その結果、IT投資ならびに情報システム構築・運用の経験の蓄積を通じて、経路依存的で、それゆえに模倣困難な、組織的ITケイパビリティが形成されてきていることが観察されている。特に、日本の企業が好むきめ細かい情報化のあり方が、パッケージソフトウェアやベストプラクティスの導入における費用を増大させる傾向を生む一方で、企業に独特のITケイパビリティの蓄積を可能にしている。まさに「継続は力なり」ということが組織的ITケイパビリティの醸成について当てはまるのである。このことは、情報システム構築における安易なアウトソーシングやパッケージソフトウェアへの過度の依存が、企業組織において情報システムをブラックボックス化させ、模倣困難な資源である組織のITケイパビリティを低下させる危険性を持つことを示唆する。

　現在のITを取り巻く環境を考えると、企業が情報システムを構築する際に、アウトソーシングやパッケージソフトウェアの利用を全く視野に入れないということは非現実的であるかもしれない。しかしながら、そうであればこそ、企業は組織的ITケイパビリティの確保と向上のための地道な努力を続け

なければならない。これができないのであれば、外部ベンダ企業の言いなりになって無駄なIT投資を行ったり、企業組織との整合性を欠いたりしたままパッケージを導入するといったことが起こりうることになり、IT投資の有効性を確保することも、IT経営力向上に結びつく情報システム構築を行うこともおぼつかない。広い意味でのITガバナンスを的確に実施することのできる組織的対応力が現代の企業に求められているといえる。

④　パワー源泉としての情報システム

　情報システムが技術よりもむしろ組織の問題として認識されなければならないという側面が直截的に認識されるのは、M&Aにともなう情報システム統合の場面である。既に銀行業界においては自己資本比率を向上させる必要から、銀行の統合化が進み、必然的に情報システムの統合が行われている。本調査研究においてもM&Aにともなう情報システム統合が企業経営上の重大な問題として認識されている企業事例が報告されている。

　現代の企業は事業の展開ならびに業務の遂行の多くを情報システムに依存しており、このことは情報システムそのものが組織内におけるパワー源泉になる契機をもたらしている。情報システム構築が企業組織内での主導権争いの具として使われることや、その結果として情報システムそのものが属人化するといったことも現実の企業において見受けられ、これが企業情報システムの柔軟な改善・改革を困難にしていることすらある。M&Aの局面においては、「合併する企業のうち、どの企業の情報システムが、合併後の企業の情報システムのベースになるのか」が、合併後の企業における実質的なパワーバランスを決定すると企業メンバーに認識されることが多く、これによって最適な情報システムを構築するよりも、いかに自分たちに有利な形で情報システム統合を実現するのかに注目が集まることになる。

　現在、M&Aや業界再編、資本関係の見直しがどの業界においても盛んに行なわれるようになってきており、そうした状況下において情報システムがパワー源泉として機能しうることを認識しなければ、有効な情報システム構築に

図表5-7 柔軟化の自己維持機能

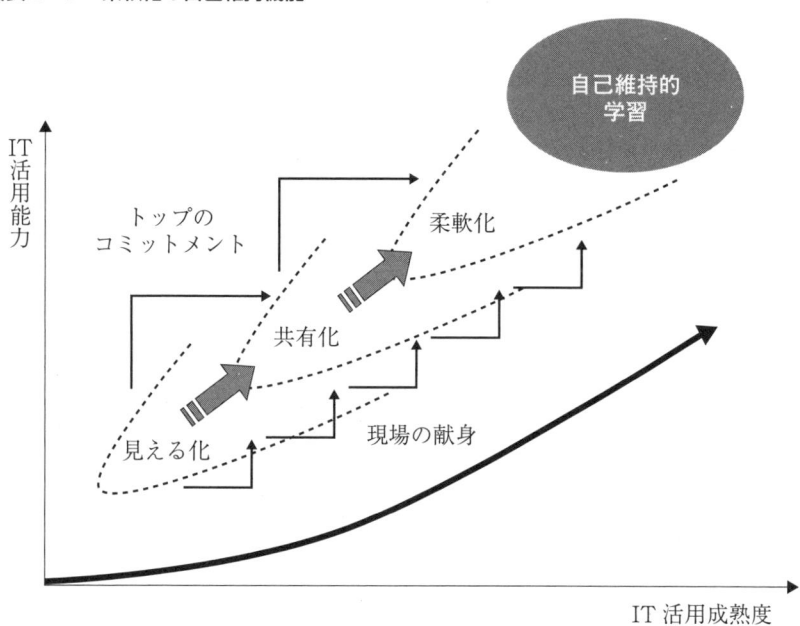

失敗し、不要な組織内摩擦が引き起こされることになるかもしれない。

5.3.2 IT経営力の継続的向上

　前節で述べた「制約された見える化」という認識は、『IT経営ロードマップ』に描かれた「見える化」→「共有化」→「柔軟化」というIT経営の発展段階モデルに対する修正提案をもたらすことになる。そこでは、柔軟化段階に達すれば、企業は将来予測される外部環境の変化に対して、必要に応じ、いつでも自社の業務を柔軟に組み替え、かつ社内外の必要な情報を組み合わせて新たなイノベーションを迅速に創出できるようになると説明されている。

　しかし、柔軟化の土台となる見える化が認知的に制約されたものであるということは、IT経営ロードマップに示された柔軟化によって実現可能なイノベーションとは、自己組織化的なものではなく、自己維持的学習に基づくもの

図表 5-8　IT経営力の衰退要因

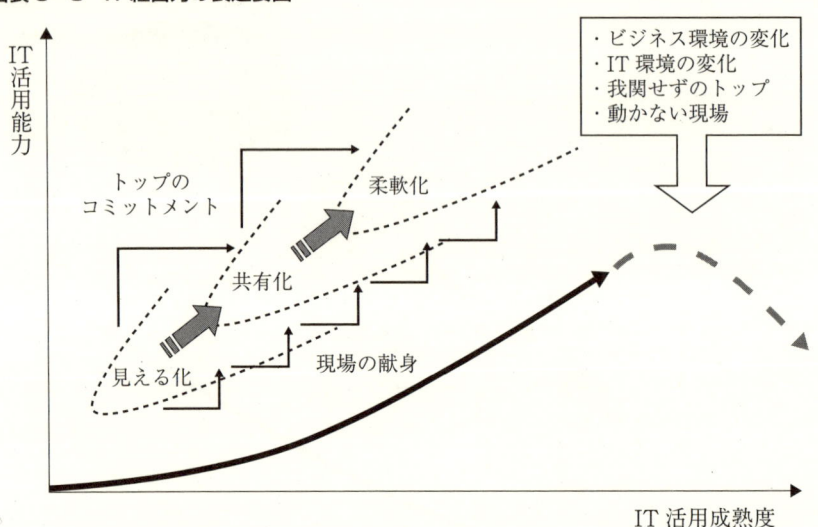

- ビジネス環境の変化
- IT環境の変化
- 我関せずのトップ
- 動かない現場

縦軸：IT活用能力
横軸：IT活用成熟度

見える化 → 共有化 → 柔軟化
トップのコミットメント
現場の献身

であることが理解される（図表5-7）。

　一方、ビジネス環境やIT環境のドラスティックな変化は、自己維持的学習の有効性を削減するかもしれず、また、成功体験に裏打ちされたトップや現場の思考・行動は、従来の延長線上に将来の情報システムが存在しているということを前提にする傾向があり、こうしたことが積み重なれば、柔軟化段階まで達した企業のIT経営力が徐々に低下していく現象すら観察されることになるかもしれない（図表5-8）。

　企業情報システムの発展過程の調査研究から明らかにされたことは、情報システムの革新においては、必ずしも従来の情報システムの延長線上に新規の情報システムがあるのではなく、ブレイクスルーが存在する場合があるということである。制約された見える化を前提としてIT経営力の向上を目指すのであれば、企業は、ある時点で見えたところまでをベースに素早く共有化、柔軟化の段階を進み、その時点で再び何が見えるのかを検証して、新たな共有化、柔軟化の段階へと歩を進めていくという、反復的なステップを通じたIT経営力

図表 5-9　IT 経営力の進化

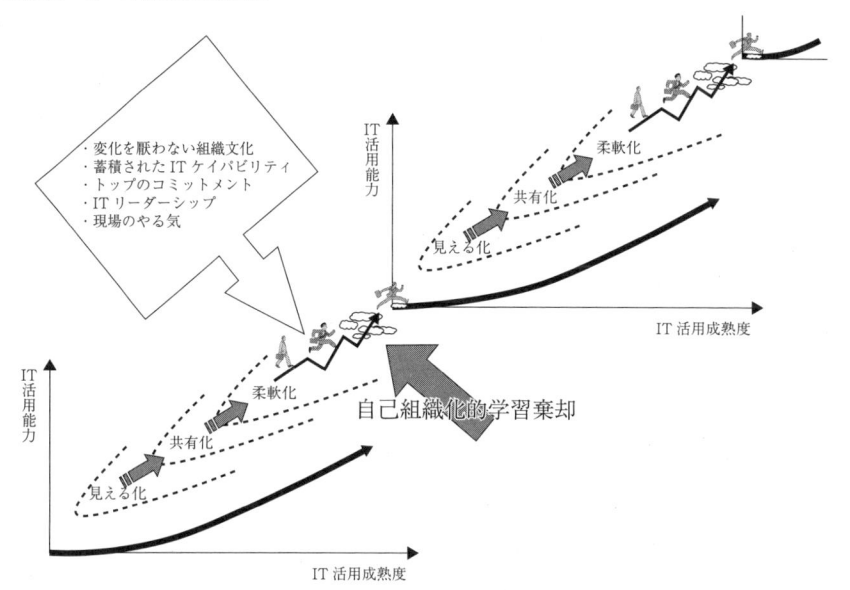

- 変化を厭わない組織文化
- 蓄積された IT ケイパビリティ
- トップのコミットメント
- IT リーダーシップ
- 現場のやる気

自己組織化的学習棄却

IT 活用能力

IT 活用成熟度

柔軟化
共有化
見える化

の継続的・漸進的向上を推し進め、そうした蓄積を通してブレイクスルーを実現し、より高次の IT 経営へとジャンプするということを行っていくべきである。高くジャンプするためには十分な助走が必要であり、高い所に立つことができれば、より遠くが見えるようになるのである。

　このような、長期にわたって有効な柔軟化の段階に到達することを目指すのではなく、制約された見える化の下で到達可能な短期的に有効な柔軟化を繰り返し目指し、その蓄積に基づいてより高次のものへと IT 経営力を進化させていくという方策は、現代的な持続的競争優位の考え方と整合的である（図表5-9）。

　この方策をうまく実行していくためには、自己組織化的な学習棄却を通じた創造を実現することが重要なポイントとなる。そのための必要条件としては、変化（＝自己否定）を厭わない組織文化の醸成、ビジョナリな IT リーダの存在、IT ケイパビリティの十分な蓄積、トップのコミットメント、やる気のあ

る動く現場、を指摘することができる。

注

1 Zuboff, S. (1985), Automate/informate: the two faces of intelligent technology, *Organizational Dynamics*, Autumn, pp.4–18
2 Moor, J. H.(1985), What is computer ethics? *Metaphilosophy*, Vol. 16, No. 4, pp. 266–275.
3 島田達巳編（1996）、日本企業の情報システム、日科技連出版社
4 経済産業省「IT経営ポータル」: http://www.meti.go.jp/policy/it_policy/it_keiei/index.html
5 IT経営協議会（2008）、ITロードマップ（案）
6 遠山曉・村田潔・岸眞理子（2008）、経営情報論（新版）、有斐閣、第1章、ならびに（財）日本情報処理開発協会（2008）、IT経営の総合評価に関する調査研究報告書、2.1章
7 Brynjolfsson, E. and L. M. Hitt(1996), Paradox lost? Firm-level evidence on the return to information systems spending, *Management Science*, Vol. 42, No. 4, pp. 541–558 Strassman, P. (1990), *The Business Value of Computers*, The Information Economics Press

第6章

情報システム部門の組織と役割の変遷

6.1 情報システム部門の組織とその役割の変遷
   ：1950年代～90年代前半

　情報システム部門の組織名称やその機能は、時代や企業組織によって大きく変化してきた。それは、コンピュータあるいは情報技術の機能やその企業組織内での位置づけ、焦点とする情報システムの変遷に対応している。図表6-1は1950年代から現在に至るまでの大企業を中心とした情報システム部門組織の変遷を総括したものである。情報システム部門は機械計算係のレベルから情報システム本部へと変貌している。

6.1.1 情報システム部門組織の変遷

　1950年代には、従来のソロバンによる集計作業から、PCS（Punch Card Systems）によるデータ処理へと移り変わり、グループや班、係といった最小単位の組織がこのような処理を行う役割を担っており、典型的なのは経理部会計課機械計算係などであった。この時期には、まず集計・作表作業の自動化という機能が求められ、また同時に各業務をコンピュータによって処理するために、業務の標準化とコード化が推し進められていく。

　1960年代から、企業内にコンピュータが導入されはじめると、大型コンピュータを利用して主に定型的な日常業務から派生するデータをバッチ処理す

図表6-1 情報システム部門組織と役割の変遷

年代	部門・組織の名称	情報システムの焦点	主目的	主な役割
1950	機械統計グループ、機械計算係、EDP室など	PCSによるデータ処理	個別作業の効率化、省力化	ソロバンに代わってPCSによる集計・作表作業の実施者
1960	電算係、機械計算課、事務管理課、電算システム課	EDPS オンラインシステム	事務処理・定期的データ処理の機械化 個別業務のシステム化	コンピュータによるデータ処理実施者 標準化／コード化推進者 合理化推進者
1970	コンピュータ室、情報管理室、電子計算室、計算センター、電算部、事務管理部情報システム部	MIS DSS	全社的データ管理 経営管理の意思決定支援	業務管理、経営管理に対する情報提供者 データ処理者から情報資源管理者に
1980	電算システム部、システム部、経営システム部	OA/EUC ネットワーク化と業務連携	ユーザ支援 企業間、国際間のネットワーク化	EUCの推進・支援者 企業間業務、グローバル業務の連携支援 ITインフラ／ビジネスインフラの構築・提供者
	CIO出現	SIS	情報技術の戦略的活用	経営戦略推進者
1990	情報企画部門 ステアリングコミッティ	BPR グループウェア インターネット	業務改革	情報化戦略企画 業務改革推進者 アウトソーシング対応
2000	情報システム本部	経営統合	コーポレイトIS統括	ITガバナンス

出所：前川（1989）、pp.19-20ならびに海老沢ら（1989）、pp.137-147を基に筆者作成

るようになり、情報システム部門組織はその機能を拡大していく。EDPS（Electronic Data Processing System）による集中処理がその代表的なものであり、業務単位の自動化を促進した。

　1960年代後半からオンラインシステムが構築されるようになった。オンラインシステムによる省人化効果が大きいことから、コンピュータの導入による

業務の合理化を強力に推進するために、その担当組織も拡大し、経理部や総務部の下部組織として「課」レベルの組織を形成する企業が増加していった。

　この動向は、各部門、各部署での個別のデータ処理から、全社的に統合されたデータ処理・管理を目指した情報システムの構築へと結びついていく。特に、1960年代後半から、MIS（Management Information Systems）が注目を集めたことを契機として、情報システム部門を中心にしながら全社的にデータ処理を統合し、経営管理に活用しようとする試みが積極的に行われた。情報システム部門組織は、業務管理や経営管理を行うための情報提供機能を担うようになり、1960年代後半には、データ処理の機械化を推進する担当組織の多くは、「課」レベルから「室」あるいは「部」レベルへと昇格していく。

　1970年代半ばには、企業内におけるコンピュータの普及が落ち着き、また、経済成長のペースが落ちていったことと重なって、情報システム部門の機能の見直しや本格的活用に向けた検討が行われた。同時にコンピュータ性能の高度化と低価格化も進行していく。そして、1970年代半ばから1980年代にかけて、MISに代わって経営管理者による意思決定の支援を目的としたDSS（Decision Support Systems）が関心を集める。この時期、データベース化の発展とあいまって、情報システム部門はデータ処理者の次元から、情報を企業の資源として管理・活用するための情報資源管理組織としての役割が期待されていく。

　他方、オフィス業務の自動化・効率化の支援を目指して、OA（Office Automation）やEUC（End User Computing）が推進され、それに伴い、情報システム部門とは別に、各ユーザ部門の中にOA化を推進する組織が設立されることも多くみられた。しかし、中央の情報システム部門の意図と関係なく、ユーザ部門がパソコンや小型コンピュータを導入して情報化を進めるという状況が生じたため、情報システム部門はこのようなユーザ部門の動向を統制する、あるいはユーザの情報化を支援するための役割を担うことになった。

　1980年代になると、企業経営、経営管理におけるコンピュータ利用の有効性がより強く模索され、企業組織の中で情報システムが本格的に活用・適用さ

れるようになる。また、企業間・国際間のネットワーク化が推進されたことにより、情報システム部門組織は企業間業務、グローバル業務の連携支援を行い、ITインフラ、換言すればビジネスインフラの構築・提供者としての役割を担うことになった。そのような活動を担う情報システム部門組織はより拡大し、多くの企業が「部」レベルの組織を整備するに至る。例えば、トヨタでは、電算部（事務部門）と技術電算室（技術部門）という2つの部門に分かれて情報化を推し進めていたものの、それらは1974年に1つの情報システム部（当初は電算部といわれた）として統合されている[1]。この時期には、情報システム部門組織を、単なる情報管理にとどまらず、経営管理全体に関わる業務組織として位置づける企業も現れはじめたのである。

1980年代後半には、SIS（Strategic Information Systems）の構築が関心を集め、情報システムそのものが企業戦略の武器として重要な意義を持つことが認識されることとなる。そこで、情報システムの開発と運用を担う情報システム部門の重要性がより明確に理解され、情報システム部門は、経営戦略の推進や情報化戦略企画・立案までも行う場合も増えていく。CIO（Chief Information Officer：情報統括役員）がCEOに直結する組織として設置され始めたのもこの頃である。

SISへの関心が急速に高まったにもかかわらず、そのブームは約4～5年で終息し、その後はBPR（Business Process Reengineering）へと関心が移っていく。BPRは既存のビジネスプロセスの見直しとその抜本的改革を謳うものであり、その実現のために、情報システム部門はコンピュータ化を含む業務の効率化を図り、企業全体の業務改革を推進する役割が求められた。しかしその一方で、BPRによって情報システム部門自体の規模の縮小が進められたのも事実である。

情報システム部門機能のアウトソーシングについては次の6.2節で触れるが、90年代に入ってからバブルの崩壊とともに情報システム部門に対するコストプレッシャが強まり、その対策として情報システム部門が果たしてきた機能を外部組織へアウトソーシング、あるいは戦略的提携によって調達すること

が求められてきた。具体的な対策としては開発・運用の業務委託、分社化などである。

　他方、2000年代に入ると、「情報システム本部」といった名称で情報システム部門が組織される場合がみられ、これは後に詳述するように、ビジネス統合を目指して企業全体の情報システムを統括し、ITガバナンスの計画ならびに推進を行うことを主な役割とする。情報システム部門機能の外部化が進む一方で、ITガバナンスを行うための組織体制の整備が行われているのである。

　以上のように、企業内情報システムは、単なるコンピュータによるデータ処理・管理から、経営管理・経営戦略、そして経営統合への貢献を射程とするレベルまで拡張され、その担当組織名や規模は変遷し続けてきた。このような発展拡大の足跡を経て、現在では多くの企業の情報システム部門は「情報システム部」や「情報管理部」と称される「部」レベルの組織として定着し、企業内のコンピュータ管理部署、情報処理の専門部署として機能するに至る。また、このような組織レベルの昇格は、量的側面のみならず、企業内での発言権や役割機能の強化という、質的側面の拡大の反映を示すものであるともいわれている[2]。

6.1.2　事例：三菱銀行における情報システム部門組織の変遷

　前述した情報システム部門組織の変遷は、個別の企業レベルにおいても同様に観察される。ここでは、そのことを示す事例として、1970年代半ばまでの三菱銀行を取り上げ、その社史[3]に基づきながら、情報システム部門の組織変遷について概観する。

　三菱銀行では、1940年代後半から1950年代半ばにかけて、ネットワークを拡充するために、専用電話の開設やテレファックス、テレプリンタ、テレックスなどの採用を行い、情報伝達の円滑化、特に為替業務の迅速化と合理化が行われていた。そして、1952年には、日本銀行が採用に踏み切ったのと同時に、各銀行が一斉にPCSの導入を検討し、三菱銀行でも1954年にIBM421型会計機を発注する。そこで、初期の情報システム部門として位置づけられる

「IBM 室」を新設し、そこに PCS 会計機を設置した。ここでは、外国為替を対象とする輸出入統計処理から開始し、その後全営業店にまたがる貸出管理資料の処理や本部の統計管理資料の作成、有価証券、給与、固定資産、人事等の管理資料といった範囲まで PCS による処理を拡大していくことになる。このような処理範囲の拡大過程において、当初「業務部企画第一課」に属していた「IBM 室」は、幾度かの所属変更を経て 1958 年に「事務部統計処理課」として独立するに至る。三菱銀行においても、担当業務の拡大という機能の拡張に伴って、情報システム部門としての組織名称ならびにその位置づけが変化したのである。

　1960 年代になると、本部各部に分散していた事務管理機能の集約と事務作業の効率化を目的として事務部が創設される。この事務部の組織を中心として、組織の再編成と機械の導入・利用の拡大に着手し、各営業所の事務機械化が促進されていく。その一方で、1960 年から電子計算機（EDPS）を導入したことにより、行務研究室内に「EDPS グループ」を発足させ、その機械ならびに適用業務の研究、プログラマの養成を行った。EDPS は、集中処理のために用いられ、その適用対象業務は貸付業務から預金業務、経理事務へとその範囲を広げていく。これは、専門家集団組織によって EDPS による集中処理を行い、事務作業の効率化を推し進めた時期に該当するであろう。

　1960 年代後半には、銀行業務の拡大に伴う事務量の飛躍的増大が予想され、事務作業の合理化・省力化に対する要請はより強いものとなる。そこで、集積回路（IC）を利用した第 3 世代計算機の出現やデータ伝送技術の進歩などを背景として、オンライン・リアル・タイムシステム（以下、オンラインシステム）が開発された。このオンラインシステムの実施のために、事務開発課が「事務開発第一課」と「事務開発第二課」の 2 つに分割され、後者がオンラインシステムの運営を担当した。さらにその後、預金オンラインシステムの実施を前に「事務開発第一課」が「事務開発課」（オンラインシステムの研究を担当）、「事務開発第二課」が「電子計算第二課」（オンラインシステムの開発・実施を担当）に改称される。

このオンラインシステムの運用は、1960年代末から1970年代初頭にかけて軌道に乗せることができたものの、その一方で、銀行を取り巻く環境変化も生じていたために、オンラインシステム自体の機能向上を図るための対応がなされることとなる。その一環として、1970年には事務開発課内に「新システムグループ」を設置し、そこで新たなオンラインシステムの研究を開始した。この「新システムグループ」は1972年に「システム開発課」として独立し、「事務開発課」は「企画課」に改称される。実際、1973年頃から、中央電子計算機の切り替えによる集中処理の能力拡大や預金ファイルの一元管理を可能とする新システムへの移行が行われ、それに伴うように電子計算機部門の効率的な運営を目指して、事務部機構も大幅に改革されていく。そして、1977年には、「事務部システム開発第一〜第四課」、及び「電子計算課」、「電子業務課」が独立し、「システム部」を新設するに至る。

このように1970年代には、全社にまたがる各種事務処理を円滑に行うことを目指して、情報システムに関わる組織が度々再編成されてきたことがみてとれる。ネットワーク技術を基盤とした業務データ処理の集中処理、あるいは全社的統合を目指しながら、情報システム部門の組織ならびにその役割は移り変わり、その組織名称も、時代を経るごとに現在の情報システム部門の組織名称により近づいていくことになったのである。

6.2 情報システム部門機能の外部化

6.2.1 外部化の発展経緯

企業にコンピュータが導入され始めた1960年代から、データセンタ、計算センタ、といった形態で情報システム部門組織の機能を提供する組織は存在しており、情報システム部門機能の外部化が行われていた。この時期、企業にとってハードウェアが高価であったり、自社導入するまでに自社の業務量が多くなかった場合、あるいは専門的な情報処理技術がない場合に、そのような組織に業務が委託されていた。

1970年代以降、上記のような形態から、主に大企業を中心に情報システム部門の機能を1つのビジネスユニットとして事業化する、あるいは情報システム部門を切り離して別会社として分社化することが推進されていった。例えば、新日鐵では、1980年代に本社の情報システム部門を分社化し、2001年には事業統合して「新日鉄ソリューションズ」を設立している。初期の事業化、分社化は主にコスト節減、要員管理からの解放、スペースの有効活用などを目的としていた。

　上記のような外部化の形態と並行しながら、前述のように1980年代末から1990年代には、本社の情報システム部門のみによって企業の必要とする情報技術や情報システムの構築・運用を行うのではなく、それを外部の供給業者に業務を委託する、いわゆるアウトソーシング（Outsourcing）の実施が積極的に行われるようになる。1980年代末におけるアウトソーシングは、中小企業ではなくむしろ大企業が中心となり、そのサービスの幅と奥行きが深まっていったことが指摘されている。また同時に、委託先（ユーザ）と受託先（ベンダ）はサービスの供給者と受給者としての関係が強まり、戦略的提携または戦略的同盟としてのアウトソーシングの増加がみられたとされる[4]。

　このような戦略的アウトソーシングが推進されていく中で、最適なビジネスプロセスを構築するために、情報技術が間接部門の経費削減やリストラクチャリングにおいて重要な役割を果たすことが十分に認識されながらも、情報システム部門組織自体も経費節減、そしてリストラや抜本的改革の対象となった。アウトソーシングを含めた形でのビジネスプロセスの再構築が検討された結果、ビジネスプロセスが複数企業にまたがることとなり、ビジネスプロセス・オーナーにとって、本社情報システム部門や情報システム部門組織の機能を果たす子会社は、ITサービスベンダの1つとしてみなされるにすぎない状況をも生み出していくことになったのである。

　特に日本において情報システム部門のアウトソーシング化が進められた背景には、バブル崩壊によって情報システムに関わるコスト削減を行うべきというプレッシャがかけられたことや、一般の企業では情報システム開発は本来の業

務ではなく、自らの本業を重視するべきという考え方が根強く存在していたことが影響している。しかし、こういったアウトソーシングの実施が推進されたことによって、当該企業の情報システム部門組織に情報システムの構築や運用に関わるノウハウやスキルが蓄積されない、あるいは委託先企業の選定を誤ると企業活動の遂行にとって大きなリスクとなるといった課題も生じるようになる。

6.2.2 外部化形態の多様化と現在

アウトソーシングの形態は、初期のメインフレームのデータセンタの運用から、LANやシステム開発、バックアップセンタ、WWWについてのアウトソーシングなどへと多様化していく。現在では、個別のオペレーションの委託から、情報システムの委託開発、企業全体の情報システム機能の外部化に関わる範囲まで、外部化の形態は様々である。中でも、システム設計・開発、システム運用管理やデータ管理などを外部の専門会社に依存するアウトソーシングが多くみられる。自社内にシステム・ライフサイクルの上流工程の情報戦略策定やシステム企画機能を担当する少人数の部門のみを残し、情報システムの開発や運用は外部の専門組織に委託するという場合であり[5]、シャープやJALが日本アイ・ビー・エムに情報システムの開発・運用をアウトソーシングしているのがその例である。その一方で、エンドユーザの日常的情報処理活動における設計開発を支援し、教育訓練を行う「情報（化）支援センタ」機能のみを担う部門を設置する傾向もあるとされる。

さらに、1990年代後半から、企業全体のデータを一元的に管理し、ベストプラクティスの導入を促進するためにERP（Enterprise Resource Planning）をはじめとするパッケージを購入しカスタマイズして使う形態、あるいはASP（Application Service Provider）からアプリケーションを購入するといった形態が頻繁にみられるようになった。2005年頃からは、SaaS（Software as a Service）と呼ばれるサービスの利用形態が注目を集めている。これは「ベンダが所有し、稼動させている（カスタマイズド）ソフトウェア機能を、ネットワークを

経由しながらユーザ企業が利用するサービスの形態」[6]であり、その利用が進んでいる。こういった現在の動向は、情報システム部門機能の外部化が、サービスを受ける企業側にとってよりカスタマイズされたものへと変化してきていることを意味している。従来、情報システム部門によって提供されてきた機能は比較的固定的なものであったが、それらは部分的であれよりフレキシブルに外部調達されるようになりつつある。

　以上述べてきたように、情報システム部門が企業経営における戦略的役割を担うべく進化していく過程の中で、情報システム部門はその外部化という選択肢を含めて発展を続けてきた。いずれの形態をとろうとも、情報システム部門機能のアウトソーシングを戦略的に行うためには、当該企業の戦略立案やアウトソーシング先となるパートナの抽出・選定、パートナへのモニタと管理を適切に行なうことがより必要となる。またその一方で、アウトソーサ（受託側）企業もまた、アウトソーシングを請け負う企業の戦略を理解し、それを情報システム設計・運用のレベルにまで落とし込むことのできる能力が求められる。アウトソーシングの形態はより多様となることが予測されるものの、情報システム部門のアウトソーシングを成功させうるか否かは、上記のような組織能力をいかに獲得し、保持できるかに依存している。

6.3　現在の情報システム部門組織とその役割
　　　：1990年代後半〜現在

6.3.1　情報システム部門組織の基本的機能と課題

　これまで述べてきたように、1990年代半ばに至るまで、情報システム部門の組織と役割は多くの変遷を繰り返し、その機能の外部化を含む形で発達を続けてきた。現在の情報システム部門の機能は極めて多様化しており、企業や産業分野によってその機能や組織名は大きく異なる場合が多い。しかしながら、一定の年代において、企業組織内部から求められる情報システム部門の基本的機能や、同部門による対外的対応・取組みは、ある程度同質的であると考えら

れるため、ここでは1990年代後期以降から現在に至るまでの主な情報システム部門の機能について整理する。

　時代を経るごとに情報システム部門の機能はより多面的となり、現在の情報システム部門は、概して図表6-2のような機能を有するものと考えられる。現在の情報システム部門は、従来から求められてきた情報システム開発・運用などの根幹業務のみならず、情報戦略の策定やアウトソーシングの管理、IT教育やIT投資、情報セキュリティといった、企業の経営戦略に関わる業務や、ユーザ部門への支援、情報資産の管理まで多岐にわたる機能を有している。その背景には、パソコンとインターネットの普及によってユーザ自身のコンピューティング活動を支援するEUCがより推進されたために、ユーザ部門への技術的支援やそこでのシステム運用・管理が重要性を増したこと、さらには情報化投資や情報セキュリティの適切性がより切実に問われたことがある。

　情報システム部門の役割がより多面的となる一方で、その課題についても目が向けられている。例えば、情報システム部門は情報技術の与える戦略的影響とそのリスクを評価し、それに基づいて情報技術の導入を決定しなければならないこと、また情報システム部門と利用部門では立場が異なるため、情報技術の導入や運用に際して対立が生じることが課題として指摘されている[7]。このような課題は、ある程度の規模の情報システムを有する多くの情報システム部門が抱えるものであり、裏を返せば、情報システム部門の提供する機能が企業組織全体において大きな影響力を持ち、またユーザ部門の業務と密接に関係していることによって生じるものであると考えられる。情報システム部門の企業経営上の責任がより厳密に問われることになったためとも解釈されよう。

　また、情報システム部門組織の事業化や分社化が頻繁に行われながらも、もともと情報システム部門を有していた親会社は、分社化や事業化によって子会社となったIT会社の運営に大きな影響力を有する場合も多く、そのために、場合によってはIT会社からみて有効な意思決定がなされないという問題も生じていた。さらに近年では、情報システム部門の開発要員の不足やそれに伴う開発力の低下、システム部門要員の高年齢化、システム開発要員のスキルや経

図表 6-2　情報システム部門組織の機能

機能	具体的な業務
情報戦略の策定・遂行	情報通信技術やその活用方法についての調査・報告 経営目標や経営戦略を実現するための情報戦略の立案 情報戦略に基づく情報化計画の作成など
情報システムの開発・運用	情報システムの企画立案 システム開発・プログラミング処理 ネットワーク管理 データ処理・管理 マニュアル文書の作成 システム標準化 パフォーマンスの評価 システムメンテナンスなど
アウトソーシングの実施・管理	アウトソーシング先の選定 アウトソーシング先への業務委託 アウトソーシングの評価など
社内情報化の推進	情報システム部門要員の教育・支援 ユーザ部門へ教育・支援 情報リテラシのための教育など
情報化投資の実施・管理	情報化投資対象の選定 情報化投資のパフォーマンス評価など
情報セキュリティ対策の策定と実施	情報セキュリティポリシの策定と徹底 情報セキュリティ対策の計画と実施 情報システム監査など

営・業務知識の不足などの課題もあげられており[8]、情報システム部門の果たす役割は企業活動全体を根底から支えているにもかかわらず、その部門で働く人や組織へのサポートが必ずしも十分でないこともうかがえる。

6.3.2　CIO の役割変化と情報システム本部への移行

　CIO は 1987 年にボストン銀行の副社長の職にあって CIO の役割を果たしていたウィリアム・R・シノットによって提唱された[9]。CIO は、企業における情報化、情報通信技術の利用・管理を遂行する最高責任者として、COO、CFO

などと同様に、それらに関する情報を CEO にレポートする重要な役割を担うものとして定義された。当初の CIO の役割としては、経営戦略と情報技術戦略との融合、情報システム部門の計画と統制、ユーザに対する諸活動が適切に行なわれているかどうかの確認といった機能を持つとされていた。したがって、CIO には、従前の情報システム部長とは異なって、まず経営者であることが前提とされ、さらには情報通信技術について適切に理解、評価できること、CEO および各部門トップと良好な人間関係を保ちながら、十分な説得力を持って意見を述べることができることが条件とされた。

　CIO の登場は情報システム部門にとって大きな意味がある。1つは、情報システム部門のポジションが部長職から役員職になったこと、しかもその報告先が CEO になったことである。これは情報システム部門の組織的地位の向上であり、昇格である。もう1つは、企業における情報システム部門の役割がそれだけ重要視されるようになったことである。当時、情報システム部門長と CEO との組織的、場所的距離の遠近差が情報システム部門の位置づけの評価要素ともいわれた。CIO を設置した企業はある意味それだけ高い評価を受けたのも事実である。CIO はその後大企業を中心に設置されつつあるものの、その役割は時代とともに変化した。現在では後述する IT ガバナンスの実施において、中心的な役割を担うのが CIO であるとされている。

　総務省の調査によれば、2008年度で専任か否かを問わず、CIO を設置している、あるいは設置する予定のある企業は 33％ となっており（図表6-3参照）[10]、多くの企業が CIO を設置しているとは言い難い状況にある。しかしながら、専任の CIO を設置している企業は、2007年度（平成19年）の 2.9％ から 2008年度は 5.4％ へとわずかながら増加しており、経営機能と情報システム機能を有効に融合させ、CIO の役割を十分に果たしている企業も少なからず現れている。

　CIO が有効に機能している企業においては、近年のグローバル化、事業統合・企業合併などに対応したコーポレートレベル、企業グループ全体としての情報システム化を推進する必要性に迫られており、大手の IT 先進的企業で

図表6-3　情報戦略統括役員（CIO）の設置状況（企業）

	専任でいる	兼任（業務の大半）でいる	兼任（業務の一部）でいる	いない（設置予定あり）	いない（設置予定なし）	無回答
平成19年末（n=1,969）	3.9	2.9	17.8	8.4	64.7	2.2
平成20年末（n=1,844）	5.4	3.3	24.3	8.2	55.1	3.7

出所）総務省　平成20年度通信利用動向調査

　は、前述のように、情報システム部門を情報システム部から情報システム本部に格上げさせている例が現れている。情報システム本部への昇格は、ビジネスの拡大と企業統合などを円滑に推進するために、システムの拡大とシステムの統合を敏速に遂行する新たな役割を担うことになり、当該組織の経営における情報システム部門の役割がますます重要度を増してきていることを意味している。

6.4　有効なITガバナンスのための情報システム部門のあり方

　現在の情報システム部門は、M&Aを通じての多角化と業界の再編成、企業活動のグローバル展開など、さまざまな要因によって多様な役割を担うこととなり、一概にその機能について論じることは難しい。しかしながら、とりわけ1990年代半ば以降、情報システム部門にはコストプレッシャに対応して業務の効率性を維持しつつ、経営戦略に適合しうる柔軟なビジネスプロセスの実現を可能とする情報システムを構築・維持・運用することが強く期待されてきた。このような役割期待は、情報システム部門が広義のITガバナンスに取り組むべきであることを意味している。ITガバナンスとは、「企業が競争優位構築を目的に、IT戦略の策定・実行をコントロールし、あるべき方向へ導く組

織能力である」とされる[11]。そこで、本節では、ユーザ企業の情報システム部門 (in-house information system department) のあり方とそこで提供されるべき情報システム機能について、ITガバナンスを構成する4つの要素を中心に論じていくことにする。

6.4.1 情報システムと経営戦略との整合性の確保

通常、情報システム部門は、情報ならびにITを有効に活用して企業経営活動を支援あるいは主導していくことに関する戦略、すなわち情報戦略を立案し、それを実現するための業務プロセスやIT基盤、業務システムの整備についての方針や方向性を決定していく。さらに、そのような方針や方向性に基づいて情報化企画を提案し、組織全体の情報システムを開発・運用・管理していくことが、情報システム部門の主な役割の1つとされている。

一方、現在では、情報システム機能を経営戦略に合致させなければ、その機能を組織において有効に生かしていくことはできないことが広く認識されており、情報システム部門は単に技術的に優れた機能を保持した情報システムを提供するのではなく、オペレーションの効率性を維持しながら、企業目標や経営戦略との整合性を確保しうる情報システム機能を継続的に提供していく必要に迫られている。情報戦略の立案や情報化企画といった役割についても同様のことが意識されており、現在の情報システム部門は、広い意味でのITガバナンスへの取組みにおいて主導的な役割を果たすことが強く求められているといえよう。

現在の情報システム部門が、ITガバナンスの実現を目指していく上で、とりわけ重要性を増しているのは、情報システム機能の外部化に対する評価と管理である。すでにユーザ企業においては情報システムの構築や運用をすべて自社でまかなうケースは少なくなっており、主にシステム・インテグレーション (SI) やソリューションビジネスを行うITベンダから情報システム機能を全面的あるいは部分的に調達している場合が多い。自社ですべての情報システムの要素（設備、インフラ、ソフトウェアなど）を構築・所有することは必ずしも

効率的ではなく、それらの要素を内製するのか外部調達するのかの判断を的確かつフレキシブルに行うことが有効であると考えられてきているのである。それに伴って、情報システム部門は、情報システムの構築や運用において利用可能な資源やケイパビリティを提供する外部のITベンダとの関係性を主導的に管理する役割を果たすことが期待されている。

　具体的には、現在の情報システム部門が、アウトソーシングや、SaaS（Software as a Service）、クラウドコンピューティングなどの外部化の手段を選択し、それらを企業情報システム全体の、さらにはIT経営のどこに、どのように適用するのかについての評価・選択を行うこととなる。そして、こうしたプロセスを経て提供される情報システム機能が自社のITガバナンスの枠組みに適合性を有しているのかどうかを、継続的に評価・管理していくことが重要になっているのである。

　当然のことながら、上記の活動を含めたITガバナンスのための活動においては、情報システム部門によるIT投資の管理によってその最適性が保たれなければならない。外部化も含めたIT投資の管理や評価には情報システム部門とユーザ部門との協力が不可欠であり、例えば、ユーザ部門は実際の現場に適合した目標の設定や実績データの収集を担い、情報システム部門は投資対効果評価の活用やITベンダの見積もり評価、実績データ収集の仕組みの構築などにおいて機能を発揮するべきであるという指摘もある[12]。また、情報システムの機能が企業目標や戦略との整合性を保持しているかどうかについて、トップマネジメントと情報共有することが必要となることも考えられる。

　このように、情報システム部門はビジネス・パートナとしてのITベンダやユーザ部門、トップマネジメントとの良好な関係を築きながら、情報システム機能を適切に管理することによって、ITガバナンスを実現することが必要とされている。

6.4.2　システムアーキテクチャの設計とプロジェクトマネジメント

　有効なITガバナンスを実現するための情報システムの構築や運用におい

て、情報システム部門による適切なシステムアーキテクチャの設計は不可欠である。情報システム部門はITガバナンスの一環として、経営戦略、情報戦略に適合したシステムアーキテクチャを設計し、それによってシステム全体の有効性を保持しながら、個別部門の情報システムの開発・運用や外部からの情報システム機能の調達といった、より具体的なシステムの細部を設計していかなければならない。

　全体としてのシステムアーキテクチャが経営目標に貢献しうるものかどうかが十分に吟味された上で細部が設計されなければ、情報システムの開発と運用を行う中で、個別の部門に対応するシステムそれぞれにおいて最適な状態を追求しようとする、部分最適化を生じさせてしまう危険性が高い。そのために、情報システム部門は、あくまで全体のシステムアーキテクチャの有効性を保持しつつ、その中にサブシステムが的確に組み込まれていくことを確保しなければならない。システムアーキテクチャの設計において、その全体最適性が意図されていることは、システムアーキテクチャの中で標準化されるべき領域と柔軟性を有する領域が明確にされることを意味し、これによって効率性の追求と同時に、必要に応じた柔軟なビジネスプロセスの設計も可能になると考えられている。しかしこのことは、必ずしも容易ではない。M&Aや企業間提携、あるいはビジネスのグローバル展開の結果として、情報システムが支援のターゲットとするビジネスプロセスの範囲が広がり、複数の部門や企業がそれに関わるようになるにつれて、アーキテクチャ設計は増大する複雑性に対応しなければならなくなっている。

　他方、情報システム部門は従来、自社において情報システムの開発・運用工程を管理するためにプロジェクトマネジメントを実施しており、それをいかに円滑に実施できるか否かが情報システム開発・運用の効率性や有効性を大きく左右するといわれてきた。特に、PMO（Project Management Office）やPM（Project Manager）といった、プロジェクトマネジメントのための専門組織やポストが整備されることもあり、プロジェクト全体のポートフォリオから各プロジェクト間の調整を行う、あるいはそれぞれのプロジェクトの関連性や適合

性を検討するといった、プロジェクトマネジメントの有効性を高めるための取組みが行われてきた。情報システムの開発において、プロジェクトマネジメントは極めて重要な要素であると言っても過言ではない。

　しかしながら、前述のように、現在の情報システム機能は、程度の差こそあれ、外部ITベンダによって提供される場合が多く、そうした場合、外部ベンダを中心にプロジェクトマネジメントも行われている。当然、情報システム機能の外部化にはメリットとデメリットの両面があるため、ビジネス・パートナとしてのITベンダの抽出・選定を慎重に検討するべきであり、パートナへのモニタと管理を適切に行なうことが必要となることが指摘されている。特に近年では、インドや中国を中心にシステム開発・運用の国際分業化が進んでいることや、ネットワークを通じて様々なソフトウェアサービスが提供されるといった状況があり、ビジネス・パートナの選定にかかるリスク評価はより複雑になっている。

　そこで、そのような外部化に伴うリスクの低減を図りながら、有効なITガバナンスを実現するために、ユーザ企業側の情報システム部門は、ビジネス・パートナから提案される情報システムの設計や構築プロセスについて把握し、ある程度主体的にそれらに関与すること、またそのための知識やスキルを持ち合わせていることが必要となる。すなわち、外部ベンダが行う情報システム構築のプロジェクトマネジメントについて、ある程度の主導性を確保しうることが望ましい。ユーザ企業の情報システム部門は、自社組織の経営目標と外部ベンダの提供する情報システム機能とを結びつける役割を担っており、外部ベンダとの交渉にも対応しうるプロジェクトマネジメントに関する知識や能力を維持・強化しておかなければならない。

　とはいえ、実際には情報システム機能の外部化が頻繁に行われてきたこと、情報システム部門の分社化・事業化が行われたことなどによって、自社内に情報システムの構築・運営に関するスキルや知識、ノウハウが蓄積されないという問題が多くみられる。情報システムを発注する企業（ユーザ企業）側に、システム企画、設計、あるいは提案依頼書（RFP）を作成・評価できる人材が乏

しくなり、ビジネスパートナとなるITベンダに業務を丸投げする傾向が生じているのも事実である。特にERP（Enterprise Resource Planning）をはじめとするパッケージの採用が頻繁に行われたことで、システム設計、データベース設計、プログラム開発を行うことができる人材が顕著に減少していることが考えられ、それらの知識や経験がなければ、プロジェクトマネジメントに対して積極的に関与していくことは困難となるであろう。情報システム機能の外部化を有効にするプロジェクトマネジメント能力の維持は、現在の情報システム部門の抱える課題でもある。

　分社化やアウトソーシング、SaaSの利用などによって、情報システム構築・運用の効率性や柔軟性を確保できたとしても、ユーザ企業にとっての、ITや情報システムの経営上の位置づけが明確にされなければ、長期的な視点からみて必ずしも有効な情報システム機能とはなりえない。そこで、自社内で必要とされる情報システム機能を再定義し、企画能力、設計能力、プログラミング評価能力、プロジェクトマネジメント能力、新たな技術の研究と評価能力などのあるべき姿とそれらを育成するためのロードマップを描いておくことが、情報システム部門の役割に含まれるべきである。そのようなロードマップに基づいた人材の育成や教育体系の整備がなされることによって、ITガバナンスの枠組みに沿った情報システムの構築や運営が実現されるものと考えられる。その上で、すでに著しく進行しているビジネスのグローバル化に対応するための情報システム化方針やアーキテクチャ、統合化方針、開発体制についての検討、場合によっては分社化や事業化についての方針の見直しも付随的に必要とされるであろう。

6.4.3　情報システムの利用に関わるリスク管理

　ITガバナンスの実現を目指した情報システム機能が発揮されるには、そこでの信頼性や安全性が確保されることが前提となる。そこで、ITガバナンスを円滑に行っていくための情報システム部門の役割として、情報システムの利用に関わるリスク管理の実施があげられる。これは技術的、組織的、人的な対

策すべてを含めた多面的な取組みを意味する。

　情報資源への脅威が問題視され、その安全性の確保が課題となっている現在、情報資産の機密性、可用性、完全性を保持するための情報セキュリティ対策が、技術的なリスクコントロールとして継続的に行われなければならないことは言うまでもない。ITの進化と共に常に進化し続ける脅威に対して技術的対応策を取り続けることは、情報システム機能を外部から調達しているか否かに拘わらず、情報システム部門の提供する機能として不可欠となっており、効率的でかつ有効な情報システム機能の提供を支えている。近年では、企業組織における情報セキュリティの徹底が、ユーザによる情報資産の活用を著しく制限する場合もあり、それらとのバランスを考え、情報セキュリティ対策の実施をきめ細かく調整することも情報システム部門の役割として求められている。

　また、そういった技術的な対応策に加えて、情報資産を保護するための組織的なリスク管理や組織制度の構築を同時に行うことによってその有効性を高める必要があり、その中でも特にシステム監査と情報セキュリティ監査の実施が重要な役割を果たしている。このような監査の実施によって、企業におけるリスク・マネジメントやコントロールが適切に行われているか否かについての診断と、何を改善するべきかについての助言がなされることになるため、情報システム部門にはこの情報システム監査や情報セキュリティ監査を中心的に遂行していく役割が期待されている。

　そして、リスク管理を徹底するためには、企業内でITや情報システムを利用するユーザに対する対応も同時に行われなければならない。情報システム部門は、リスク管理に対するユーザの知識を高め、その必要性を理解させるために、エンドユーザ部門への情報セキュリティ教育やセキュリティ対策についてのマニュアルの作成、脅威に関する情報提供といった活動を行う必要がある。特に、企業統合や合併、戦略的提携が行われ、新しい情報システムが導入される、あるいはどちらかの組織の情報システムに変更が加えられるといった事態が生じる際には、情報システムの利用によって生じるリスクのコントロールはより難しくなることが考えられ、情報システム部門が責任をもって情報システ

ムの安全性や信頼性を保証することが重要である。

6.4.4 柔軟性のある組織的対応と人材育成

　企業目標や経営戦略を達成するために、継続的に適切なビジネスプロセス革新を行いうる組織能力を育成することは、ITガバナンスの重要な要素である[13]。情報システム部門がこれまで述べてきたような役割を果たし、それによって情報システム機能が的確かつ安全に組織に提供されることを通じて、長期的な企業目標を達成するためのビジネスプロセス革新が継続的に行われることを可能としなければならない。このことは、情報システムの効率性や安全性を一定の範囲で保持するための活動と、外部環境や戦略に適合するための柔軟性や多様性を有する活動が両立されるべきであることを意味している。

　しかしながら、そのためには、情報システム機能を管理する情報システム部門がこれまで述べてきたような役割を果たすだけではなく、柔軟なビジネスプロセスの構築を許容し、その有効性を引き出しうる組織文化が生成されていることが前提条件の一つとなるであろう。柔軟なビジネスプロセス革新が競争優位性の確立や維持に結び付くことが理解され、評価されうる組織でなければ、こうしたことを実現することは容易ではない。

　加えて、柔軟性のある情報システムやビジネスプロセスの構築には、組織内における情報システム部門の位置づけに対する検討や評価も影響を及ぼしうる。つまり、ビジネスプロセス革新を可能とする情報システム機能を管理する情報システム部門が、組織内においてどのような位置づけにあり、どのような影響力を発揮できるかによって、その企業組織内における情報システム機能に対する重要性への理解や協力体制は異なるものとなり、それらを含む形でビジネスプロセス革新に対する組織風土や文化が生成されると考えられるのである。

　情報システム部門はエンドユーザ部門からのニーズと組織全体の目的や戦略からのニーズとの板挟みになることも多く、あるいは事業化や分社化によって部門そのものが外部化されることも少なくないことなどを考えると、一概に情

報システム部門が組織的にみて重要視されてきたとはいえないかもしれない。しかしながら、情報システム部門がITガバナンスを実現しようとする際に、当該組織におけるその位置づけが重要な鍵となる可能性があることを考えれば、企業全体において継続的なビジネスプロセス革新が受け入れられ、情報システム部門がより柔軟にその機能を発揮することを支援する組織体制の確立も、ITガバナンスの実現において求められるであろう。

　情報システム部門自体も、そういった組織制度の構築や組織文化の醸成を目指した姿勢を維持することが望ましい。それには、これまで述べてきたようなITガバナンスの遂行を可能にする要素を実現しうる情報システム人材の育成を通じて、情報システム部門そのものがビジネスプロセス革新の有効性を高めていることを理解してもらえるような組織体制を整えなければならないのである。情報システム部門の人材が十分なスキルや知識をもち、ビジネスプロセス革新を可能とする情報システムの有効性を示せなければ、社内からもその実績を評価してもらうことは容易ではない。その意味においても、情報システム部門における人材育成は、ITガバナンスの実現を左右する要素であるといえよう。

　これまでに述べてきたITガバナンスの実現に向けた情報システム部門の役割は、図表6-4にまとめられる。しかしながら、個々の企業の実務においては、情報システム部門の役割それぞれについて、より詳細なレベルにまで記述することができなければ、情報システム部門として具体的に有効な取組みや指標などを示すことは難しい。また、各企業において情報システム機能の優先順位は異なることや環境の変化や技術の進展によって新たな情報システム機能の発揮が期待されることも考えられ、情報システム部門の役割を固定的に定義できるとすることは適当ではないであろう。

　さらには、ITインフラがクラウドに委ねられるようになった場合、情報システム部門の役割が情報戦略の企画・計画という上流工程にシフトできなければ、企業においてその「存続理由がない」と考えられてしまうという見方すら

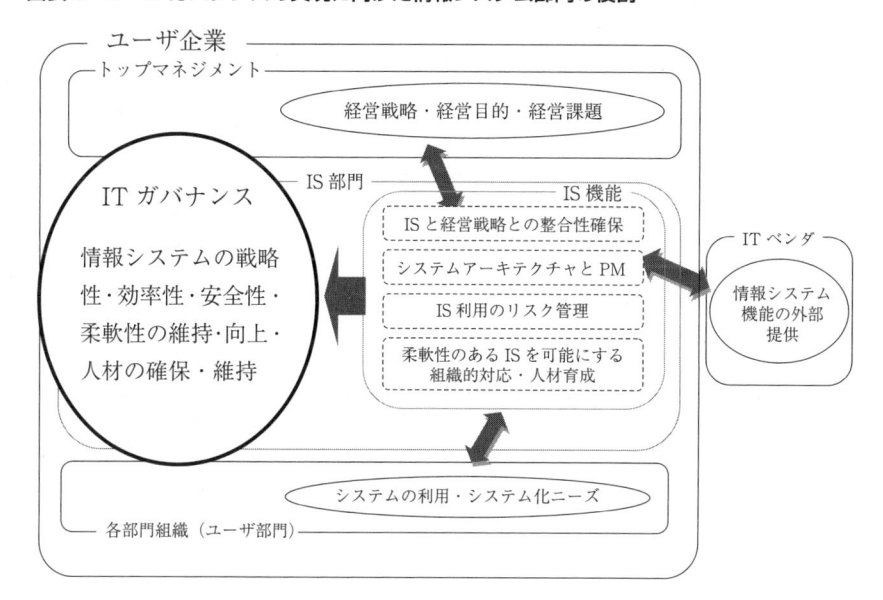

図表6-4 ITガバナンスの実現に向けた情報システム部門の役割

[図：ユーザ企業内にトップマネジメント（経営戦略・経営目的・経営課題）、IS部門（IS機能：ISと経営戦略との整合性確保、システムアーキテクチャとPM、IS利用のリスク管理、柔軟性のあるISを可能にする組織的対応・人材育成）、各部門組織（ユーザ部門）（システムの利用・システム化ニーズ）があり、ITガバナンス（情報システムの戦略性・効率性・安全性・柔軟性の維持・向上・人材の確保・維持）とITベンダ（情報システム機能の外部提供）が関連する構造を示す]

ある[14]。情報システム部門そのものが根本的にそのあり方を変えていく可能性があることも完全には否定できないのである。

　その一方で、これまで述べてきたような情報システム機能が相互関連的に役割を果たしていなければ、広義にみたITガバナンスの実現に貢献しうる情報システム機能を提供することは容易ではなく、また本節で取り上げた各要素は、今後の情報システム部門のあるべき姿を考える上でも重要なポイントとなることは疑う余地がない。

6.5　おわりに

　情報システム部門組織の変遷やその役割の変化とは、企業組織の神経系としての機能を担う情報システムが、企業内外の変化に適合するべく発展を遂げた歴史に準えることができる。情報システム部門は、情報システムを支える技術

の発達や普及のみならず、環境変化への対応を迅速に行うことによって競争優位の獲得を目指したことや、人件費や投資コスト、運用コストを最小化しようとするコストプレッシャが常に存在していたことなどを中心的な背景として変遷し、同時に人や組織もまた、情報システム機能を活用しうるよう対応してきた。それらの相互作用によって情報システム部門組織とその機能が形作られていることは、どの時代においても同様であるかもしれない。

しかしながら、現在の情報システム部門は、現代社会における多様な環境変化への迅速で柔軟な対応が求められており、経済的、技術的あるいは法的な制約条件を考慮した上で、最適な機能を提供すべく、さらなる進化を遂げ続けていくものと予想される。企業は、情報システム部門の外部化やその程度を検討しながら、有用な情報システムのあり方を継続的に模索し、俊敏な対応を迫られることになるであろう。他方、そのように情報システム部門組織が機能し、効率的にかつ有効に情報システムを運用していくためには、情報システム部門のノウハウをいかに組織や人間に蓄積し、活用していくかという、人や組織に関わる課題にも取り組まなければならない。

注

1 戸田雅章（2006）、トヨタイズムを支える「トヨタ」情報システム、日刊工業新聞社、p. 18
2 前川良博（1998）、情報システム部門の戦略的管理、日刊工業新聞社、p. 21
3 三菱銀行（1980）、続三菱銀行社史
4 島田達己、原田保（1998）、実践アウトソーシング、日科技連、pp. 4-5
5 遠山暁、村田潔、岸真理子（2003）、経営情報論、有斐閣、p. 146
6 北原佳郎（2007）、SaaS は ASP を超えた、ファーストプレス、p. 16
7 Mcfarlan, F. W., Mckennye, J. L., and Cash, J. I. Jr. (1988), *Corporate Information Systems Management* (2nd ed), Irwin（小澤行正、南隆夫訳（1988）『情報システム企業戦略論』日経 BP 社）、pp. 103-119
8 小野修一、鈴木実、松枝憲司、渡辺和宣（2005）、改訂版情報システム部、日本

能率協会マネジメントセンター、pp. 234-235
9 ウィリアム R. シノット、成田光彰訳（1988）、戦略情報システム-CIO の任務と実務、日刊工業新聞社
10 総務省、平成 20 年度通信利用動向調査
http://www.soumu.go.jp/johotsusintokei/statistics/data/090407_1.pdf
11 通商産業省（1999）、企業の IT ガバナンス向上に向けて：情報化レベル自己診断スコアカードの活用、日本情報処理開発協会
12 小野修一、鈴木実、松枝憲司、渡辺和宣（2005）、改訂版情報システム部、日本能率協会マネジメントセンター、pp. 40-41
13 遠山暁、村田潔、岸眞理子（2007）、経営情報論（新版）、有斐閣、p. 304
14 北川賢一（2008）、クラウドが 5 年後に IT 市場の 4 割に－上流シフトできないベンダは消える、日経ソリューションビジネス，12 月 15 日号、p. 65

第7章

情報システムの経営と人・組織への貢献

7.1 情報システムの経営への貢献

7.1.1 経営における情報システムの役割の変化と拡大

　ここまで情報システムの発展過程を見てきた。そこから見えてくることは、企業経営の中で情報システムが果たしてきた役割変遷の歴史である。図表7-1に経営の中で情報システムが果たしてきた役割の変遷を示した。その役割は、業務効率化、管理の高度化・効果化、意思決定の支援、戦略の実現、知識管理とコミュニケーション支援に総括できる。

1) 業務効率化・業務改革のための情報システム

　企業での情報システムの利用は、定型的な業務活動において、人手で行っていたものをコンピュータで処理することから始まった。たとえば、会計・経理業務では、帳簿のファイル化により会計データを管理し、そこから自動集計することによって各種帳票を印刷するようになった。販売業務では、受注に始まり、出荷、納品、請求、入金という一連の流れをデータベースで管理し、他業務で使用する出荷指示などの伝票作成を効率化することができた。こうしたデータ処理機能を担っていたのが典型的な「業務効率化のための情報システム」である。

　1950年代から60年代の情報システム化はほぼこのレベルの実現が主題で

図表 7−1　情報システムの役割の変遷 [1]

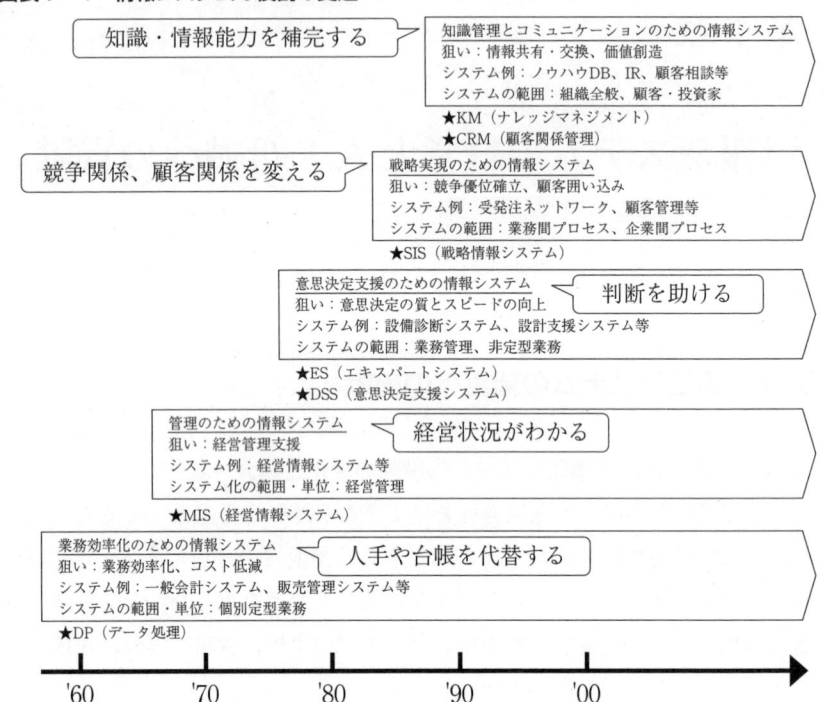

知識・情報能力を補完する
- 知識管理とコミュニケーションのための情報システム
  - 狙い：情報共有・交換、価値創造
  - システム例：ノウハウDB、IR、顧客相談等
  - システムの範囲：組織全般、顧客・投資家
- ★KM（ナレッジマネジメント）
- ★CRM（顧客関係管理）

競争関係、顧客関係を変える
- 戦略実現のための情報システム
  - 狙い：競争優位確立、顧客囲い込み
  - システム例：受発注ネットワーク、顧客管理等
  - システムの範囲：業務間プロセス、企業間プロセス
- ★SIS（戦略情報システム）

判断を助ける
- 意思決定支援のための情報システム
  - 狙い：意思決定の質とスピードの向上
  - システム例：設備診断システム、設計支援システム等
  - システムの範囲：業務管理、非定型業務
- ★ES（エキスパートシステム）
- ★DSS（意思決定支援システム）

経営状況がわかる
- 管理のための情報システム
  - 狙い：経営管理支援
  - システム例：経営情報システム等
  - システム化の範囲・単位：経営管理
- ★MIS（経営情報システム）

人手や台帳を代替する
- 業務効率化のための情報システム
  - 狙い：業務効率化、コスト低減
  - システム例：一般会計システム、販売管理システム等
  - システムの範囲・単位：個別定型業務
- ★DP（データ処理）

'60　'70　'80　'90　'00

あった。手作業の定型業務を情報システムで代替することが中心であり、個別業務ごとにシステム化された。オンラインシステムもこの延長線上にあり、業務効率化、省力化が期待された情報システムであった。

　1990年代のBPRによる業務改革は、個別業務ごとにシステム化された仕事の仕組み、制度、権限などを抜本的に見直し、部門間にまたがる一連の業務の流れをゼロから再構築するものであった。ここでの期待は部門間を越えたシステムを構築することによって業務改革をして顧客満足度の向上を図るとともに、スタッフの生産性を向上させることであった。

2）管理のための情報システム

1960年代にMISがアメリカ、そしてわが国でも話題になり、産業界での取り組みが進められた。MISを契機として、業務処理のシステム化の次の段階として、経営管理のための情報提供、レポーティング機能が強化されるようになった。その後、管理会計やPDCAをベースとした業績管理、収益管理、経営管理といった「管理のための情報システム」が発展していった。管理のための情報システム化は、経営管理、業務管理の質の向上、管理の高度化、適時化を図ることを目的としている。

3）意思決定支援のための情報システム

1970年代後半から80年代にかけてのコンピュータ利用技術の進化は、さらに新たな機能を提供するようになった。対話型のユーザインターフェース、検索技術、そして人工知能の応用技術が実用化されたことによって、定型的な処理、情報提供しか対応できなかった情報システムが、非定型な業務を支援できるようになった。管理の中でも経常的なものは、前述の管理のための情報システムでカバーしていたが、非定型の「意思決定支援のための情報システム」の構築が試みられたのである。意思決定支援のための情報システムでは、業務処理や質の向上、均質化、スピードアップが重要な狙いとなる。さらに、人工知能やオペレーションズリサーチ（OR）手法によって、人ではできない意思決定の最適化を目指すアプローチも見られた。

4）戦略実現のための情報システム

1980年代には、情報システムと通信技術との統合により、情報システムの適用の広がりは、企業内にとどまらず、企業間にわたるようになった。メーカと流通業の間や、製品メーカとサプライヤとの間の受発注情報がネットワークを介してやり取りされるようになったのである。このような企業間情報ネットワークが構築された結果、情報システムに新たな意味合いが生じてきた。情報ネットワークを意図的に利用すれば、スイッチングコスト（取引先切り替えコ

スト）を高めることができるようになり、顧客の囲い込みが可能となった。これが、戦略情報システム（SIS）の大きなねらいの1つである。SISは、顧客のスイッチングコストを高めるだけではなく、コスト低減、製品革新、顧客サービス向上などによる競争優位を築こうとする情報システムとして活用されるようにもなった。SISによって情報システムは、戦略実現のための役割を担えるようになったのである。

5）知識活用のための情報システム

　人間の持つ知識、ノウハウを管理し、活用しようとすること、さらには新たな知識、知恵を創造しようとする情報システム開発の試みは長年にわたって行われてきた。古くはAI（人工知能）、ES（専門化システム）があり、90年代以降ナレッジマネジメント、ビジネスインテリジェンスシステムが展開された。

　経営における知識活用のための情報システム機能には、知識データベースを活用した知識の共有化システムをベースとした、オペレーショナルレベルの業務活動への応用と、新たな事実・知識・戦略を創出するような知識創造への応用局面がある。特に、後者への期待は大きく、データの活用、情報の活用に続く知識経済時代の到来として今後の重要な活用領域となっている。

6）コミュニケーションメディアのための情報システム

　コンピュータは当初コミュニケーション機能をもっていなかったが、通信との結合によってコミュニケーション機能を保有するようになった。その結果、人間のコミュニケーション方法を変革させるようになった。その代表例は90年代に普及した電子メールなどのグループウェアであり、インターネットである。

　もう1つの変化はマルチメディアの発達である。それまで情報システムで扱う情報は、数値と文字列が中心であったが、マルチメディアは文章、静止画、動画、映像、音声を容易に扱うことを可能にした。その結果、従来文書、電

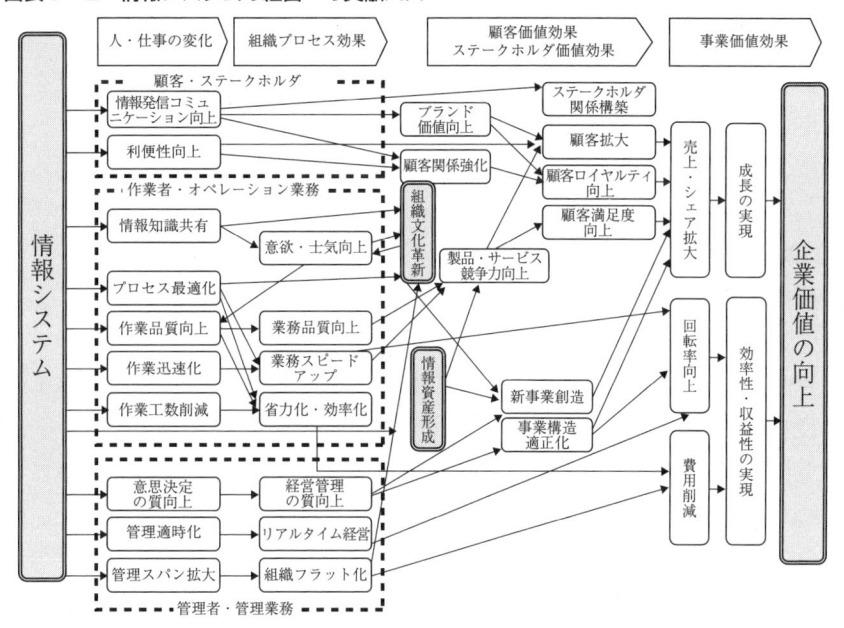

第7章 情報システムの経営と人・組織への貢献

図表7-2 情報システムの経営への貢献パス

話、ファックス、会議を通して行われていたコミュニケーション方法を電子メールやインターネットなどによるデジタルコミュニケーション方法に変革させていった。

こうした変化は企業内における変化だけでなく、企業の顧客、取引先、投資家等にも及び、さらには一般生活者にまで及んでいる。情報システムは社会における新たなコミュニケーションメディアの機能を果たすようになった。

7.1.2 情報システムの経営における貢献

情報システムの経営への貢献を体系的に整理すると図表7-2のようになる。情報システムは、人と仕事に対してインパクトを与えているほか、事業成果への貢献という視点からみると、図表7-2に示したように大きく3つの形がある。第一は、事業の中核である事業オペレーションの改善をとおして、効率

223

性・収益性向上の実現を図り、事業成果に貢献すること、第二は、事業をよりよく管理するための経営管理・事業管理・業務管理をとおして管理の質を高め、事業の適正化を図ることによって事業成果に貢献すること、第三は顧客やステークホルダに対する関係を良好化することによって事業成果に貢献し、さらには社会的責任への対応をとおして企業価値の向上に貢献することである。

1) 効率性・収益性の向上への貢献

　情報システムの第一の経営への貢献は、業務効率化・省人化・省力化による経営効率の向上である。最終的に費用の低減をとおして、営業利益を高めることが情報システムの古くからの利用目的であった。これは前述の情報システムの役割「業務効率化のための情報システム」が果たした貢献である。

　業務自体を情報システムで代替すること、業務に必要な情報照会を迅速にすることにより、作業工数を削減することがコスト低減の起点である。また、情報システムの利用により、作業品質が高まったり、作業スピードがアップすることで、作業工数が削減するというメカニズムもある。

　たとえば、本調査で取り上げている事例では次のような効果が指摘されている。

- わが国で早期にPCSを導入した日本陶器では、ソロバンを使っていた計算係の120–130名の社員を36名に減らしている。
- 新日本製鐵の君津製鉄所では一貫製鉄所オンラインシステムによって製鉄所運営に4万人必要とするところを3千人で対応できるようにしている。
- 高島屋では初期のPOSの導入によって、7店舗で3千人の削減ができたと評価している
- 銀行の1次オン、2次オン、3次オンでは、1,000〜2,000人、2,000人〜3,000人、1,000人〜2,500人削減（増人抑制）したとされている。

　情報システムの貢献は既存業務についての省力化だけではなく、新たなビジネスモデルを構築するときに必要とする要員の削減効果もある。たとえば、初期のオンラインリアルタイムシステム構築の場合を考えてみると、ある業務を

リアルタイムで事務処理をするためには500人必要とされるとする。これを新しいオンラインリアルタイムシステムで行なえば100人で済むとすると、この場合の省力（人）化効果は400人である。しかし、考え方によっては、100人で500人の仕事をするわけであるから400人は増人化（抑制）効果、増力化効果である。考え方の問題であるが、実際、このような考え方によって投資効果計算を行ってきたのも事実である。

情報システムは、業務プロセス革新の起爆剤にもなる。情報システムによって個々の業務を機械化するだけではなく、BPRによって業務プロセスの再編や、事業構造の革新によって業務効率化と企業経営、企業戦略に寄与することができる。また、管理会計、経営情報システムなどにより経営管理の質を高めることによって事業構成を適切にマネジメントすることが可能になる。

在庫の削減、ペーパレス化などによる経費削減はもろもろのシステムの整備の結果であるがその経営上の効果は大きい。

以上は、業務効率化によって費用を低減させ、損益計算書の利益率を高める効果であるが、情報システムは貸借対照表の資産効率を高めることにも寄与している。たとえば、情報システムが業務スピードの向上や、SCMによる需給調整を図り、その結果として回転率が向上するというパターンである。

2) 既存事業の成長に対する貢献

情報システムの第二の経営への貢献は、事業の成長を加速していくこと、すなわち売上の拡大に貢献していることである。既存事業における売上高の拡大は、顧客の層別に、
・既存顧客に対する売上拡大
・新規顧客の獲得による売上拡大
というアプローチに分解できる。情報システムは、それぞれのアプローチに対して、有力な手段を提供する。

既存顧客に対する売上拡大のための情報システムとしては、CRMによる顧客関係管理により、顧客満足度を高め、リピート購買、クロスセルを拡大する

という取り組みがある。企業間情報ネットワークを活用したSISによる囲い込みも、顧客に利便性を提供することによって顧客関係強化を図り売上を増大させる戦略的方策である。また、マーケティング情報や顧客ニーズの分析、製品・サービス開発マネジメントの面で情報システムを活用し、製品・サービス競争力を強化して、顧客満足度を高めていくという方策もある。その他、SFA（セールスフォースオートメーション）による精度の高い販売計画と販売活動計画の作成、その実行管理も大きな武器である。

新規顧客の獲得による売上拡大のための情報システムとしては、対象顧客の絞り込みから始まり成約管理に至るまでのSFAシステム、知識データベースを活用した仮説アプローチシステムや販売活動支援システムなどがある。

また、新規顧客開拓にはマーケティングや製品・サービス開発での情報システムの活用が重要な役割を果たす。新たな市場・顧客層に訴求する製品・サービス開発の成功率を高めるうえで、適切なセグメンテーション、ターゲティング、ポジショニングのための情報分析機能は役立つ。

顧客ロイヤルティの向上と顧客層の拡大のために、ブランド価値を高めていく方法がある。ここでも、WEBや電子媒体による情報発信や双方向コミュニケーションがブランド構築に寄与する。

3）新規事業開発による成長に対する貢献

情報システムは既存事業だけでなく、新規事業の開発によって、企業経営、企業戦略に寄与する。ITを使って新規事業を開拓した例は枚挙に暇がない。特に1990年代後半にはアマゾン、ヤフーに代表されるようなネットベンチャがわが国においても興隆し、ITバブルを起こしたほどであった。

ITを使った新規事業の開発はインターネット以前からあり、既存事業とかかわりをもった新規事業と、既存事業とまったくかかわりを持たない新規事業開拓の例がある。前者の例では、既存事業の製品をインターネットを使ってネット販売事業を興した例である。後者の例ではセブン-イレブンがコンビニ事業から銀行事業に参入した例がある。この例は既存の店舗ネットワークを利

用して銀行事業に参入している。このように既存事業で形成してきた情報資産（ネットワーク、顧客情報などの無形の資産）を土台にして発展させた例も数多くある。

4）多元的社会的責任への対応

　企業は、財務的な成果以外にも、CSR（企業の社会的責任）におけるトリプルボトムライン（環境的側面—社会的側面—経済的側面）に代表されるように、さまざまな企業活動の影響を意識し、管理する必要がある。このとき重要となるのが、各種ステークホルダとのコミュニケーションである。この観点でも情報システムは大きな役割を果たすようになっている。

　顧客に対しては、取引、サービスなどの業務的な情報システム連携だけではなく、トレーサビリティ、安全の観点から情報システムの機能を活用していくことが期待されている。

　株主・投資家に対しては、多くの企業でIR（Investor Relations）がインターネットベースで行われるようになり、近年では株主総会への参加もWEBでできるようになった。

7.2　情報システムの人と組織への貢献

　情報システムの人と組織への貢献については図表7-2の「人・仕事の変化」、「組織プロセス効果」の欄に示しているが、そこでの考察対象としては情報システムの利用者である作業者、マネジャ、組織文化、ステークホルダとしての顧客、取引先を取り上げている。考察の視点としては人間が本来行っている、仕事（作業）をすること、管理をすること、考えること、意思決定すること、コミュニケーションすることにおく。

1）作業者への貢献

　企業における作業者は、事業を推進するための中核となる定型的な業務・事

務を担当している。この業務領域における情報システムの第一の貢献は、情報システムが作業レベルの仕事、肉体労働を代替したことである。情報システムは、データ処理時代から事務職員が行っていた事務作業を代替し、製造現場においては作業をプロコンや産業用ロボットによって自動化し、作業者の肉体労働を代替してきた。特に自動化によって人間を危険な作業から解放したことの意義は大きい。また、POSによる伝票処理、帳簿処理などの事務作業の代替、ATMによる窓口業務の代替などは人間に対する大きな貢献である。

第二の貢献は、作業者の人間性の復活である。たとえば、1人が1工程を担当する分業制から、自分の技術、経験、知識を活かして1人で複数の工程を担当する多能工（セル）生産方式がその例である。また、EUCは自分の仕事の情報システム化を情報システム部門に任せていたものを自分で行うという、ユーザオートノミ（自治権）を復権させている。

第三の貢献は、仕事のスピード化と質の向上である。情報システムは人間が行っていた仕事をシステム化することによって迅速化し、ミスを少なくしてきた。これは経営への貢献でもあるが、人間的側面から見てもこうしたことに対する肉体的負担、精神的負担を大きく軽減させている。

2）マネジャへの貢献

管理者が行う管理業務には、計画や戦略の策定機能とそれらを管理する管理機能があり、それらの背景には必ず考えること、意思決定することがついてまわっている。管理者への基本的な貢献は管理業務を行うにあたって適時性、的確性を高めることである。

管理者の計画業務への貢献については、計画業務の支援システムがある。蓄積データ、環境データからの市場予測・需要予測、生産・販売計画の立案、経営科学技術を駆使したシミュレーションなどによって、人手では不可能であるような精度のよい計画を作成することができるようになった。同時に計画業務の負荷の軽減も大きな貢献である。

管理者の管理業務には定型的なものと非定型的なものがある。定型的管理業

務については、情報システムによって、人手で行っていた台帳管理や集計業務を自動化することができ、管理情報作成の効率化、スピードアップが図られた。それに加え、管理情報の質向上と量拡大によって、管理業務の適時対応、管理の質の向上が図られるようになった。

　管理者の意思決定活動に関しては、意思決定支援システムによって複雑な意思決定問題に際しての適切な情報の提供と代替案の提示によって質の高い意思決定ができるよう支援している。さらに、情報共有や、ワークフローシステムは意思決定メカニズムの変革をもたらし、意思決定をスピードアップさせている。

　人間の考えることについての支援はまだまだ不十分であるが、ナレッジマネジメントやBIによって人間の思考を支援している。これらは人間の知的能力を増大させようとするものであり、省人・省力化、増人・増力化に続く増脳化に貢献していることになる。

3) 組織文化への貢献

　情報システムは、業務に対する直接的な効果とそれを基点にした財務的な成果を生み、これと連動して人間の活動に変化を与えてきているが、間接的な効果として企業の組織そのもの、また企業の行動様式といわれる組織文化の変革をもたらしている。

　典型的な例は、電子メールや掲示板、情報の共有化が、従来の上意下達方式による重層化されていた組織構造を破壊し、フラットな組織構造に変革させている。組織のフラット化は中間管理層を不要にし、管理者のコントロールスパンを拡大することにもつながっている。

　コミュニケーション方法の変化も著しく、90年代前半までは紙と電話による方法であったが、電子メールやインターネットの普及と情報リテラシの向上によってデジタルコミュニケーション方式に変わってきた。デジタルコミュニケーション方法としての携帯電話の普及はさらなる変化をもたらしている。

　デジタルコミュニケーション方式は、仕事の仕方、働き方に変化を生じさせ

ている。紙と電卓と電話で行っていた仕事はパソコンに置き換えられた。モバイルオフィスによる直行・直帰も可能になり、直接面談方式であった報告・連絡・相談もデジタルコミュニケーション方式に変りつつある。こうしたことは作業者の仕事のやり方、管理者の管理の仕方、意識に変革をもたらしている。

　情報システムは新しい組織文化を形成しつつある。好ましい方向に組織文化が変わることによって、さらなる業務の質の向上、サービスの徹底が図られ、事業の競争力が向上する。また、組織文化の革新は、新たなビジネスモデルや新規事業を創造するきっかけになっている場合もある。

4）顧客や取引先への貢献

　情報システムが顧客、その中でも一般生活者に貢献した点を考えてみると、第一に注目すべきことは、ATMのような生活者が直接操作できる端末が生活者に与えた影響である。情報システムの貢献については、企業の内側からその効果を見ることが多いが、外側から見た場合には、ATM端末などは生活者に利便性をもたらし、生活面での行動を変容させている。

　インターネットが生活者に与えた影響も計り知れない。インターネットはコンピュータを意識させることなく、コンピュータを大衆化し、生活者に密着した形で、誰でも使えるものにした。生活者は自分の必要とする情報、商品、サービスを、条件選択しながら手に入れることが出来るようになった。

　情報システムの取引先などに対する貢献としては、企業間ネットワークによる企業連携によって、それまで電話やFAXによって受発注していたものを、EDIやWEBを用いて直接受発注することができるようになり、それによって、発注側企業、受注側企業とも受発注処理と検品・受領処理の効率化を図ることができるようになった。また、生産財あるいは耐久消費財を対象としている顧客は、納期回答などの付帯的情報によって利便性と顧客サービスの向上を享受できるようになった。

　90年代以降発展した流通業におけるQR、ECR、また製造業などでも導入しているSCMは、企業提携によって企業共同体としてのメリットを追求するシ

ステムを構築し、そこに参加する企業群相互の効果が期待されている。

このように顧客や取引先が直接利用者としてつながることによって、企業側の業務処理および処理速度は著しく向上した。また、企業が必要とする情報は、顧客や取引先からダイレクトに入るようになった。

5）ステークホルダへの貢献

顧客・取引先以外のステークホルダとしては地域住民、投資家などがいる。こうしたステークホルダに対しても、情報システムは少なからず貢献している。前項で触れたCSRやIRはその例であり、企業が積極的に情報開示を行ったり、コミュニケーションをとるようになっている。その良し悪しによってステークホルダは厳しく企業を評価するようになっている。

7.3　情報化投資と事業成果

情報システムの企業への貢献を考察してきたが、情報化投資が必ずしもすべての企業に良い成果をもたらしているわけではない。情報化投資と事業成果については、情報化投資に費やした資金とビジネス成果との間には何の関係もないとする、論文を1990年にストラスマン[2]が発表した。これがインフォメーションパラドックスと言われるものであり、それ以来多くの議論が展開されてきた。注目すべきことは、情報化投資によって成果を得ている企業とそうでない企業があることである。そのため情報化投資の成否の要因分析が行なわれてきた。

一般に情報化投資に成功している企業にはおよそ次のような特徴がみられる。1つは、情報システム化によってビジネスの革新を行なっていること、しかも、ビジネスプロセスの革新と同時に組織プロセスの革新をも行なっていることである。また、ビジネスの革新は大改革を一度だけ行なうのではなく、継続的に行なっていることがあげられる。ITを活用できる人材がいることも特徴の1つである。また、教訓のところでも述べているが、経営トップのリー

ダーシップと改革を継続して完遂する強い意志を持っていることが鍵となっている。

IT投資と企業業績の関係について、平野雅章[3]は、組織能力（組織IQ）という概念を「コミュニケーションと意思決定のためのルールや仕組みの性能」と定義し、「組織IQが高くなるほどIT投資が企業業績に与える影響は大きい」、「IT投資が大きい方が企業業績が良くなるが、組織IQが高い方がよりこの傾向は強い」こと、また「組織IQが低いときにIT投資を増やしても効果は薄い」ことを検証している。これらのことは、組織IQを高めることがIT投資に関わる企業業績を良くすることの前提となっていることを示している。

現在の経営はITの利用なしには存在しえない。情報化投資の成果の大小に拘わらず、あるいは成果不明確の状態のままでも競争上の理由、企業間取引要件を満たすためなどの理由によって、現在でも情報化投資は継続的に行なわれている。より大きな投資成果を得るためにはビジネス革新を図るとともにその基盤となっている組織IQを高めることが求められている。

注

1　歌代豊（2007）、情報・知識管理、学文社
2　Strassman, P. (1990), The Business Value of Computer, The Information Economics Press
3　平野雅章（2007）、IT投資で延びる会社、沈む会社、日本経済新聞出版社

第8章

情報システム発展史からの知見と教訓

8.1　IT経営の領域とチェックポイント

　ITは企業経営の中で重要な役割を担うようになっている。そして、その結果として、経営管理における主要な管理要素となっており、IT経営の機能は経営管理体系の中に組み込まれるようになっている。

　図表8-1は、経営管理との関係からIT経営の機能体系を示したものである[1]。図中の上下の階層は経営の意思決定レベルを区分している。上層には全社・コーポレートの経営意思決定、中間層には各事業レベルの意思決定、下層には基盤であるシステムに関する意思決定がある。また、図の横軸は左から右にかけて、マネジメント－開発－業務・システム運用というITのライフサイクルマネジメントプロセスの流れを区分している。そこでのマネジメントには全体計画（基本計画）の策定と管理の機能があり、開発には個々のアプリケーション・基盤システムの企画・開発の機能がある。そして、業務・システムの運用には開発したシステムを運用して経営成果をあげる機能がある。

　図表8-1に示すように、経営管理とIT経営は密接に連携したものである必要がある。ITはシステム層に限定した課題ではなく、事業レベル、全社・コーポレートレベルでの意思決定にも関連している。しかし、現実には、IT部門がシステムの開発と運用という図中の右下の領域（開発～運用）の推進・管理に忙殺されるため、マネジメント機能における、事業戦略とIT戦略の繋

図表 8-1　IT経営の機能体系

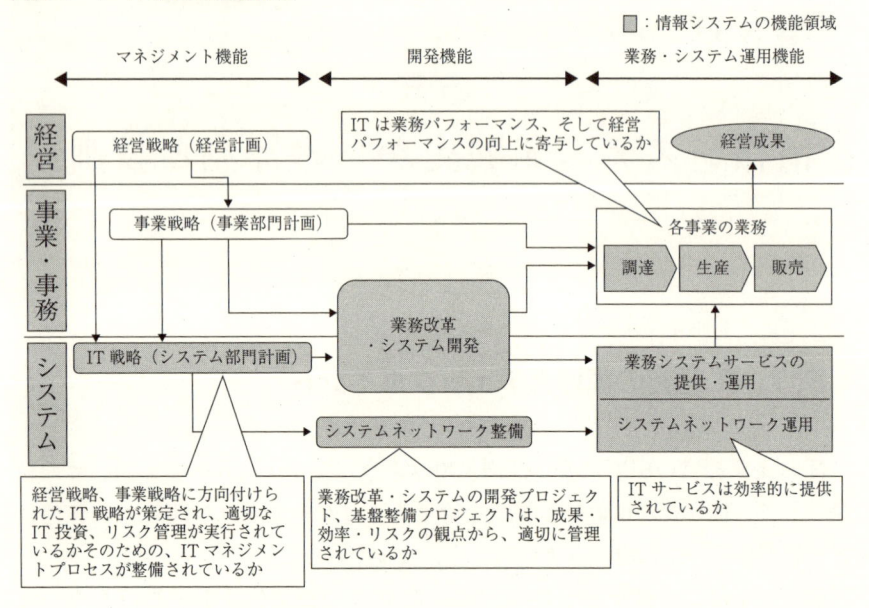

```
                マネジメント機能          開発機能         業務・システム運用機能
                                                      ■：情報システムの機能領域

  経営    経営戦略（経営計画）        ITは業務パフォーマンス、そして経営
                                   パフォーマンスの向上に寄与しているか      経営成果

  事業・  事業戦略（事業部門計画）                        各事業の業務
  事務                                                 調達 → 生産 → 販売

  シス    IT戦略（システム部門計画）   業務改革          業務システムサービスの
  テム                              ・システム開発      提供・運用
                                   システムネットワーク整備   システムネットワーク運用

  経営戦略、事業戦略に方向付けら     業務改革・システムの開発プロジェクト  ITサービスは効率的に提供
  れたIT戦略が策定され、適切な       、基盤整備プロジェクトは、成果・      されているか
  IT投資、リスク管理が実行されて    効率・リスクの観点から、適切に管理
  いるかそのための、ITマネジメン    されているか
  トプロセスが整備されているか
```

ぎが不十分な企業が少なくない。そのような場合、業務・システムの運用において、情報システムサービスの提供・運用の効果が経営成果につながりにくくなる。

これらを踏まえると、IT経営の領域の中で、IT経営の良否を見るための重要なチェックポイントとして、次の3つの領域をあげることができる。

1）IT戦略の策定と管理

① 経営戦略、事業戦略に方向付けられたIT戦略が策定され、適切なIT投資、リスク管理が実行されているか
② 経営戦略、事業戦略に方向付けられたIT戦略が策定され、適切なIT投資、リスク管理を実行するためのITマネジメントプロセスが整備されているか

2) IT 基盤と情報システムの開発
① 業務改革・システム開発プロジェクト、基盤整備プロジェクトは、成果・効率・リスクの観点から、適切に管理されているか
② システム調達の方法は、情報システム部門がその役割、機能を果たすことを考慮された上で適切な方法が採用されているか

3) IT の運用と活用
① IT サービスは効率的に提供されているか
② IT は業務パフォーマンス、そして経営パフォーマンスの向上に寄与しているか

8.2 明日の IT 経営に向けての知見と教訓

　前述の IT 経営の領域について、わが国の IT 先進企業はどのように対応してきたであろうか。ここでは、企業情報システム発展史の調査事例を通して得られたことからのファインディングと先人達の教え、その含意をも含めて、それらを知見・教訓としてまとめる。

8.2.1 IT 戦略の策定と管理

　IT 戦略の策定と管理についての領域に関連して、これまでの企業の取り組みから得られた知見と教訓を図表 8-2 に一覧表示した。以下は補足的な説明である。
① **IT は企業経営、人間、社会に貢献してきている。これからの経営には IT に関する明確な認識・位置づけと IT ビジョンが必要とされている。**
　今日、IT は企業の重要な資産であり、業務、事業、経営、社会に貢献している。情報システムは、単にコスト削減や業務レベルでの人の仕事の仕方を変えるだけでなく、業務や事業システムを抜本的に変革してきた。さらには IT

図表 8-2　IT 戦略の策定と管理に関する知見・教訓

＜IT に関する認識・位置づけと IT ビジョンの構築＞
◆IT は企業の重要な資産であり、業務、経営、人、社会に貢献している。
　―情報システムは経営の効率化、ビジネスの拡大に継続的に貢献してきた。
　―情報システムは戦略形成、意思決定、業務改革に役立っている。
　―情報システムは企業内の人だけでなく企業外の一般消費者、顧客、関連企業にも便益をもたらしている。
　―情報システムは人間の肉体労働だけでなく知的労働をも代替してきている。
　―情報システムは人間が不可能なことを可能にしてきている。
　―情報システムは企業内で働く人の仕事の仕方、働き方を変え続けている。
◆IT は経営戦略、経営目標、業務改革、生産性向上、人間の豊かさを実現させるイネーブラである。
◆IT 経営を怠ることは経営努力を怠ることに等しい。
◆フィロソフィやビジョンがあるシステムが大きな成功を収めている。
◆先進的なシステム作りには理念先行、ビジョン先行で、それを実現するカリスマ的リーダが存在するケースが多い。
◆システムは 1 日にしてはならない。戦略的なシステム、業務改革システム、経営情報システムなどはその実現までに長い歳月を必要とするが、それを支えるのは経営トップの強固な意志である。

＜IT のリーダーシップと人材開発＞
◆CEO、CIO はその職に就く前に IT 教育を受けておかなければならない。
◆大きなプロジェクトを経験すれば人は育つ。
◆IT 経営に関する使命感と誇り、情熱を持たなければ尊敬される IT 経営の幹部にはなれない。
◆IT 人材の育成に関わる環境整備が求められている。そのためには IT 業界挙げての取り組みと適切な国家的対応が必要である。

＜IT アーキテクチャ＞
◆IT 経営を推進するためには経営戦略と IT 戦略を統合した包括的な IT アーキテクチャが必要である。
◆グローバルビジネスを推進していくためにはグローバルレベルの経営戦略と IT 戦略を統合したグローバルレベルの IT アーキテクチャが必要である。
◆パッケージ利用の基本方針を明らかにしておく必要がある。パッケージ導入ではシステムによる差異化は実現できない。
◆レガシーシステムに対するリニューアル化を実現する時期に来ている。

＜IT 投資効果のマネジメント＞
◆情報システムの効果が測定され、評価されることは稀である。
◆IT 投資効果を高める厳しいマネジメントシステムが求められている。

は企業内にとどまらず、企業外の顧客への利便性の提供やその他のステークホルダとの関係向上を図ってきた。

情報システム利活用の良否は、企業の競争力を確実に左右する。このようなITの力を企業として認識し、企業の中でのITの位置づけを適切かつ戦略的に定義することが不可欠であり、自社の経営戦略の観点からIT利活用のビジョンを定義することが求められる。

② **ITは経営をドライブするイネーブラである**

ITは経営戦略、経営目標、業務改革、生産性向上、人間の豊かさを実現させるイネーブラである。したがって、IT経営を怠ることは経営そのものを怠っているに等しい。

③ **IT経営成功の鍵は経営トップのリーダーシップとシステムを実現しようとする強い意志にある**

先進的なシステムに成功している企業やその情報システムには経営トップのフィロソフィーやビジョンが反映されているケースが多い。また、そうしたシステムは先見性に富んだ理念先行、ビジョン先行のシステムである。

先進的なシステムを実現するまでには数年という長い歳月を必要とするが、その間には幾多の困難な状況に遭遇する。そうしたときに肝心なことは開発の継続を支援する経営トップの強固な意志である。

④ **IT人材の育成にはCEO、CIOをも含めた広範な人材育成計画が必要である**

ITビジョンを構築するためには、ITに関する企業内のリーダーシップが重要となる。CEO、CIOは、その職に就く前にITプロジェクトに関する原体験を得るとともに、IT教育を受けておくことが必須である。特に、ITプロジェクトに関する参画、関与は重要な機会となる。

IT人材の育成は喫緊の課題である。大きなプロジェクトを経験すれば人は育つ。IT経営にかかわる幹部候補者には早い段階で大きなITプロジェクトに参画させるような制度を設けるべきである。ITプロジェクトを経験する中で、IT経営に関する使命感と意義を深耕することができる。

⑤ ITアーキテクチャを構築しておくことが求められている

　ITビジョンの中の一要素として、企業レベルでのITアーキテクチャをどのように構築し維持管理するかが重要な課題となる。経営戦略とIT戦略を統合したアプリケーションプラン、情報システムの調達と運営維持に関する方針、効率的なシステム基盤の計画、事業部門の環境変化に対する迅速な対応方針などをITアーキテクチャとして設定しておかなければならない。ITは事業間のシナジーを生むための重要な資源である。事業と業務機能の2軸から最適な機能配置をする必要がある。

　グローバルビジネスを展開する企業にとっては、グローバルレベルのITアーキテクチャが求められている。わが国の成長戦略はアジアシフトがかかげられていることから、業務の標準化、諸コードの標準化などとそれらのローカル化とをどのようなスキームでバランスさせていくかが大きな課題となっている。

⑥ パッケージの利用方針を明らかにしておく必要がある

　ソフトウェアパッケージを活用する領域が広がっているが、システムによる差異化はパッケージ導入では実現できにくい。業務系のトランザクションシステムはパッケージで、差異化するためのシステムはアドオンとするといったような明確な方針を設定しておく必要がある。こうしたことは事業ごとに異なるだろうが、事業戦略の観点から標準と差別化の考え方を決めておくことが重要である。

⑦ レガシーシステムのリニューアルを実現する時期に来ている

　わが国では、大型汎用コンピュータによる情報システム構築が長い間継続されてきた。レガシーシステムの寿命は長く、20年以上も続いているケースも散見される。高度なレガシーシステムには業務の仕組みを組み込みすぎているケースも多く、ブラックボックス化しているシステムもあり、メンテナンス面でも限界にきている。また、技術環境の観点からもレガシーシステムをリニューアルしなければならないという課題を抱えている。レガシーシステムのリニューアル化については、レガシーシステムを見える化し、資産評価をした

⑧ **IT投資効果を高めるマネジメントを行なわなければならない**

　情報システムの効果が測定され、評価されることは稀である。ITの利活用を戦略的に実施していくためには、IT投資の事前、事後を含めたマネジメントが不可欠である。IT投資の意思決定主体、体制、プロセスを確立する必要がある。ただ、形式論的なマネジメントを強化するだけでは、逆に変革能力を殺ぐ危険がある点に留意しなければならない。

　また、IT投資効果を高めるための施策、たとえば、7.3項で指摘したような組織能力を上げることなどを確実に実施し、効果の実現に努力すべきである。

8.2.2　IT基盤と情報システムの開発

　IT基盤と情報システムの開発に関しては、これまでの企業の取り組みから図表8-3に示すような知見と教訓が指摘できる。

① **要件定義局面のマネジメントの巧拙がシステム開発の成否を決める**

　情報システム開発の上流工程で重要となるのは、システム要件の定義である。効率的で期日どおりに開発を行うためには、システム要件を早期に確定し、凍結するようマネージすることが重要である。しかし、要件定義ではさまざまな観点を考慮する必要があるが、特に業務が廻るかどうか、見落としがないかどうか、を十分チェックすることが困難である。そのためには、分析からシステム要件確定までの間特に利用部門が参画し、プロトタイピング手法などを用いることにより、業務面からの検討を十分行うことが必要となる。

　一方、要件定義を十分行ったとしても、テスト段階、移行段階で問題が顕在化する。そのような状況を想定し、発生した問題の軽重を評価し、適切な対応を図るための仕様変更管理の仕組みを明確化しておくべきである。

② **システム設計の基本は変わらない**

　システム開発のパラダイム、手法が変化する一方、情報システムに関する重要な視点、要素には普遍的なものがある。コード設計や業務の標準化は昔も今も変わらないシステム化の要件である。

図表8-3 IT基盤と情報システムの開発に関する知見・教訓

<要件定義と開発方針>
◆要件定義局面のマネジメントの巧拙がシステム開発の成否を決める。
◆情報システム化の初期に苦労して取り組んだコード設計問題や業務の標準化、入力ミス問題への対応は昔も今も変わらないシステム化の課題である。
◆先進企業は、新システムの構想実現のために必要なハード・ソフトはベンダ、メーカなどと共同で開発し、他社と差異化する新システムを開拓してきた。
◆業務システムは、IT系のシステムと人間が分担する部分を明確にした上でシステムを構築すべきである。
◆業務系の仕組みとIT系のシステムは見える化しておかなければならない。
◆システム要件は、システムが稼動するまで決まらない。

<システム開発の手法と技術>
◆プロジェクトが進んでいくうちに初期に意図した業務改革は進まなくなる。
◆システムの調達方針を明らかにしておく必要がある。
　自社開発か、パッケージ導入か、アウトソーシングか。
◆パッケージ導入への過度の依存は、自らシステム設計能力、データベース設計能力を空洞化しているようなものである。
◆丸投げのアウトソーシングは自社の企画能力を他者に売り渡しているようなものである。

<開発プロジェクトマネジメント>
◆プロジェクトマネジメントの組織的、個人的技量が開発プロジェクトの必須要件である。
◆思いを実現する鍵は、強固な意志をもって開発を継続することである。
◆プロジェクトは終わりに近づくほど期間的余裕がなくなる。
◆ユーザテストはいつでも短縮される宿命にある。

<組織体制と人材>
◆システム成功の陰にはCEOを動かしたキーマンがいる。そのキーマンは情報システム部門の人間であることが多い。
◆IT経営を支えるITプロフェッショナルの育成は経営の課題であり、外発的動機とともに内発的動機を重視した施策が施されなければ、いつまでたっても3K職場から脱出できない。

③　新システムの構想実現のために必要なハードウェア、ソフトウェアは開発すべきである

　IT先進企業は、新しいシステムを構想し、そのシステムを実現するために

既存のITで不十分な場合はベンダ、メーカなどと共同で新しい技術を開発し、新しいシステムを構築して、他社に対する差別化を実現してきた。たとえば、セブン-イレブンのPOS端末群の開発、新日鐵君津のDB/DCシステムの開発、新聞社における新聞製作システムの開発などがその例である。

一方、安易に新技術、新方式に乗り、失敗した企業も少なくない。新技術に対する適切な判断と対応が求められる。

④ **プロジェクトが進んでいくうちに初期に意図した業務改革は進まなくなる**

システム開発は納期、コストに追われる宿命を持っている。業務改革を目指す大型プロジェクトに多い現象であるが、納期が近づくにつれ納期重視を優先させるため旧システムからのリプレイスが多くなり、初期に計画した業務改革は脇におかれることになる。プロジェクトマネジメントも必要であるが、思いを実現するための強固な意志が更に必要とされる。

⑤ **システム調達の方針は明らかにしておかなければならない**

近年自社開発は激減し、パッケージ導入、アウトソーシングが増えている。いずれの方法にするかの決定については、その企業が情報システム部門に期待する役割、機能に依存している。戦略実現重視の企業と情報処理コスト重視の企業ではおよそ異なった結論になる。各企業は自社の情報システム部門に期待する役割を明らかにし、自社に必要な機能を維持向上させていくためのリソースを確保した上でシステムの調達方法を決定すべきである。

最近ERPなどのパッケージソフトウェアの導入比率が高まっているが、安易なパッケージの導入は自らシステム設計能力、データベース設計能力を空洞化させているようなものであるといえる。

また、今日外部リソースの利用は不可欠であるが、丸投げのアウトソーシングは自社の企画能力を他者に売り渡しているようなものであり、IT経営の組織能力を損なうことに繋がりかねない。

⑥ **システム開発時におけるトラブルに関しては、思いを実現する強い意志が必要である**

情報システムの開発では常に問題が生じ、しばしば危機的な状況に陥ること

がある。プロジェクトは終わりに近づくほど期間的余裕がなくなることは日常的であり、ユーザテストはいつでも短縮される宿命にある。

したがって、情報システム開発では、品質、コスト、納期を遵守するマネジメント手法が不可欠であり、プロジェクトマネジメントの組織的、個人的技量が問われている。近年では PMBOK などに基づく体系的なプロジェクトマネジメントスキルの開発が進められている。

しかし、プロジェクトマネジメントの制度や技法だけでは十分ではない。トラブルなどについては開発責任者やリーダを中心に、強固な意志をもって開発を継続することが思いを実現する鍵となる。

⑦ **システム開発成功の陰には必ずキーマンがいる**

情報システム開発の成否を分ける大きな要素は開発責任者、リーダの資質にある。また、システム成功の陰には、投資判断や障害発生時に信念をもって CEO を動かしたキーマンがいる。システム開発では、適材適所に人を活かすことが最も重要な要素の1つである。

8.2.3 ITの運用と活用

IT の運用と活用に関して、これまでの企業の取り組みから図表 8-4 に示すような知見・教訓が指摘できる。

① **システムの移行と業務定着を円滑に行なうことがシステム開発成功の鍵である**

情報システムの運用において、第一に重要となるのが開発との境界領域である初期稼動と業務・システム移行の問題である。運用を成功させるうえで、システム稼動後の移行、業務定着段階はきわめて重要であり、システム開発成功の可否はシステム運用段階の最初の第一歩にある。

② **業務・システム改善は継続的に行なわなければならない**

情報システムのライフサイクルの中で運用は、IT 投資の結果である成果を回収していく重要な段階である。アプリケーションシステムに関しては、情報システムの利用部門にその責任が委ねられることになる。IT 効果を引き出し

図表8-4　ITの運用と活用に関する知見・教訓

> **＜移行と業務定着＞**
> 　システム開発成功の第一歩は、情報システムの移行、稼動後の運用、業務定着段階を円滑に行なうことである。
>
> **＜継続的な業務・システム改善とIT投資効果の実現＞**
> 　IT投資効果を引き出している企業は、運用の中で継続的な業務改善と情報システムの改善を図っている企業である。

ている企業は、運用の中で継続的な業務と情報システムの改善を図っている。利用部門とIT部門の連携により地道な取り組みが必要となる。

8.2.4　総括

①　先達の資産はシステムの中に残されている

　今まで情報システム発展過程からの教訓を述べてきたが、先人達が築きあげてきたノウハウ、知恵はシステムそのものの中に資産として残されている。たとえば、生産分野におけるリードタイムの短縮対策、JIT、セル生産、生販統合システム、プロセス制御技術などがその例である。こうした内容をここにすべてを表現することは出来ないが、こうした資産は企業の血となり肉となって継承されているのである。

　もう1つ大切なことは、こうした結果より、そうした成果を生み出したプロセス、熱意、努力の方に学ぶべきものがあることを忘れてはならない。

②　情報システムは負の資産も残している

　情報システムは良い資産ばかりを残しているわけではない。一方では、ITのもたらす負の側面もある。テクノストレス、インターネットの各種脅威、リスクなどがその例であり、こうした負の側面への対応も必要となっている。

③　情報システムがもたらすビジネス、人間への変化への対応が必要である

　情報技術がビジネスや人に与えた影響としては、経営情報学会のビジネスチェンジ研究グループが、「仕事量とそのスピードは10年間で7倍に、意思決定のスピードは2～3倍になっている。また、IT活用の進展が個人や家庭での

生活を変容させている」[2]ことを指摘している。われわれはこうした事実を改めて認識し、こうした環境に正面から取り組んでいくことが求められている。

⑤ **先輩たちが残したIT経営にかかわる誇りと情熱は継承すべきである**

最後になるが、情報システム発展史から得られる最大の教訓は、「情報システム開発に関わった多くの先人達は、先進的な情報システムを開発することに対して、使命、誇り、責任、情熱、思いをもって事に当たってきた」ことである。同じ環境は再現できないにしても、システムを作る喜びを共感できるようなIT経営プロフェッショナルの誕生が望まれる。また、そうした新しい環境を整備することが求められている。

注

1 歌代豊（2006）、「IT戦略マネジメント」、淺田孝幸編『産業再生と企業経営』所収）、大阪大学出版会
2 内野明・小沢行正・村田潔編（1999）、ビジネスチェンジ、同文舘、p.214

第9章
これからの情報システム

　平成21年度の情報通信白書によると、わが国の情報通信はマイナス成長時期も含めて経済成長に対する寄与率は一貫して増大し続け、直近5年間の平均では約34％の寄与率である。また、情報通信の国際比較では、情報基盤では世界最高水準にあるが利活用では遅れが見られること、情報通信の安心面では、安全な環境であっても不安を感じやすい傾向があることを指摘している。これは、わが国における情報システム化の状況と今後の方向性を的確に表している。

　一方、ニコラス・カーは2003年に"ITにはもはや戦略的価値はない"という論文を発表し、今後ITでは競争優位を獲得することができなくなることを指摘した[1]。確かにITインフラはコモディティ化するが、企業はITを使って業務改革や競争優位性を獲得することをやめることはない。

　これらのことからのメッセージは、企業はコモディティ化するITインフラを効果的に活用し、情報システムによって業務改革を推進し続けること、またITの利活用を一層促進することによって新たな価値を創造し、グローバルレベルでの競争優位を確保することを追求し続ける、ということである。

　こうした環境を踏まえながら、ここでは図表9-1に示したように、これからの情報システムの発展の方向を、情報技術とITインフラの動向、および情報システムの今後の方向性という2つの視点から考察する。

図表9-1　これからの情報システム発展の方向

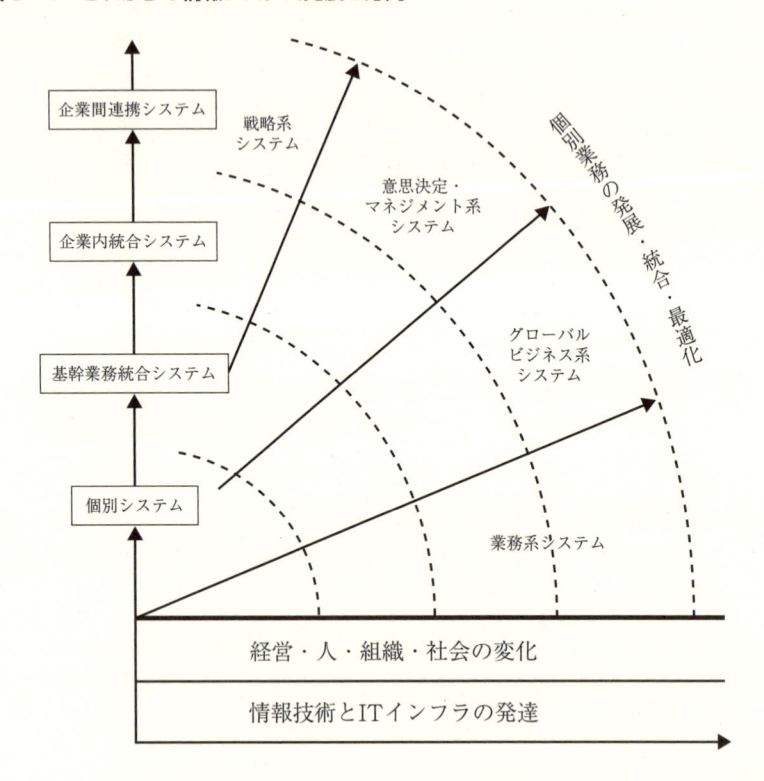

9.1　情報技術とITインフラの発展

　ITとそのインフラ系ではネットワーク化とインターネットの進化、高度化によってますます空間的な広がりが拡大し、通信・放送網などの統合によって新たなビジネスチャンスが生まれ、人・モノのリアルタイム性を増した動的コミュニケーション化が進展していく。

1) ユビキタスコンピューティングの発展

　ユビキタス環境については随所に触れてきたとおりであり、ユビキタスネットワークによって、いつでもどこでもコンピュータが使える環境になる（第3章3.1.12参照）。ユビキタスコンピューティング環境が実現すれば、時空間を越えた即時性のある情報取得、意思決定が可能になる。そこでのアプリケーションとしては既存のアプリケーションのほか、RFID（無線IDタグ）などの新しいITを活用した新しいアプリケーションの活用法が展開される。

2) クラウドコンピューティングの発展

　クラウドコンピューティングは、インターネットを介して巨大なデータセンタにあるサーバや業務アプリケーションを利用できる運用形態のことである。ユーザからすれば、インターネットを使って雲の向こうにある見えない巨大なデータセンタにアクセスするだけで、そのコンピュータ資源を意識することなく、端末さえあればそこからのサービスを利用できる環境である。

　従来インフラ系ではグリッドコンピューティング、ユーティリティコンピューティング、アプリケーションサービス提供系ではASP、SaaSなどがあったが、それらを包含したような概念である。クラウドコンピューティングを利用するメリットは、ハードウェアを保有し運用するコストに比べて安いこと、アプリケーションがすぐにでも調達できる速さにある。

　クラウドコンピューティングをどのように活用するかは、サービス提供会社のサービス内容、運用形態、保証内容と、自社のIT環境を考慮して、どのようなアプリケーションで活用するかを決定することになる。

3) 固定電話網と携帯電話網の統合による新たなシステムの展開

　現在は有線の固定電話網と移動体通信の携帯電話網は別々であるが、FMC（Fixed Mobile Convergence）技術によって統合される。FMCが実現されたときには、携帯電話を企業の内線電話として、あるいはまた家庭のコードレス電話の子機として利用することが出来るようになる。そこから得られるメリット

は社内外どこにいても1台の携帯電話で連絡がつくようになることや、固定電話料金制にもとづく通話料金の低減などがある。また、固定電話で携帯電話と同じようにWebメールを利用できるようになったり、パソコンと通信できるようになるなどの新しい活用方法が可能となるため、この分野での新たなビジネスモデルが開拓されていく。

4) 情報通信網と放送網との統合による新たな連携・融合システムの発展

インターネット網とテレビ、ラジオなどの放送網は将来的にはインターネットプロトコル（IP）によって統合される。そうなった場合にはインターネット1つでテレビも見られるようになり、ラジオも聞けるようになる。統合のメリットとしては、テレビ会社の膨大な映像資産をインターネットで見られるようになることや、中小のローカルテレビ局が簡単なローカルテレビ番組を作って、それをインターネットに流すことが出来るようになることなどである。

テレビ、ラジオのほかに音楽、新聞、雑誌や書籍などもインターネットで流すことができるようになる。従来のメディア産業は広告で成り立っている産業であるが、インターネットとの連携、融合によって構造変革を余儀なくされつつある。

5) インターネットの進化による新たなビジネスシステムの展開

インターネットは商用に使われだしてから15年程度であるが、進化し続けている。インターネット技術の進歩が利用法を発展させるとともに、利用者がインターネットの活用法を発展させている。

梅田望夫は2006年にウェブ進化論を発表し注目を集めた[2]。その中でインターネットの進化としてWeb2.0、ブログ、オープンソース化、SNSなどを取りあげている。Web2.0は、従来のWeb（Web1.0）が一方通行的に個人や企業が情報発信する手段であったものを、それに新しい機能や新しい利用法を追加したものの総称である。Web2.0の新しい機能の1つに双方向性機能があり、WebブラウザからWebの編集、書き込み・書き換えが出来るようになっ

た。オンライン百科事典の Wikipedia がその代表例である。

　ブログ（Blog）は、Web サイト上に日記的な記事を掲載したものの総称である。内容としては個人的な行動記録や雑感記事、専門的なテーマやビジネス関連のテーマについての自分の意見を主張するもの、他のサイトの人と議論したりするものなどがある。また、他のサイトの記事との連携機能（トラックバック）、コメント機能などを備えたものもある。

　オープン化の1つにWebサービスがある。これは Web 作成者が Web 上のデータを公開し、第三者の利用者がそのデータを使って自分のビジネスに活用できるようにしたものである。たとえば、公開された地図データや書籍データを使って、第三者が新たなビジネスを構築しているのがその例である。こうした利用者が自ら組み替え、自分が必要とする新しいサービスを作り上げることをマッシュアップというが、マッシュアップビジネスは新しいビジネスを創出する機会を提供している。

　個々の情報を集約して新しい価値を創造するビジネスもある。たとえば、ソーシャルブックマークは個人が関心を持った記事にブックマークをつける機能であるが、その個人がつけたブックマークを集積し分析することによって、関心度ランキングを発見することなどである。

6）ソーシャルネットワーキングサービスの活用

　SNS は、友人、知人間のコミュニケーションを円滑にするためのコミュニティ型の Web サイトである。趣味や嗜好、仲良しクラブといった関係者間で、人と人のつながりを親密にする場として利用されている。携帯電話で簡単にしかも手軽に使えることから爆発的に増大した。

　SNS は友達の友達は友達であるとのつながりで拡大していくが、「既存参加者からの招待がないと参加できない」という一種の会員制のシステムを取っていることが多い。これは1つの安心感を与えるものであった。

　企業においても進化した SNS を活用するところもあり、グループによる改善活動やアイデア創出活動、顧客シーズの把握などに使われている。

7）RFID 活用システムの展開

　RFID（Radio Frequency Identification：無線 IC タグ）は、数 mm 程度の微小 IC チップであり、その中にメモリと電子回路を内蔵し、情報を記憶するとともに電波や電磁波で読み取り機器と交信することができる。この無線 IC タグに固体情報を記憶させておき、モノや人に付けると、固体同士で通信することが可能となる。さらに、その情報をコンピュータに取り込むと固体の特性、あり場所、個数（商品在庫数量など）、場所の移動などが瞬時に把握できる。また、たとえば製造年月日や製造場所などを製品や食品、薬品などに付加して置けばトレーサビリティが可能になり安全、安心に役立てることができる。

　無線 IC タグの活用領域は広く、ユビキタスコンピューティング、クラウドコンピューティングなどとあいまって今後広範な分野への活用が予測され、新たなビジネスモデル創造の起爆剤になると期待されている。

9.2　情報システム発展の方向

　これからの情報システムの発展方向は図表 8-1 に示したように、個別の事業システム化から始まり、拡大発展して、業務統合システム化に向かい、さらには個別企業のシステムから企業間連携システムに向かう。企業間連携、グローバルシステムの先は統合化であり、統合化の先にはさらに全体最適化がある。この情報システム発展サイクルは今後も変らない。ここでは情報システムのジャンル別に、業務系システム、グローバルビジネス系システム、意思決定・マネジメント系システム、戦略系システムについての今後の方向性を洞察する。

1）基幹業務系システムの方向
① 業務系システムの統合システム化への展開

　基幹業務系システムへの期待は、引き続き継続的に業務改善、業務改革を推進し、生産性向上に寄与することである。基幹業務系システムは事業の拡大と

ともに拡大していくが、現況からすれば、企業の多くは業務統合システム化に向かうことになる。その根幹にあるものは、部門最適化から企業全体最適化への希求である。

統合システム化への1つの手段としてERPなどの標準パッケージを利用する方法がある。基幹系業務システムといえどもパッケージ利用の流れは変わらない傾向にある。しかし、既述のようにパッケージ利用では差別化できない。したがって、基幹業務系のどの部分をパッケージでまかなうかを決めた上で、差別化するためのシステムを自社構築する必要がある。

② 企業間連携システムの発展

企業間連携システムは先進企業においてさえ既存の情報システムを連携させたレベルに留まっている。今後は全体最適化を志向するSCMコンセプトと業務統合されたシステムのもとに連携強化を図り、企業間連携システムの領域の拡大と質的深さを増した、よりタイトな形の連携システムが展開される。

広範な企業間連携システムの確立には、企業間の電子取引を可能にする標準EDIなどの確立が前提であることはいうまでもない。

③ 合併・提携に伴うシステム統合

わが国も企業間のM&Aが常態化してきた。それに伴うシステム統合が大きな課題になっている。システム統合についてはすでに多くの経験が蓄積されているので、そうした経験、知恵を活かしながら用意周到に進めることが求められている。

2) グローバルビジネス系システム

① 成長戦略としてのグローバルビジネスの展開

わが国の成長戦略はアジアへのシフトが多く見られるようになった。これは非製造業により顕著に現れているが、製造業でも同様である。金融機関においても海外に活路を見出そうとする機関が多く、海外金融機関の買収、出資が進展している。

注目すべきことは、新しいビジネスモデルは旧来の輸出販売、海外生産・日

本への輸送・国内販売モデルではなく、基本は地域生産地域消費（地産地消）方式を根幹とするグローバルシステムモデルであることである。しかし、技術レベルの問題、技術移転問題などがあるため、国際間での生産販売調整システムモデルが必要になる。そのためにはローカル最適化と全体最適化を満たすインタラクティブなシミュレーションモデルなどが活用されることになる。
② グローバルシステム構築・運用の要件
　こうしたビジネスモデルに対応したグローバルシステムを構築し運用していく上で重要なことは、1つは、標準システムとローカルシステムを決定した上で、コードの統一、業務の標準化、データの統一をすること、もう1つはグローバルシステムを構築運用していくためのグローバルIT人材が求められていることである。

3) 意思決定・マネジメント系システム
① ソフトウェアエージェントシステムの発達
　世界のフラット化、インターネットの普及に伴ってデータ量は飛躍的に増大する。膨大なデータを集約、編集、分析し、そこからなんらかのファインディングをするシステムが必要になる。この役割を果たせるのはソフトウェアエージェントである。エージェントの代表は検索エンジンやナビゲーションシステムであるが、オーナーの意図に従って分身としての仕事をするエージェントシステムの充実に期待したい。
② 競争優位を生む源泉としてのユーザのIT利活用能力の向上
　情報システムを実際に使うのはユーザである。情報システムの利用者であるユーザの利活用能力が低ければいかにすばらしいデータベースを構築しても意味をなさない。これからの競争優位を生む源泉はユーザのIT利活用能力にある。ユーザに要求される能力はワープロ、表計算レベルのリテラシではなく、BIなどのソフトウェアを自在に活用できる能力である。ITを単なる道具であるとする時代は終わった。ITは自分の分身であり、パートナーであるとして協調していく時代を迎えている。

4) 戦略創造系システム

① 情報の戦略的活用の展開

　ネットワークによる囲い込み戦略は薄れてきている。しかし、情報を戦略的に使って売上を伸ばすこと、業務改革によってリードタイムを短縮し差別化するような戦略施策は継続され、この分野での戦略創造は留まることはない。そのためのトリガとなるものはSISやBPRコンセプトであったり、新たなITの活用方法である。

② ITを商品化した差別化製品の創造

　ITを使った戦略として新たに期待されるのがITあるいは情報を商品化するシステム、ITを組み込んだ製品を作りこみ、その製品で差別化を図ることである。自動車や家電製品などにその傾向が見られる。

5) 人間・組織・社会系システム

① コミュニケーションシステムの展開

　電話、インターネット、携帯電話は当初は現在とは異なる使途目的として考案されたが、二次的変貌を遂げ、今ではコミュニケーション手段の主流になっている。コミュニケーション手段の変化は人間のワークスタイル、家庭での生活に変化をもたらす。新しい技術自体も進歩するが、人間がその技術を活用することによって増幅的に二次的、三次的変貌を遂げる。新しい技術についての調査、研究、適用はこれからのビジネスにとって欠かせない活動である。

② 人間の思考を支援するシステム

　人間の考えることを支援するシステムは徐々に進歩しているように見えるが、未だに確たる実績はない。この分野の研究と今後の実用化システムに期待したい。

③ 社会系のシステム

　社会系のシステムとしてはITS（Intelligent Transport System：高度道路交通システム）、医療・健康・福祉システム、安心・安全管理システム、環境システム、電子政府・電子自治体システムなどがあるが、これらは本書の対象外

であるのでここでは説明を割愛する。

9.3 情報システム部門の方向

1）戦略立案、業務改革推進の役割を期待される情報システム部門

　CIOに期待されている役割は、経営とITを融合した情報戦略の立案、経営・事業戦略の計画・立案、業務プロセスの改革・再構築などである。この要望は数年来変わっていないし、今後ますます強くなることが予想される。これは、情報システム部門に対する要望でもある。これからの情報システム部門には企業全体の業務を熟知し、統括することのできる部門として、従来の情報システム部門の機能を超えた経営機能としての役割が期待されている。

2）情報システム部門の組織的地位の向上

　情報システム部門の組織は情報処理を担当する係、課、室、部とレベルアップされてきて、最近ではシステム本部に格上げされている例が見られる。本部という位置づけは、営業本部、製造本部、経営管理本部などと並ぶ同列の地位である。情報システム部門はその役割が認知され、経営機能の重責を担う組織として重要な地位に位置づけられたのである。

3）IT投資管理の徹底

　経営における役割、地位の向上にともなって、予算管理も厳しく行なわれなければならない。その主要なものの1つが、従来あいまいであったIT投資管理である。効果の実現、コストの削減はシステム本部の重要な課題である。

4）IT組織の機能・役割分野の方向性

　情報システム部門が経営機能を果たすよう期待されているが、元来の機能であるシステムの企画、調達、運用機能は十分果たさなければならない。情報システム部門は1990年代からの分社化、アウトソーシング、パッケージの導入

などによってシステムの企画、設計能力が弱体化している傾向がある。

　各企業は自社のシステム企画、設計能力の必要度を定義した上で、能力の再編成を図る必要がある。最近では外製化した機能を再度内製化に切り替え始めている企業もある。こうした事態が起こった理由は、外部化によって短期的にコストセービングできたものの、10年たってみたら自社のシステム企画、設計能力を失っていることに気がついたからである。一度失った人材、スキルをリカバリするのは大変である。したがって、分社化、アウトソーシング、パッケージの導入は、自社の必要能力を設定して10年先までを見据えた人材の確保・育成、ローテーション計画が必要になる。

5) IT人材の育成

　これからの望ましいIT人材については多くのことが述べられてきた。ビジョナリIT人材などもその例である。これからのIT経営に最も大切なことはITを使って経営をドライブすることであり、そのためにはまず、その思いを抱くこと、そして次にその思いを実現するために経営者を含めた人々を説得し実行に移すこと、そうした人材が望まれている。その人材は情報システム部門の人間か、ユーザ部門の人間かは問わない。そうした人材が遍在することこそが重要であり企業最大の資産である。

注

1　Carr, G. N., IT Doesn't Matter, Harvard Business Review, 81(5), 2003, pp.41-49
2　梅田望夫（2003）、ウェブ進化論―本当の大変化はこれから始まる、ちくま新書

第 10 章

事例：オンラインシステムの先駆け
—東京オリンピック情報システム

10.1　はじめに[1]

　1964年10月10日から15日間に亘って開催された東京オリンピック大会では、日本で初めて複数の汎用コンピュータと汎用端末機からなるオンラインリアルタイムシステムが実現された。単体のバッチ処理とは異なり、当時としては複雑かつ高度な技術が要求され、様々な特殊条件や困難な問題が存在した。

　東京オリンピックオンラインシステムのプロジェクトは1962年の中頃開始された。発足当時から参加した12名にとっては、不安と疑念を抱きながらの進行であり、幾多の困難に遭遇し、難しい技術の問題やそれ以前の諸問題を解決していった2年半であった。この間、システム開発に当たった若き40数名のSEとプログラマ（ほとんどが新入社員）は、未知の新技術と計算機の新しい分野への応用へ挑戦することとなった。

10.2　システム開発上の配慮と工夫

1）わが国では前例のない規模と複雑さ

　東京オリンピック（第18回オリンピック競技大会）には93カ国、5,152人の出場選手が、20競技163種目、約4千試合に参加した。日本チームは355

図表 10−1　東京オリンピック大会

出所）JOC の Web ページより

人の選手が参加し、金 16 個、銀 5 個、銅 8 個の計 29 個のメダルを獲得した。この大会では、東洋の魔女と謳われた女子バレーボールチームが優勝するなどして日本中に感動をもたらした。これを支えたのが東京オリンピック情報システム（Tokyo Olympic Information System）である。

　オリンピックのデータ処理にコンピュータが最初に活用されたのは、1960 年の米国カリフォルニア州スコアバレーで行われた冬期オリンピックである。この時は、電話連絡によるデータをカードにパンチし、コンピュータに入力していた。その年のローマ大会はテレタイプによって伝送されたデータを紙テープで受け、それをカードにパンチして、競技結果を集計・作表する方式であった。いわゆるバッチ処理方式であった。

　東京オリンピックでは、オリンピック史上初めて本格的な、また日本で初めて、複数の汎用機から構成されたオンラインリアルシステムを実現させた。当時は、コンピュータがほとんどない時代に、しかも夏季のスポーツの祭典にコンピュータを使うということは天外夢想であり、競技役員などから拒絶反応すら見られた。要求された機能はオンラインリアルタイムでの情報の収集、編集、配信が主であったからである。ソフトウェア開発に長い期間を要したが、システムが実業務に使われたのは、僅か 2 週間であり、極めて高価で、やり直しができない、リスクの高い、1 回限りの仕事であった。しかも開発に当たった技術者は、2 名を除いてプログラミングを全く経験していなかった。

　東京オリンピックの規模を前回のローマオリンピックと比較してみると、試

第10章　事例：オンラインシステムの先駆け―東京オリンピック情報システム

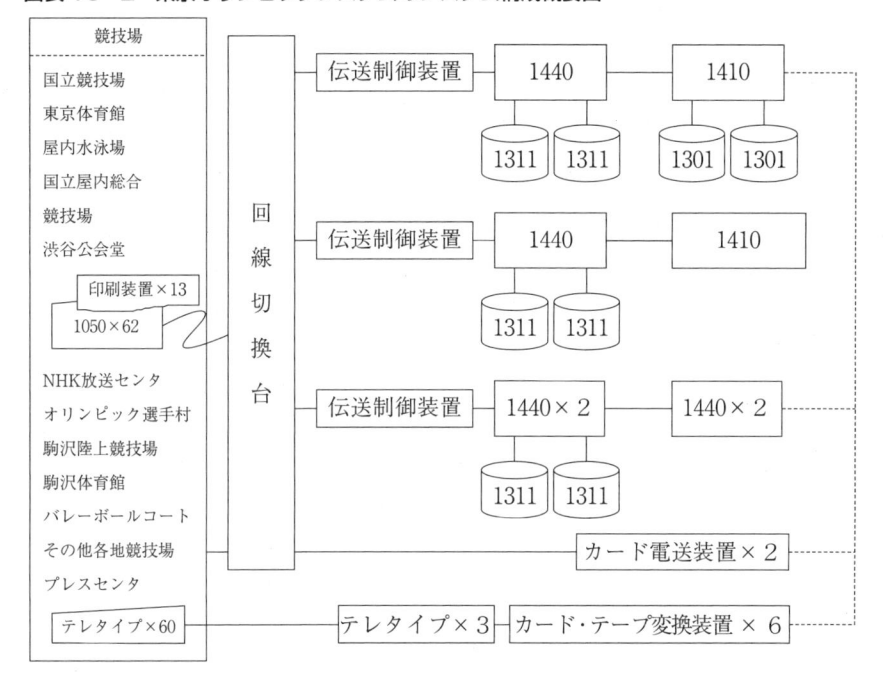

図表10-2　東京オリンピックシステムのシステム構成概要図

```
競技場
  国立競技場
  東京体育館
  屋内水泳場            ┌─伝送制御装置─[1440]───[1410]
  国立屋内総合          │                 │        │
  競技場                │              [1311][1311] [1301][1301]
  渋谷公会堂            │
  [印刷装置×13]        回├─伝送制御装置─[1440]───[1410]
  [1050×62]            線│                 │
                      切│              [1311][1311]
  NHK放送センタ        換│
  オリンピック選手村   台├─伝送制御装置─[1440×2]──[1440×2]
  駒沢陸上競技場        │                 │
  駒沢体育館            │              [1311][1311]
  バレーボールコート    │
  その他各地競技場      ├──────────────[カード電送装置×2]
  プレスセンタ          │
  [テレタイプ×60]      └──[テレタイプ×3]─[カード・テープ変換装置×6]
```

合数では300と約4,000という10倍以上の開きがある。それにもかかわらず、前回のオリンピックでは閉会式後、全競技の整理・編集に1カ月以上を費やしている。これに対して東京オリンピックでは、閉会式当日にすべての公式記録をおさめた上下2冊、1,000ページに及ぶ報告書をオリンピック委員長に提出するという画期的な偉業を成し遂げている。

　東京オリンピック情報システムは、その規模の面でもまた複雑さにおいても、それまでに普及しつつあったオフラインの単体システムとは異なっていた。図表10-2に東京オリンピックシステムで使用したシステム構成図を示した。

　当時の事務計算用の新鋭中型機IBM1410（主記憶装置：60K、アクセスタイム：4μsec）が2台、小型機IBM1440（主記憶装置：16K、アクセスタイム：

259

11.1μsec）が6台、計8台のコンピュータを複合したオンラインリアルタイムシステムであった。ちなみに、全装置の月額賃貸料は¥46,645,200であった。ソフトウェアは、コントロールプログラム系として独自開発した1440用のオンラインコントロールプログラムと、1410のバッチのコントロールプログラムをオンラインリアルタイム用に改造したものの2つ、アプリケーション系は300近い競技データ処理プログラムを含んでいた。使用言語はアセンブラで17万数千個の命令よりなり、約50人年の工数を費やして開発された。

　計画書に上げられた機器・装置類は開発されたばかりか、まだ開発中のものであった。伝送制御装置（1448）を経由して1448-1440-1410と1448-1440-1440の各々を2系列ずつ有するデュアルシステムが使用された。1440と1410、1440と1440の2つのコンピュータはケーブルで直結（direct couple）されていた。2台の1301型磁気ディスク記憶装置（56MB）が2つの1410に共用（share）され、また各1410は8台の入出力装置（各2台の1402型カード読取装置、1403型印刷装置、0729型磁気テープ装置、1301）を有し、優先度やオーバレイの機能を備えていた。データの送受信には各1448-1440に最大40回線が接続できた。30カ所以上の競技場には1050データ通信端末（キーボード、印刷装置、カード読取装置が付いていた）が配置され、各競技の結果が電電公社の専用線によって送受信された。1448に接続されている1440は入力データのチェックなどの前処理を行い、1410でデータのファイル処理・計算・編集を行なった。こうした複雑なシステムが60年代前半の初めてのオンラインリアルタイムシステムに適用されたことに畏敬の念を覚える。

　20競技、163種目が競われたが、その各々に対してスケジュール、出場者などのスタートリスト、個々の試合の結果、まとめの表等が作成された。数百種類のデータがリアルタイムに処理され、データセンタで印刷されるだけでなく、各競技場に設置された1443型印刷装置や1052型印刷装置及び新聞通信社のテレタイプに送信された。この他に選手登録などを取り扱い、選手名簿を作成し、1331型磁気記憶装置（2MB）と1301型に記憶された。過去の世界記録やオリンピック記録も含まれていた。また、最終日に印刷された全記録集

第 10 章 事例：オンラインシステムの先駆け―東京オリンピック情報システム

(Master Record Book) のページも日々作られ、1301 型に記憶された。

　上記のように、複合した機械構成で、多種多様な入出力データを処理し、かつエラーの検出と訂正および事故対策を組み込むために、プログラミングは従来のバッチのものと比較して、かなり複雑で高度なものとなった。そのころ特に難しかったことは、このプロジェクトで開発されたコントロールプログラムと競技成績処理などのアプリケーションプログラムとのリンケージ、1448-1440 と 1410 間のやり取り、共有大型磁気ディスクの同時記録、入力データのチェックと誤りの訂正、障害発生時の切り替えと回復等々であった。

2) 設計上の配慮

　報道サービスの要件を十分満たし、信頼性が高く、欠陥がない高品質のものを、経験のない技術者が効率的に開発するために、いくつかの目標を設定して開発を進めた。

　まずは、単純さに力点をおき、プログラムの構造をできる限り簡単にして、開発を効率化し、しかもエラーを作り込まないようにした。また、競技場やデータセンタでのシステムおよび端末の操作を単純化して、極度のプレッシャの下で、混乱が生じ難いように考えた。

　次に、扱いやすさを目標とし、オペレーショナルプログラムの開発・修正・拡張、データの送信、システムのテスト、各装置の操作、操作員の訓練等が容易になるように工夫を凝らした。

　一方、予想されるあらゆる事態に対応できるように、柔軟性に富み、自由度の高いものを開発するようにした。たとえば、最大 30 回線の範囲では同じ回線番号を 2 系列に重複して使わない限り、接続の組み合わせは任意にできるようにした。また、プログラムの変更・拡張・追加が何時でも受け入れられ、ディスクの中のデータもオンラインで変更可能とした。競技規則の解釈が複数あった種目については、競技データが入った時に解釈の選択が可能のように、オペレーショナルプログラムに柔軟性を持たせた。

　オペレーション中の障害発生に対しては、完全なバックアップが用意され

た。例を挙げると、1410型に接続している入出力装置のどれか1つが故障しても、運転が継続され、1つの系列に障害が発生した場合は他の系列に直ちに切り換えることが可能であった。

ゼロエラーにも注力し、誤りを含む速報は絶対に出さないような仕組みが工夫された。プログラムにエラーが潜んでいないように、テストケースの選択を含む綿密なテスト計画が立てられた。誤ったデータが受信・検出されれば、自動的に送信先に報告され、直ちに訂正されるようにした。それでも1410型で作成されたレポートに誤りが、万が一、目視で発見されれば、データセンタから送信される前に手作業で訂正することも可能であった。

容量が限られていた主記憶装置の有効利用のために、コーディングが最適化され、プログラムの分割（segmentation）とコアの一部分の反復利用（overlay）を行った。効率的な開発を進めるために、プログラムの構成を単純化するだけではなく、共通な入出力モジュールを用意して、重複を省いた。またコントロールプログラムとオペレーショナルプログラム間の共通な作業場所を設けて、いずれをアセンブルし直しても、他をやり直す必要がないようにした。

プログラマ同士および外部との円滑なコミュニケーションを達成するために、要件仕様書、プログラム設計仕様書などの作成・更新・維持が念入りに行われた。

その当時は日本ではまだ行われていなかったが、このプロジェクトでは、生産工程を設定し、各段階（特にテスト）の補助道具を作成して、進捗管理を容易化した。このような様々なことを行なったが、期限に間に合わせることが至上命令であったので、細かいスケジューリングが行われ、プロジェクト管理用のソフトウェアツールを1440型で開発し、活用した。日本におけるソフトウェア開発のコンピュータによる生産管理の始まりである。

3）当時としては特記すべき創意工夫

1試合の結果を送信するには、競技・種目・データの種類・試合番号等を含むコントロールメッセージから始まり、通常は競技成績を選手1名につき1

第10章　事例：オンラインシステムの先駆け—東京オリンピック情報システム

メッセージ（データメッセージ）とし、天候や役員の番号を送った後で、エンドメッセージで終わるようにした。

　受信確認（verification）用に、コントロールメッセージには競技名と種目名、データメッセージには選手名、国籍、得点（一部競技のみ）とメッセージの通し番号がそれぞれ付けられて送信元へ返送され、元の入力メッセージの下に赤字で印字された。そのため誤った入力は容易に検知できた。

　1つ1つのメッセージには、その形態（英数字の区別と字数）、選手または役員の番号、データの範囲、妥当性、その他あらゆる面でのチェックが、1448-1440型および1410型で行われた。1448-1440型で誤りが発見されたときは、97種あったどれかのエラーメッセージが、送信したメッセージと共に返送された。端末の操作員はそれを見て、誤りを訂正して、送信し直すことができた。

　1448-1440のオペレーショナルプログラムの中で、最も規模が大きくかつ精巧に作られていたのは、陸上と水泳競技に関するフラッシュレポートのプログラムとTV用フラッシュレポートのプログラムであった。フラッシュレポートは1448-1440内で編集され、各競技場およびオリンピック放送センタのスタジオに置かれた1052型に送信された。TV用のフラッシュレポートはそこで印刷され反転カメラで撮影されて、TV画面の下部に白地で表示されるようになっていた。このプログラムは様々なパラメータを数多く巧みに組み合わせて使い、少数の命令で163種目の全試合をカバーすることができた。

　1448-1440の入出力ルーチンには、既存のIOCS（Input-Output Control System）をそのまま使わずに、独自のものを開発して、処理時間とコアスペースを節約し、オペレーショナルプログラムにとって使い易いものにした。そのためコントロールプログラマ以外の人たちは入出力の命令を一切知る必要がなかった。

　また、TV用に送信されたデータから各種目上位3位の国名を1301に記憶しておき、要求すれば何時でも国別のメダル獲得表が作成できるようにしていた。

263

コントロールプログラムの開発には高度の技術が要求されたが、その機能の中で障害対策用のものはさらに一段と手の込んだものであった。1410の入出力装置のどの1台が故障してもシステムの運用に差し支えなく、修理後再びオペレーションに戻すことができるようにした。また、2系列あったシステム間で電話回線の切り換えは1回線でも全回線でも自由にできた。ハード、ソフト、人間のいずれかのエラーによって、一方のシステムに障害が生じた場合には、何時でも他のシステムへ切り換えられるようになっていた。

　300本近いプログラムのテストは、4つの段階に分けて、単体テストから総合テストへと進められた。コントロールプログラムとオペレーショナルプログラムの開発は平行して行われ、前者が完成する前に後者のテストが進められ、しかも効率を上げるためにハードウェア（端末装置や磁気ディスク）とソフトウェア（コントロール・プログラムの機能）のそれぞれの役割を果たすシミュレータを各段階に応じて作り、その中に各種の診断用ルーチンを組み込んでテストを行った。その他テストデータを生成、編集するプログラムも作成した。

　ソフトウェア開発のスケジューリングとその進捗管理のコンピュータ化は、日本では当時、誰も試みていなかった。また、個々のプログラマは管理のための報告に時間を費やすことを好まなかった。熟慮の末に、1440のプログラムを開発して生産管理をすることにし、毎週土曜日に進捗の変更部分だけを前週末に作られたレポートに朱で記入して貰い、その分だけカードをせん孔し直し、差し替え、追加して、1440に入れて処理した。それにより週間プログラミング進捗報告書、週間開発・保守報告書、週間機械使用時間統計がその日の内に作成された。

　文書化とライブラリ管理は当時としては丁寧すぎるほど念入りに行われた。要件仕様、設計仕様はTokyo Olympic System Planning Manualとして、英文でタイプされ、数千ページに及んでいる。

4）大会前の運用テストと本番のオペレーション

　大会前の約2カ月間に、各競技団体と合計20数回に亘り、本格的予行演習

第 10 章　事例：オンラインシステムの先駆け―東京オリンピック情報システム

を行い、さらに完全なリハーサル（本番の全日程を半分の日数に詰め込んで行ったもの）を 2 回半繰り返した。これらを通じて、多くのオペレーション上の経験が得られて、操作手順と誤りの訂正法を明確にし、特に障害対策等を完全にテストした。

　こうした周到なテストと訓練とが相俟って、大会中の操作員、機械装置、プログラムの働きは全く満足できるものであった。入力用データ送受信装置から速報受信印刷装置までの全システムがまさに設計通り作動した。

　データセンタでは、それぞれ 22 名よりなる 2 つのオペレーショングループが交代で操作に当たったが、この他にキーパンチャ (4)、電話交換手 (3)、通信回線係 (3) など 12 名の人たちが日本アイ・ビー・エム社から参加した。さらに、全競技場および NHK オリンピック放送センタとオリンピック村に設置された端末機器の操作と保守は 86 名の営業部員、技術部員が行った。

　14 日間に、66,307 個のメッセージが受信され、2,780 ページの B4 サイズの速報と、紙テープにして 73.6km に達した 1,788 のテレタイプ速報、数千報のフラッシュレポートが作成された。1410 で作成された速報は 1403 で印刷されたのを検査係が目でチェックして誤りがないことを確認して、競技場や新聞社、通信社、放送局に送信した。陸上・水泳および TV 用のフラッシュレポートはすべて、1448-1440 で送信と同時に 1443 型で印刷され、これで絶えずモニタされていた。

　1448-1440-1410 は、回線を割り振って 2 系列とも同時に稼動することが可能であったが、ほとんど 1 系列のみを使用し、もう 1 つの系列にはプログラムをコアに読み込み初期化して何時でも切り換えられる状態 (hot stand-by) になっていた。2 週間を通じて、1410 に数回小さい障害があったが、いずれも 2、3 分内にすばやく他の系列に切り換えて（switchover して）、全体の運用に何らの支障をもたらさなかった。また 1410 で穿孔されたカードを予備の 1448-1440 で読み込んで、その 1311 型磁気ディスクの中身を稼動中のシステムの 1311 と同じ内容に維持し続けた。これはシステムの運用中に 1448-1440 型を約 1 分間停止するだけで中のプログラムを変更したときに使われた。なお、通

信回線の障害は皆無で、200ボーのモデムとコントロール用電話機1台ずつに故障を生じただけであった。

10.3　東京オリンピックシステムからの教訓

東京オリンピックに使われたシステムはその後当時の三井銀行に導入され、翌年わが国初の銀行オンラインシステムが稼動した。東京オリンピック情報システムの開発に従事した技術者の多くは、その後多数のオンラインシステムの開発に携わり、日本における急速なオンライン化に貢献することとなった。

東京オリンピック情報システムのプロジェクトマネジャを務めた竹下は、「今から振り返ってみると、英文の機械仕様書・操作手引きとアセンブラのマニュアルしかない状況で開発作業を行い、現在のパソコンの1,000分の1以下の容量の機械で、あれだけのことを成し遂げたことを誇りに感じる。現在であれば、機械の性能も上がり、便利な開発環境やツールが揃っているし、経験ある開発技術者も得られるので、容易いことかもしれないが」と述べている。

「情報システム」なる名称が日本で使われたのはこの時が始まりであった。文字通り、わが国におけるオンライン情報システムの先駆けとして、歴史的な足跡を残した。

このプロジェクトで得られた教訓は次のようなことであった。

- 新しいことに果敢に取り組め
- 自分で考え、やり遂げる
- 徹底した要件分析と変更への対応
- 利用性（コード設計、入出力書式など）に対する十分な配慮
- 誤りと障害対策に智恵を絞る
- 効果的なテストと試行
- 余裕を持った人的資源とスケジューリング

大会終了後箱根のホテルでプログラミング・グループが合宿して、各自が担当した部分を順番に説明し、参加者間の技術移転を行った。かくして、多数の

第 10 章　事例：オンラインシステムの先駆け—東京オリンピック情報システム

オンラインシステム技術者の育成がなされたのである。当時チームリーダを務め、その後多くのプロジェクトマネジャを担当し、人材育成にも貢献した疋田英幸は、「東京オリンピックがなければ今の自分はなかった」と述べている。

　東京オリンピックシステムはその後のオリンピックの運営、スポーツへのコンピュータ活用による高度化に貢献するとともに、オリンピックが新たな情報技術および情報システムの活用方法を発展させるといった、相互の発展に寄与したことを記しておきたい。

注

1　本稿は、竹下亨氏（元中部大学経営情報学部教授、元日本アイ・ビー・エム（株）理事、東京オリンピックシステム開発にシステム課長として従事）の執筆原稿を編集したものである。

索引

[英字]

ACOS シリーズ　5
ARPA ネット　37, 170
ASP　56
ATM　39
BI　106
BPR　11, 85
CAD/CAM　41
CADAM　75, 126
CASE　50
CD　39
CIF　78
CIM　128
CIO　204
COBOL　45
CPU　13
DOA　51
DSS　9, 96
e-ビジネス　87, 145
EA　52
EC　88, 145
ECR　91, 144
EDI　77, 142
EDPS　8, 69
EDSAC　16
ENIAC　15
EOS　75, 137
ERP　55, 130
ETL MarkⅢ　17
EUC　102
EWS　126

FACOM128　17
FACOM230 シリーズ　18
FMC　247
FORTRAN　45
G15D　68
HITAC301　17
HITAC8000 シリーズ　18
IBM1401　4
IBM650　4, 68
IBM7070　4
IBM7090　4, 27
IDP　69, 156
IT 革命　6
IT ガバナンス　206, 215
IT 経営に向けての知見と教訓　235
IT 経営の発展段階モデル　182
IT 人材の育成　255
IT と IT 経営の共進化　167
IT 投資　232, 239
JAN コード　40, 139
LAN　33
Linux　29
MIS　8, 80, 95
M シリーズ　5
NEAC2200 シリーズ　18
NEAC システム 100　20
OA　10, 99
OR　98, 131
OS（Operating System）の発展　27
PCS　2, 63
PCS のビジネスへの活用　65
PDP　19

POA 51
POS 40, 76
POSシステム 40, 140
QR 91, 144
RAD 51
RFID 146, 250
SCM 91, 130, 145
SI 55
SIS 83, 103, 142
SNA 34
System/360 17
System/370 18
TCT/IP 37
UNIVAC120/60 4
UNIVAC I 16
UNIX 28
VAN 76, 141
WAN 34
Windows 28

[ア行]

アーキテクチャ 52, 208
アウトソーシング 55, 200
アセンブリ言語 44
安藤馨 67
アンバンドリング 55
イオン 112
池田敏雄 17
意思決定支援システム 9, 96
石原善太郎 98
市川栄一郎 72
インターネット 37
インターネットと基幹業務システム 87
ウォーターフォール型システム開発 48
小野田セメント 68

オフィスオートメーション 10
オフコン 20
オブジェクト指向 31, 52
オリンピックオンライン 71, 257
オンラインシステム 70, 73

[カ行]

海外支援システム 127
開発委託 55
基幹系システム 61
企業情報システム発展事例 109
技術・設計支援システム 126
技術計算 68, 126
業界専用端末の発展 39
業界別情報システム 117
教訓 235
共同体企業間連携システム 90, 130
キリンビール 112
銀行第一次オンライン 153
銀行第二次・三次オンライン 157
銀行のオンラインシステム 77
金融業における情報システム 149
金融システム 149
金融情報システム 149
金融情報システムの特徴と変遷 151
金融ビッグバン 159
クライアント／サーバ・システム 22
クラウドコンピューティング 57, 92
グループウェア 10, 103
グローバルネットワークシステム 83
経営情報システム 94, 104
工場自動化システム 125
構造化プログラミング 48
コード設計 239
国鉄（現JR）の座席予約システム 70

個別業務のシステム化　69, 120
コンピュータの発達　2, 13

[サ行]

サーバ　22
産業の要請に応える情報システム　174
磁気ディスク　25
磁気テープ　24
磁気ドラム　25
自社開発　54
システム調達方法　53
次世代ネットワーク　35
社会の要請に応える情報システム　175
主記憶装置の発展　23
証券第一次オンライン　155
証券第二次オンライン　159
証券第三次オンライン　159
省人化・省力化　224
生販統合システム化　127
情報化投資と事業成果　231
情報技術の発展　13
情報系システム　92
情報システムのあり方　184
情報システムの経営への貢献　223
情報システムの人と組織への貢献　227
情報システム発展の方向　250
情報システム部門組織の基本的機能　202
情報システム部門組織の変遷　193
情報システム部門のあり方　206
情報システム部門の方向　254
情報通信の発展　33
情報の共有化　103
人材育成　213
新日本製鐵　111

新聞製作システム　82
ステージ化論　178
住友信託銀行　113
生産管理システム　121
製造業における情報システム　117
製造業のオンラインシステム　73
製造業の機能と特質　117
セブン-イレブン　112, 140
戦略的情報システム　83, 142
増人化、増力化効果　225
増脳化　229
ソフトウェア開発方法　47
ソフトウェア工学　48
ソフトウェアの発展　27

[タ行]

第1世代言語　44
第1世代コンピュータ　15
第2世代言語　44
第2世代コンピュータ　17
第3世代言語　45
第3世代コンピュータ　17
第3.5世代コンピュータ　18
第4世代言語　46
第4世代コンピュータ　21
第5世代コンピュータ　21
大丸　112
高島屋　76
竹下亭　267
知見　235
通信インフラ　33
通信の規制緩和／自由化　36
データウェアハウス　32
データ処理システム　8, 69
データベース　29

データベース統合システム　80
データマイニング　107
電子商取引　88
統合システム化への展開　127, 250
東芝　105, 111
トヨタ　74, 83, 111
取引先とのオンラインシステム　138

[ナ行]

ナレッジマネジメント　106
日本精工　74, 83, 111
日本語情報処理システム　82
日本陶器　65
ネオダマ　6
ネットワークシステム　81
ノイマン型コンピュータ　44
野村證券　113

[ハ行]

配線方式　42
パソコン　21, 101
バッチ処理方式　70, 120
ビジネスインテリジェンス　106
ビジネスプロセスリエンジニアリング　85
標準化の推進　139
プラネット　112
プログラミング言語　42
プログラム外部方式　16
プログラム内蔵方式　16, 44
プロジェクトマネジメント　209, 241
プロセスコンピュータ（プロコン）　75, 126
ポータブル記録メディア　26
穂坂衛　70

補助記憶装置の発展　24
ホレリス　63

[マ行]

増田米二　67
「見える化」、「共有化」、「柔軟化」　182
三井化学　105, 111
三井銀行　72, 113, 153
三井東圧化学　111
三菱銀行　113
南沢宣郎　69
ミニコン　19
ムーアの法則　15, 171

[ヤ行]

ユビキタス　92

[ラ行]

リスク管理　211
流通 BMS　146
流通業における情報システム　132
流通業のオンラインシステム　75, 137
流通情報システムの特徴　134
菱食　112
リレーショナルデータベース　30

[ワ行]

ワークステーション　19
ワークフロー　103

明日のIT経営のための情報システム発展史
総合編

2010年9月10日　第1版第1刷

編　者	経営情報学会情報システム発展史特設研究部会
発行者	渡辺　政春
発行所	専修大学出版局
	〒101-0051　東京都千代田区神田神保町3-8
	㈱専大センチュリー内
	電話　03-3263-4230(代)
印　刷 製　本	藤原印刷株式会社

© The History of Information Systems Special SIG in JASMIN
　2010 Printed in Japan
ISBN 978-4-88125-252-9

情報システム資産の継承と人材育成のための本

「明日のIT経営のための情報システム発展史」シリーズ　全4巻
経営情報学会情報システム発展史特設研究部会 編
A5判・並製カバー・定価2,940円（本体2,800円＋税）

［総合編］

（著者）　小沢行正、向井和男、村田潔、小原正昭、内野明、伊藤誠彦、折戸洋子、歌代豊、竹下亨

情報技術の発展、情報システムの発展、業界別情報システムの発展、情報システム部門の組織と役割の変遷、情報システムの経営と組織・人への貢献、情報システム発展史からの知見と教訓など

［製造業編］

（著者）　小沢行正、小原正昭、向井和男、他

トヨタ自動車、東芝、日本精工、新日本製鐵、三井化学、三井東圧化学の情報システムの発展・情報システム化の変遷・事例と教訓など

［流通業編］

（著者）　小沢行正、内野明、向井和男、藤野裕司、村田潔、歌代豊、他

キリンビール、菱食、大丸、イオン、セブン-イレブン、プラネットの情報システム化の変遷・POSシステムの取り組み・IT投資・戦略ツール・システムイノベーションなど

［金融業編］

（著者）　小沢行正、伊藤誠彦、大井正浩、篠原正樹、山田博

三菱銀行、野村證券、住友信託銀行、三井銀行の情報システム発展史、金融システムと銀行、証券、信託銀行における情報システムの発展・情報システム化の変遷・事例と教訓など